Probleme der juristischen Ausbildung

in der Verwaltung

Schriftenreihe der Hochschule Speyer

Band 17

Probleme der juristischen Ausbildung in der Verwaltung

Vorträge und Diskussionsbeiträge
der verwaltungswissenschaftlichen Arbeitstagung
der Hochschule für Verwaltungswissenschaften Speyer
am 26. und 27. September 1962

DUNCKER & HUMBLOT / BERLIN

Gedruckt 1963 bei Hans Winter Buchdruckerei, Berlin 61
Printed in Germany

Inhalt

Begrüßungsworte des Rektors

Als Rektor der Hochschule habe ich die Ehre, Sie zu Beginn der verwaltungswissenschaftlichen Arbeitstagung über „Probleme der juristischen Ausbildung in der Verwaltung" herzlich willkommen zu heißen. Besonders möchte ich die Referenten der Tagung begrüßen, die sich trotz vielfacher beruflicher Belastung bereit gefunden haben, zu uns zu sprechen.

Die Aufgabe, junge Juristen für ihre Rolle in der Verwaltung der industriell-bürokratischen Gesellschaft vorzubereiten, ist schwierig, zumal diese Gesellschaft in einer Übergangszeit lebt und selbst noch nicht recht weiß, wie sie sich zu verstehen hat. *Toleranz* ist in dieser Situation eine wesentliche Haltung. Das Thema des Festvortrages des Deutschen Juristentages, der jüngst stattgefunden hat, war nicht von ungefähr das von Recht und Toleranz, ein Thema, das auch für den Verwaltungsjuristen seine besondere Gültigkeit hat.

Tradition ist ein weiteres Bildungselement, das gerade in unserer weitgehend ahistorisch gewordenen Zeit die Ausbildung bestimmen muß. Sie findet ihre besondere Ausprägung in der rechtsstaatlichen Tradition der Verwaltung, deren Entwicklung und heutige Struktur dem Juristen zur Selbstverständlichkeit werden muß.

Freilich erfordert das Verständnis dieser rechts- und sozialstaatlichen Struktur und das Verhalten in diesem Handlungsgefüge, das der Verwaltung weiten Spielraum läßt, das Begreifen ihrer sozialökonomischen Sachbezüge. Das Verhältnis des Juristen in der Verwaltung zu den Sachproblemen der neuen Gesellschaft wird nicht nur für diese Gesellschaft, sondern auch für die Stellung des Juristen in ihr von entscheidender Bedeutung sein.

Autorität, und zwar personale Autorität, die in einer Übergangszeit mehr denn je erforderlich ist, kann sich jedoch nicht allein auf Sachverstand gründen. Die Maßnahmen der Verwaltung brauchen für ihre Wirksamkeit und für ihren Bestand mehr, nämlich das Vertrauen, daß in diesen Maßnahmen das erreichbare Maß an sozial-ethischer Richtigkeit gegeben ist. So geht es nicht nur um das notwendige *Wissen* der jungen Juristen, um Fortschritt und Tradition, sondern zumindest ebenso sehr um spezifische *Verhaltensweisen**.

---

* Hierzu s. auch F. *Morstein Marx,* Amerikanische Verwaltung. Hauptgesichtspunkte und Probleme, Berlin 1963, letztes Kapitel.

Dies sind nur einige Gesichtspunkte, die vielfacher Differenzierung bedürfen und zunächst mehr Schwierigkeiten als Lösungen zeigen. Um zur Lösung beizutragen, veranstaltet die Hochschule diese Tagung, und zwar gerade zusammen mit Ihnen, weil sie diese Probleme nur in engem Kontakt mit der Praxis angehen kann, einen Kontakt, den die Hochschule in Forschung und Lehre in ganz besonderem Maße sucht.

In diesem Sinne wünsche ich der Tagung ein gutes Gelingen.

Professor Dr. *Hartwig Bülck*

Eröffnungsansprache

Von Wilhelm Reinheimer

Zunächst habe ich die angenehme Aufgabe, Ihnen die Grüße der Landesregierung von Rheinland-Pfalz zu übermitteln. Sie nimmt an den Fragen des Themas der heutigen Arbeitssitzung besonderen Anteil und wünscht der Tagung einen guten Verlauf.

Dem Wunsche der Hochschule, diese Arbeitstagung an Stelle des verhinderten Herrn Chefs der Staatskanzlei zu eröffnen, habe ich besonders gerne entsprochen. Einmal verbindet mich als Präsident eines Justizprüfungsamts ein sachliches Interesse mit dem Thema. Zum anderen habe ich durch meine langjährige Tätigkeit als Lehrbeauftragter an der Hochschule für Verwaltungswissenschaften Speyer besonders enge Beziehungen zu dieser Lehr- und Forschungsstätte sowie ihren Dozenten.

Ich finde es begrüßenswert, daß die Hochschule in der Reihe der von ihr jeweils im Herbst veranstalteten verwaltungswissenschaftlichen Arbeitstagungen dieses Mal als Thema die „Probleme der juristischen Ausbildung der Verwaltung" gewählt hat. Bereits der 30. Staatswissenschaftliche Fortbildungskursus im Frühjahr bot Gelegenheit, die Frage der Ausbildung der Verwaltungsbeamten unter dem Aspekt der Rechtsstaatlichkeit der Verwaltung zu beleuchten. Ich darf insoweit auf das aufschlußreiche Referat von Professor Dr. *Ule* hinweisen[1]. Die Ausbildungsfragen sind durch die Arbeiten an der großen Ausbildungsreform für die Juristen in ein sehr aktuelles Stadium getreten. Sie alle wissen, daß die seit Jahrzehnten ausgesprochenen Klagen über die Mängel der juristischen Ausbildung hauptsächlich auf die Initiative der Justizjuristen hin zu der Bildung eines besonderen Arbeitskreises geführt haben, der nach mehrjähriger Forschung im Juli 1960 das Ergebnis seiner Arbeit in einem eingehenden Bericht veröffentlicht hat[2]. Dieser Bericht hat Anerkennung aber auch heftige Kritik von seiten der Justiz wie der Verwaltung erfahren. Immerhin schien er der Justiz und den juristischen Fakultäten als Grundlage für die weitere Arbeit an der Reform geeignet; es wurde ein Unterausschuß der Justizministerkonferenz gebildet, und die Fakultätenkonferenz beauftragte gleichfalls einen Aus-

---

[1] C. H. *Ule*, Rechtsstaatliche Forderungen an die Ausbildung der Verwaltungsbeamten, in: Wandlungen der rechtsstaatlichen Verwaltung, Schriftenreihe der Hochschule Speyer Bd. 13, 1962, S. 173 ff.

[2] Die Ausbildung der deutschen Juristen, 1960.

schuß mit der Weiterarbeit an dem genannten Reformvorschlag. M. E. mit Recht haben die Kritiker aus der Reihe der Verwaltungswissenschaftler das Unterlagenmaterial des Freiburger Arbeitskreises für die Belange der Verwaltungsjuristen nicht für ausreichend erachtet; deswegen hat im Herst vorigen Jahres die Innenministerkonferenz eine eigene Gutachterkommission berufen, mit dem Ziel, die Lücken des Freiburger Arbeitsberichtes auszufüllen und die berechtigten Sonderinteressen der Verwaltung in der erforderlichen Weise zur Geltung zu bringen. Hier darf ich bemerken, daß in mehreren der innerhalb dieser Kommission gebildeten fünf Arbeitskreise die Hochschule maßgebend eingeschaltet ist. Während der Unterausschuß der Justizministerkonferenz und der Ausschuß der Fakultätenkonferenz in zahlreichen Zusammenkünften schon engstens zusammenarbeiten, ist die gemeinsame Arbeit mit dem Gutachterausschuß, dem zwar auch zwei Mitglieder aus dem Justizsektor angehören, noch nicht sehr weit gediehen. Ich halte deswegen den Gedanken der Hochschule, zur Besprechung der die Verwaltungsausbildung betreffenden Fragen hier in Speyer u. a. die Mitglieder der beiden genannten Ausschüsse zusammenzuführen, für ganz besonders glücklich. Es wird sich dabei Gelegenheit geben, in beiden Tagen auf breiter Basis im gegenseitigen Meinungsaustausch die Fragen der Ausbildung in der Verwaltung zu diskutieren. Die hier gewonnenen Erkenntnisse und erarbeiteten Ergebnisse können ein wertvoller Beitrag zur Reform sein.

Es kann hier nicht meine Aufgabe sein, vorgreiflich zu den Themen der Tagung im einzelnen Stellung zu nehmen. Gestatten Sie mir trotzdem, mit dem Vorbehalt der Ergänzung in der Diskussion, ein paar Bemerkungen:

Wenngleich die einzelnen Themen nicht ausdrücklich sämtlich die Frage der großen Reform ansprechen, darf ich annehmen, daß sie doch als Anregung in dieser Richtung gemeint sind. Aus dem Kreis der Anwesenden und dem Ort der Tagung möchte ich den Schluß ziehen, daß die Fragen der Reform des Hochschulstudiums nicht besprochen werden und von der Gestaltung des Vorbereitungsdienstes nur die die Verwaltungsausbildung betreffenden Probleme zur Erörterung stehen sollen. Es fallen also wohl all die (etwa früher von *Geib*[3], dann von *Neeße*[4] oder zuletzt von *Thieme*[5], auch von *Ule*[6] behandelten) interessanten Fragen weg, ob das juristische Studium die allein richtige Vorbereitung für den Verwaltungsjuristen darstellt, die Bedeutung von Fächern wie Allgemeine Verwaltungslehre oder Sozialwissenschaft für das akademische Studium der Verwaltungsjuristen oder schließlich die Frage, ob im Stu-

---

[3] AöR Bd. 80 (1955/56) S. 307 ff.
[4] NDBZ 1961 S. 46 ff.
[5] DÖV 1961 S. 46 ff.
[6] a. a. O.

dium schon eine Scheidung der Verwaltungsjuristen von den Justizjuristen erforderlich ist. Es werden wohl auch nicht die Fragen zur Diskussion kommen, die die Einteilung des justitiellen Teiles der Referendarausbildung betreffen, und nur am Rande Prüfungsfragen.

Ein zentrales Anliegen bleibt bei dieser Abgrenzung der Thematik die Entscheidung für oder gegen die sogenannte einheitliche Ausbildung. Die Frage ist seit Jahren lebhaft umstritten (früher hat sich für die Trennung z. B. *Geib*[7] ausgesprochen); die Denkschrift entscheidet sich für die einheitliche Ausbildung[8], wohl auch alle Vertreter der Justizstellen. Bedenken gegen sie haben zunächst *Thieme*[9] und *Ule*[10] angemeldet. Im oben erwähnten Referat hat sich dann *Ule*[11] zur gemeinsamen Ausbildung bekannt, allerdings nur bei möglichster Parität zwischen Justiz- und Verwaltungsausbildung. Ich bin über den Stand der Auffassungen im Gutachterausschuß der Innenministerkonferenz nicht genau im Bilde, die überwiegende Meinung scheint aber auch hier für die einheitliche Ausbildung zu plädieren. Ich selbst betrachte mich als Präsident eines Prüfungsamts in einem Raum der einheitlichen Ausbildung als durchaus objektiv und, wie mir die Herren unseres Innenministeriums bestätigen werden, als neutralen Sachwalter für beide Sparten der juristischen Ausbildung. Das hängt auch damit zusammen, daß ich selbst als Süddeutscher (Hesse) die einheitliche Ausbildung genossen und damit keine schlechten Erfahrungen gemacht habe. Ich will die Frage hier nicht vertiefen. Man wird m. E. immer Gesichtspunkte für und gegen die einheitliche Ausbildung finden können; vielleicht ist die in dieser Richtung zu treffende Entscheidung wirklich eine reine Willensentscheidung. Ich darf in diesem Zusammenhang noch darauf hinweisen, daß ein gewiß unverdächtiger Gewährsmann wie *Thieme*[12] die Wiedereinführung des Regierungsreferendariats — auch *Ule*[13] weist darauf hin — zumindest für schwer realisierbar hält „angesichts der fehlenden Freizügigkeit der Verwaltungsbeamten von Land zu Land und angesichts der geringen Verwendbarkeit des Regierungsassessors gegenüber dem Gerichtsassessor außerhalb des öffentlichen Dienstes“. Immerhin scheint mir erwähnenswert, daß zur Zeit des preußischen Regierungsreferendariats z. B. im Jahre 1923 in ganz Preußen weniger als 30 Bewerber die große Verwaltungsprüfung abgelegt haben[14]. Man übertrage diese Zahl auf die heutigen kleinen Bundesländer!

---

[7] a. a. O., S. 340.
[8] a. a. O., S. 242.
[9] DÖV 1961 S. 293.
[10] DVBl. 1960 S. 783 (Bespr. d. o. zit. Veröffentl. d. Arb.-Kreises).
[11] Siehe Fußnote 1.
[12] DÖV 1961 S. 293.
[13] Siehe Fußnote 1.
[14] *Geib*, a. a. O., S. 341, Anm. 119.

Bei der Einheitlichkeit der Ausbildung muß jedoch der Vorbereitungsdienst so ausgestaltet werden, daß er den Bedürfnissen sowohl der Justiz als auch der Verwaltung gerecht wird. Dabei scheint mir vorab die Frage erörterungswert, was das Ziel der Ausbildung überhaupt sein soll. Wohl kaum das, fertige Justizjuristen oder perfekte Verwaltungsbeamte heranzubilden. Hierzu wird die Ausbildungszeit immer zu knapp sein (auch bei einer gesonderten Verwaltungsausbildung). Es sollen Juristen ausgebildet werden, die eine praktische Anschauung vom Wesen der Tätigkeit des Richters, des Verwaltungsbeamten, des Rechtsanwalts usw. haben und nach ihrer Ausbildung befähigt sind, sich in angemessener Zeit in jedes beliebige Sachgebiet einzuarbeiten. Es ist zuzugeben, daß der einheitlich ausgebildete junge Assessor nach dem Examen in der Justiz vielleicht schneller und besser einsatzfähig sein mag als in der Verwaltung. Dies liegt m. E. aber in der Natur der Dinge. Die Subsumtion von Fällen des täglichen Lebens unter Rechtssätze ist weitgehend erlernbar. Ob man die Haupttätigkeit des Verwaltungsbeamten — ich formuliere vereinfacht und kurz —, das schöpferische Gestalten usw. überhaupt lehren und lernen kann, scheint mir schon fraglicher. Zumindest bedarf es hier zusätzlich einer ausgedehnten praktischen Erfahrung. Die Sonderverwaltungen (z. B. die Bundesbahn, die Bundespost, die Finanz) tragen dem bekanntlich dadurch Rechnung, daß sie ihre Assessoren nach der Einstellung nochmals einer Ausbildung unterziehen. Aber was tut die Justiz denn anderes, wenn sie ihre jungen Assessoren zunächst in ein Kollegialgericht steckt oder ihnen bei der Staatsanwaltschaft erst nach längeren Fristen die sogenannte „Zeichnungsbefugnis" erteilt?

Trotz dieser Zweifel an der Bedeutsamkeit längerer Ausbildungszeiten für die Verwaltungsausbildung bin ich persönlich in dieser Hinsicht bei der Regelung in Rheinland-Pfalz nie kleinlich gewesen. Bei der Reform im Jahre 1957 haben wir der Ausbildung in der Verwaltung einen Zeitraum von 12, auf Wunsch 15 Monaten zugemessen; auch bei der jetzt durch das Richtergesetz erforderlich gewordenen Änderung haben wir der Verwaltung alle Zeit zur Ausbildung überlassen, die das Richtergesetz eben zuläßt (mit der Verwaltungsgerichtsbarkeit 14 Monate). Mir scheint es bei einer Reform, so hat sich das inzwischen wohl auch schon herauskristallisiert, bei einem insgesamt dreijährigen Vorbereitungsdienst durchaus recht und billig, wenn der Verwaltung ein volles Jahr zugebilligt wird. Den Vorschlag der Denkschrift, der Verwaltung nur fünf Monate zu geben, halte auch ich für nicht diskutabel.

All diese Fragen der Zeitdauer der Verwaltungsstage betreffen jedoch mehr die formale Seite der Sache. Wichtiger scheint mir, gerade auch unter Berücksichtigung der oben angedeuteten von der Natur der Sache her gegebenen besonderen Schwierigkeiten der Verwaltungsausbildung, daß die vorgesehenen Ausbildungszeiten intensivst ausgenutzt werden. Ich komme damit den Themen der heutigen Tagung näher. Ich habe bei *Geib*[15] mit Interesse gelesen, daß gerade an der Qualität der Ausbildung in der Verwaltungsstage schon seit dem vorigen Jahrhundert lebhaft Kritik geübt wurde. Sie ist bis heute nicht verstummt.

Zur Frage der Intensivierung werden wir bei der Tagung noch manches erfahren. Hierzu gestatten Sie mir nur ein paar Andeutungen:

Arbeitsplatz und Ausbilder müssen so gewählt werden, daß sie in möglichst anschaulicher Weise Einblick und Überblick über das Wesen der Verwaltung zu bieten vermögen. Die Frage der Auswahl der Ausbilder ist von großer Bedeutung; Inspektoren sollten dabei nicht herangezogen werden. In diesem Punkt befindet sich die Verwaltung wohl in einer schwierigeren Lage als die Justiz, da es hier vielleicht an der entsprechenden längeren Ausbildungstradition fehlt. Der Referendar soll nicht als Justitiar verwendet werden. Hier liegt bei der Verwaltungsausbildung, wie mir Referendare meines Bezirks immer wieder berichten, manches im Argen. Ich will dabei beileibe nicht sagen, daß die Ausbildung in der Justiz überall vorbildlich sei.

Ich hatte viele Jahre als Prüfer, solange der Prüfungskommission unseres Landes noch keine Verwaltungsjuristen angehörten, die Aufgabe, im öffentlichen Recht zu prüfen. Dabei habe ich etwa in den 50er Jahren erschreckende Unkenntnisse erlebt. Verwaltungsrechtliche Grundbegriffe waren weithin unbekannt, es bestanden keine Vorstellungen etwa über das verwaltungsgerichtliche Verfahren usw. Im Jahre 1953 wurde mir auf eine Frage nach dem Sinn von Art. 12 Grundgesetz von einem Assessorkandidaten, der überdurchschnittlich beurteilt war, erklärt, so genau kenne er das Grundgesetz nicht, als daß er sich an den Inhalt des Art. 12 erinnern könne.

Damit ist es im Laufe der Jahre, Gott sei Dank, besser geworden. Die Herren Professoren von Speyer, die der Assessor-Prüfungskommission angehören, werden mir allerdings bestätigen, daß da immer noch viele Lücken sind. Mir scheint vor allem auch, daß vielen Referendaren noch das nötige Zutrauen in ihre Kenntnisse auf dem Gebiet des öffentlichen Rechts fehlt. Nur so kann ich mir die seltsame Tatsache erklären, daß, obwohl die Prüfungsordnung seit fünf Jahren die Ausgabe einer öffentlich-rechtlichen Prüfungs-Hausarbeit zuläßt, in dieser Zeit erst drei Kandidaten von dieser Möglichkeit Gebrauch gemacht haben.

Daß es hierzulande insgesamt jedoch besser geworden ist, möchte ich weitgehend darauf zurückführen, daß alle rheinland-pfälzischen Referendare während eines Semesters an die Hochschule abgeordnet werden. Die Hochschule hat sich hierbei um die Vertiefung der öffentlich-

---

[15] a. a. O., S. 316.

rechtlichen Kenntnisse der Referendare unseres Landes große Verdienste erworben. Die Ausbildung dort hat sich bewährt, sie wird von den Referendaren positiv beurteilt und soll daher auch bei einer großen Reform in unserem Lande auf keinen Fall wegfallen.

Bewährt haben sich in Rheinland-Pfalz cum grano salis auch die von der inneren Verwaltung eingerichteten Spezial-Arbeitsgemeinschaften. Über ihren Ausbildungseffekt habe ich zum Teil sehr positive Schilderungen gehört. Auch hier macht offenbar gelegentlich — eine ganz entscheidende Frage — die Auswahl der Ausbildungsleiter und der Arbeitsgemeinschaftsleiter Schwierigkeiten.

Gerade zu diesen beiden Instanzen in der Verwaltungsausbildung, der Hochschule und den Arbeitsgemeinschaften, wird nach dem Programm im Rahmen dieser Tagung noch ausführlich gesprochen werden.

Wenn ich einige meiner Auffassungen, und zwar aus der Sicht des Prüfers, schon hier angedeutet habe, so sollen sie keinen Anspruch auf Vollständigkeit haben, sie sollen auch den Fachreferaten aus berufenem Munde sowie der anschließenden Diskussion nicht vorgreifen.

In der Erwartung einer fruchtbaren Vertiefung der Problematik um die Verwaltungsausbildung durch die heutige Zusammenkunft ist es mir eine besonders angenehme Aufgabe, die Arbeitstagung der Hochschule hiermit zu eröffnen.

Die Ausbildung des Juristen in der Verwaltung

Von Franz Mayer

1. Jurisprudenz, Jurist und Verwaltung

Die wohl einprägsamste Umschreibung des Begriffs Jurisprudenz, die bis in das vergangene Jahrhundert jedenfalls auf dem europäischen Kontinent unangefochten war, enthält Tit. I § 1 der Institutionen, des klassischen europäischen Rechtslehrbuchs. Danach ist die Jurisprudenz, die divinarum atque humanarum rerum notitia, justi atque injusti scientia, also die Kenntnis der göttlichen und menschlichen Dinge, sowie das Wissen um Recht und Unrecht. Vor dem Rechtswissen, ja als seine Voraussetzung gedacht, rangiert somit als entscheidendes Kriterium der Jurisprudenz die genaue Kenntnis der Umwelt, das Vertrautsein mit den geschichtlichen, religiösen, gesellschaftlichen und sozialen Verhältnissen. Eine, dieser Umschreibung des römischen Rechtslehrbuchs sehr ähnliche Darstellung gibt uns auch Johann *Althaus* (Johannes *Althusius* 1557—1638), einer der klassischen deutschen Rechtsdenker, der die naturrechtliche Staats- und Gesellschaftslehre des 16. und 17. Jahrhunderts entscheidend mitgetragen und sich noch vor Hermann *Conring* um eine allgemeine Rechtslehre unter dem Titel „Ars iurisprudentiae" bemüht hat: das Ziel der Jurisprudenz ist für ihn, „das Recht aus den Lebenstatsachen herzuleiten und nach den so gewonnenen Regeln die menschlichen Handlungen zu beurteilen. Die Kenntnis von den vielfältig wechselnden Lebenserscheinungen schöpft sie (die Jurisprudenz) also nicht aus den Rechtsnormen, sondern aus Tatsachen, die andere Wissenschaften beschreiben. Die Tatsachen aber, auf die sich das Recht bezieht, sind sehr mannigfaltig; mit ihnen beschäftigen sich die verschiedensten anderen Wissensgebiete, aus denen sie erst mühsam herausgesucht werden müssen. Der Jurist kann demnach die Kenntnis dieser Dinge nicht mit den Mitteln der Jurisprudenz selber gewinnen, vielmehr muß er sie aus anderen Disziplinen erfahren"[1]. Dieselben Gedanken klingen schließlich in dem Gutachten des Arbeitskreises für Fragen der Juristenausbildung (auch *Husserl*-Gutachten genannt) an, wenn dort (vgl. Die Ausbildung der deutschen Juristen, Tübingen 1960, S. 231) von gewissen persönlichen Qualitäten die Rede ist, die der Jurist haben muß und

---

[1] Aus einer Widmungsepistel seines Hauptwerkes „Politica methodice digesta" für zwei befreundete Juristen, Quellenbuch zur Geschichte der Deutschen Rechtswissenschaft von Erik *Wolf*, Frankfurt 1949, S. 107/108.

die ihn befähigen, „sozialen Problemen verständnisvoll und zugleich in jener eigentümlichen Haltung des Unbeteiligtseins und der Objektivität entgegenzutreten ..." oder wenn an anderer Stelle dieses Gutachtens (S. 232/233) „von den wichtigen Rechtseinsichten" gesprochen wird, die der Jurist in seiner Berufstätigkeit erwirbt und erwerben muß.

Diese klassische Vorstellung vom Wesen der Jurisprudenz ist spätestens im Laufe des 19. Jahrhunderts immer mehr und mehr aufgegeben worden. Aus der Jurisprudenz, aus der Rechtsgelahrtheit in dem eben beschriebenen Sinn wurde eine Buchwissenschaft. An die Stelle der Einsichten in die Lebenszusammenhänge und des sich erst daraus ergebenden Wissens um Recht und Unrecht tritt die abstrakte scientia legis. Aus der positiven Rechtsordnung will man alles entnehmen können, will man mehr herausholen, als eine solche Rechtsordnung überhaupt zu geben vermag. Die Jurisprudenz wird damit zur Magd des Gesetzgebers, zu einer Rechtswissenschaft, deren Wissenschaftscharakter gerade aus der Konsequenz ihrer gegenständlichen Beschränkung zu guter Letzt bezweifelt wird; denn „drei berichtigende Worte des Gesetzgebers und ganze Bibliotheken werden zu Makulatur"[2]. Diese Entwicklung war auf dem europäischen Kontinent eine allgemeine; sie war der Preis für unsere hoch kultivierte kontinentaleuropäische Rechtsdogmatik und Rechtssystematik, auf die wir so stolz sind.

Diese Entwicklung war auch entscheidend für das heutige Rechtsstudium und die derzeitige Rechtsausbildung in Deutschland. Die Ausbildung des jungen deutschen Juristen erfolgt vorwiegend nur noch unter dem Gesichtspunkt der justi atque injusti scientia, und zwar in dem sehr engen Sinn einer scientia legis, aus der dann, wie man glaubt, alles andere sich ziemlich mühelos erschließen und gewinnen läßt. So lesen wir in dem 1960 veröffentlichten Gutachten des Arbeitskreises für Fragen der Juristenausbildung (*Husserl*-Gutachten) S. 233 unten: „Für den Juristen gilt auch heute ‚leges scire'. In dem komplizierten Gemeinschaftsleben unserer Zeit sind gute Rechtskenntnisse eher noch wichtiger als in den Zeiten einer einfacheren Staats- und Gesellschaftsverfassung." Von dieser Grundvorstellung ausgehend wird dann das Leitbild des Juristen geformt. Es ist das Bild des Rechtskundigen, der an Hand seiner Gesetzeskenntnisse den Streitfall bewältigt, entscheidet. Es ist nicht mehr der Jurist, der in Kenntnis der Lebenszusammenhänge allgemeine Ordnungsaufgaben zu erfüllen hat, *mit* für den reibungslosen Ablauf des Alltags sorgt und unter anderem auch Streit entscheidet. Zum Prototyp des Juristen wird vielmehr der Richter. Wer die Befähigung zum Richter hat, d. h. so ausgebildet ist, daß er Richterfunktionen wahrnehmen kann, ist nach dieser Auffassung auch in der Lage, bei einiger

---

[2] Julius *v. Kirchmann*, Die Wertlosigkeit der Jurisprudenz als Wissenschaft, Berlin 1848, Sonderausgabe Darmstadt 1956, S. 25.

nicht allzu schwer fallender Umstellung alle die anderen Funktionen des Juristen auszuüben. So glaubt z. B. ein Richter an einem deutschen Obergericht folgende Feststellungen treffen zu können[3]: „Kleines Amtsgericht, Zivilkammer und Staatsanwaltschaft sind die Grundpfeiler der Ausbildung. Wird hier dem Referendar vom ersten Tage an das richtige Arbeiten beigebracht, so ist die beste Gewähr dafür gegeben, daß er ein brauchbarer Richter, Staatsanwalt, Rechtsanwalt, Verwaltungs- oder Wirtschaftsjurist werden wird ... Die Verwaltungsstation braucht nicht länger als sechs Monate zu dauern. Sie sollte nur beim Landratsamt oder einer Stadtverwaltung abgeleistet werden. Eine eigene Arbeitsgemeinschaft erscheint mir überflüssig; vielmehr sollte die landgerichtliche Gemeinschaft weiterlaufen.“ Das ist keine vereinzelte Meinung, sondern die heute weit verbreitete Ansicht, daß nur Sachverhalte, die eine streitentscheidende Rechtsanwendung verlangen, dem Juristen gemäß sind. Bei einer derart engen Betrachtungsweise ist dann der Jurist im Verwaltungsamt eigentlich nicht mehr der typische, sondern allenfalls ein partieller Jurist. Es ist wohl kein Zufall, daß das Richtergesetz die entscheidenden Regelungen für die Ausbildung des Juristen enthält, nicht etwa das Beamtengesetz oder die Rechtsanwaltsordnung oder ein besonderes Juristenausbildungsgesetz; wie überhaupt Verfassung- und Gesetzgeber sich in jüngster Zeit vorwiegend mit dem Richter befassen, eine Entwicklung, die trotz aller Einheitsausbildung heute mehr die Gefahr des Auseinanderfallens einer bislang einheitlichen Juristenschaft in sich birgt als früher, wo es noch getrennte Ausbildungswege gab.

Diese Situation wird, wenn man die Entwicklung vom Standpunkt der Verwaltung aus verfolgt, noch entscheidend durch die *Überbewertung des Zivil- und Strafrechts* im juristischen Ausbildungsgang verschärft, wie sie jedenfalls in weiten Teilen Deutschlands nun schon überkommen ist. Die klassische Jurisprudenz dagegen hat das öffentliche und private Recht immer gleichrangig behandelt, ja in der Aufzählung der Quellenliteratur in den Institutionen wie in den Digesten rangiert das ius publicum immer vor dem ius privatum. Die Gewichtsverlagerung zugunsten des Justizrechts in der Ausbildung entspricht keinesfalls dessen tatsächlichem Gewicht im juristischen Alltag des sozialen Rechtsstaats. Diese Übergewichtigkeit des Justizrechts, die sich unschwer aus der weiter gediehenen Dogmatik und Systematik des Zivil- und Strafrechts, sowie aus der Tatsache erklären läßt, daß das materielle Verfassungs- und Verwaltungsrecht weithin Landesrechte sind, kann heute angesichts der Bedeutung, die dem öffentlichen Recht in der modernen Industriegesellschaft zukommt, weder pädagogisch noch sachlich gerechtfertigt werden.

---

[3] Stellungnahme eines Richters (H. *Dubro*, OLG Neustadt) zur Denkschrift, JuS 1961, S. 171.

Hinzu kommt zu Lasten von Verwaltung und Verwaltungsrecht, daß die *methodische Ausbildung des Verwaltungsrechts in Deutschland eine sehr einseitige* war. Im Bereich des Verwaltungsrechts gab es leider nur eine Schule, die bis in unsere Tage die Grundlinien der Verwaltungsdogmatik bestimmt. Otto *Mayer* und seine Schule haben auf der Suche nach den juristisch ergiebigeren Bereichen der Verwaltung ganze Partien des Verwaltungsgeschehens unbeachtet gelassen. Es kam dadurch zu Verengungen, die heute noch nicht überwunden sind und die sich auch keinesfalls dadurch bewältigen lassen, daß man für diese Bereiche die vielberufene sogenannte „Verwaltungskunst" oder, etwas wissenschaftlicher, eine nicht einmal noch in Konturen sichtbare deutsche Verwaltungslehre als zuständig erklärt[4]. Hier zeigt sich in besonderem Maße das für die deutschen Verhältnisse so typische Auseinanderfallen von juristischer Forschung und Lehre einerseits und juristischer Praxis andererseits. Diese Kluft zwischen Praxis und Wissenschaft — mag man auch immer wieder versuchen, sie hinwegzudiskutieren —, die übrigens für alle Rechtsdisziplinen festzustellen ist, war, wie das *Husserl*-Gutachten (S. 243) mit Recht ausführt, der Bildung eines einheitlichen Standesbewußtseins der Juristen abträglicher als alle sonstige Aufspaltung in die verschiedenen juristischen Berufszweige. Dieses Auseinanderfallen von Lehre und Praxis trägt auch mit die Hauptschuld an der vielbeklagten Inhomogenität der deutschen Juristenausbildung, die sich nach der ursprünglichen Grundkonzeption in zwei völlig aufeinander abgestimmten Stufen eines *einheitlichen* Ausbildungsganges vollziehen soll.

All das, die Verfälschung des ursprünglichen Begriffs Jurisprudenz, die Verkennung des Begriffs Jurist, die Gewichtsverlagerung auf das Privatrecht und Strafrecht in der Ausbildung, das in besonderem Maße gerade im Bereich des öffentlichen Rechts zu verzeichnende Auseinanderfallen von Lehre und Praxis haben inzwischen dazu geführt, daß das Andersartigsein von Richten und Verwalten schon vielfach als eine Diskrepanz von Jurisprudenz und Verwaltung empfunden wird. Die Denkweise des Richters wird schlechthin als die des Juristen ganz oberflächlich in Gegensatz gestellt zur Denkweise des Verwaltungsbeamten. Der Referendar, der mit seinem Richter-Leitbild und meist unzureichenden öffentlich-rechtlichen Kenntnissen zur Verwaltungsstation kommt, vertritt dann nur zu gern und nicht zuletzt um seiner Selbstbestätigung willen die Meinung, als Jurist sei er hier fehl am Platz und für seine Ausbildung als Jurist sei die Zeit bei der Verwaltung mehr oder weniger eine verlorene; während doch gerade die Verwaltungsstation den in der reinen Streitentscheidung des Amtsgerichts und Landgerichts

---

[4] Vgl. U. *Scheuner*, in VVDStRL 1956 (Bd. 14) S. 182 f.; F. *Mayer*, BayVBl. 1960 S. 332 ff. (339).

manchmal recht eng gewordenen jungen Anfänger wieder hinausführen könnte in die Weite der divinarum atque humanarum rerum notitia. Nicht zuletzt ist *ein* Zweck der Ausbildung des Juristen in der Verwaltung, die zum guten Teil ja nicht Verwaltungsbeamte werden, die Vermittlung der Einsicht, daß sich der Beruf des Juristen nicht in Rechtsanwendung und Entscheidung erschöpft, daß zur Funktion des Juristen in der Gesellschaft die Erfüllung mannigfacher Aufgaben im Rahmen von Verfassung und Rechtsordnung gehört, daß es nicht nur gilt, abstrakte Regeln auf konkrete Sachverhalte anzuwenden, sondern daß der Jurist auch in der Lage sein muß, für eine Vielzahl konkreter Fälle abstrakte Regeln zu schaffen, daß er auch imstande sein muß, vorausschauend und planend tätig zu werden und daß sich die rechtliche Ordnung und Abwicklung der Lebensvorgänge, zu denen der Jurist nun einmal berufen ist, schon um der Gemeinschaft willen nicht nur in der nachträglichen rechtlichen Beurteilung abgeschlossener Sachverhalte erschöpfen kann. Dabei ist m. E. im Hinblick auf eine Ausbildung zum Juristen entscheidend, daß diese Einsichten vor allem auch *dem* Referendar nachhaltig vermittelt werden, der später nicht Verwaltungsbeamter, sondern Richter oder Rechtsanwalt wird.

Man würde die Dinge nun wohl zu leicht nehmen, wenn man die Tatsache, daß heute die Verwaltungsstation ihre Funktion in der Ausbildung des Juristen vielfach nicht oder jedenfalls nicht hinreichend erfüllt, mit den eben geschilderten allgemeinen Verhältnissen, mit der Situation in der sich Jurisprudenz, Jurist und Verwaltung befinden, rechtfertigen oder zumindest entschuldigen wollte. *Mit* verantwortlich für diesen Zustand ist wohl nicht zuletzt *auch* die Verwaltung. Gerade darum ist diese Tagung vonnöten. Das einführende Referat über die Ausbildung des Juristen in der Verwaltung hat im Rahmen dieser Tagung die Aufgabe, eine allgemeine Diagnose zu stellen, die die Grundlage für eine Art Generaldebatte abgeben kann. Es geht also zunächst nicht um die Frage, in welchem Umfange im Interesse des künftigen Verwaltungsjuristen das Rechtsstudium zu reformieren wäre, wenngleich die mancherorts unzureichende öffentlich-rechtliche Ausbildung an der Universität bei der Behandlung der Frage der Juristenausbildung in der Verwaltung nicht übergangen werden kann und soll. Es geht ferner nicht um die Frage, wie man am besten Verwaltungsbeamte und Verwaltungsjuristen heranbildet, es geht schließlich nicht um die Frage, ob man nicht auch ein anderes Grundstudium als das der Jurisprudenz für den künftigen Verwaltungsbeamten zulassen sollte. Zur Debatte gestellt ist zunächst einzig und allein, wie der künftige Jurist in der zweiten Stufe seiner Ausbildung, im Vorbereitungsdienst, in Verwaltung und Verwaltungsrecht ausgebildet wird. Gewiß, damit sind einige recht interessante Fragen ausgeklammert; aber das ist eigentlich schon bewußt durch die Themenstellung geschehen. Wir wissen, daß das heutige Rechtsstudium nicht die *ideale* Grundausbildung für den künftigen Verwaltungsbeamten und Verwaltungsrichter ist. Wir wissen aber auch andererseits, daß das Studium der Jurisprudenz unter den zur Verfügung stehenden Studienmöglichkeiten für den künftigen Verwaltungsbeamten immer noch das geeignetste ist. Diese Eignung sehe ich mit *Thieme*, der sich erst kürzlich mit dieser Frage eingehend auseinandergesetzt hat[5], nicht so sehr in der Logik, die angeblich im besonderen Maße die Jurisprudenz auszeichnet, sondern in der Erziehung des Juristen zur Erfassung von Norminhalten, die der Verwaltungsbeamte im Rechtsstaat einfach nicht entbehren kann. Es soll schließlich auch nicht allein auf die Ausbildung des künftigen Verwaltungsjuristen abgestellt werden; denn damit wäre doch wohl auch die Vorstellung von einer ganzheitlichen Juristenausbildung, die nicht zu einem bestimmten juristischen Beruf erziehen soll, preisgegeben und eigentlich wenig mehr zu diskutieren.

2. Die Entwicklung der Juristenausbildung in Deutschland

Wenn wir uns kurz die Entwicklung der Juristenausbildung in Deutschland ins Gedächtnis zurückrufen, so kann dies an sich nur rechtsvergleichend geschehen. Im späten Mittelalter und in der frühen Neuzeit gibt es noch kein besonderes staatliches Ausbildungs- und Prüfungswesen für den Richter oder Verwaltungsbeamten; es genügt der Nachweis des Studiums oder der Nachweis der akademischen Würde eines Magisters, Lizentiaten oder Doktors. Mit der Ausbildung des Ämterwesens ändert sich das. Zunächst verlangen oberste Gerichte, wie etwa das Reichskammergericht vom gelehrten Juristen gewisse fachliche und persönliche Mindestvoraussetzungen. Eigentliche staatliche Prüfungen entwickeln sich aber erst im 17. Jahrhundert. So wird mit Reskript des *Preußischen Kurfürsten Friedrich III.* vom 16. 8. 1693 die Neubesetzung von Ratsstellen am Preußischen Hof- und Kammergericht von einer schriftlichen und mündlichen Prüfung der Rechtskenntnisse der Bewerber abhängig gemacht[6]. Mit Reskript vom 17. 2. 1710 werden die inzwischen verbesserten Prüfungsbestimmungen auch für die Advokaten und Prokuratoren anwendbar erklärt. Am 21. 6. 1713 wird die Prüfungspflicht auf die Ratsstellen bei den Regierungen ausgedehnt[7]. Mit Edikt v. 16. 9. 1723 wird die Prüfungspflicht und ein Vorbereitungsdienst auch für die Assessorenstellen und die Richterstellen bei den unteren Gerichten vorgesehen. Ebenfalls 1723 wird in einer Instruktion für die

---

[5] *Thieme*, DÖV 1962 S. 521 (522).

[6] E. *Geib*, Die Ausbildung des Nachwuchses für den höheren Verwaltungsdienst unter besonderer Berücksichtigung der Geschichte der Justiz- und Verwaltungsausbildung in Preußen, AöR Bd. 80 (1955/56) S. 307 ff. [S. 314].

[7] E. *Geib*, a. a. O., mit Nachweisen aus dem Corp. constit. Marchicarum.

kurmärkische Kammer die Annahme von Auskultatoren verfügt. Ab 1732 gibt es regelmäßige Prüfungen für die Auskultatoren in der Verwaltung. Mit § 49 der Preußischen Regierungsinstruktion vom 23. 10. 1817 wird schließlich für den Bewerber im höheren Verwaltungsdienst folgendes verlangt: ein ordnungsmäßiges Rechtsstudium, vorübergehende praktische Tätigkeit als Auskultator bei einem Gericht und vor Eintritt in den Vorbereitungsdienst der Verwaltung eine besondere schriftliche und mündliche Eingangsprüfung. Trotz Trennung der Ausbildungswege im Vorbereitungsdienst wird von dieser Zeit an immer stärkeres Gewicht auch auf die justizielle Ausbildung der künftigen Verwaltungsbeamten gelegt. Abschließend wird die Ausbildung für den höheren Verwaltungsdienst dann im Kgl. Preußischen Gesetz vom 11. 3. 1879[8] geregelt: Mindestens dreijähriges Studium der Rechte und der Staatswissenschaften an einer Universität, zwei Jahre Vorbereitungsdienst bei Gerichten und wenigstens zwei Jahre Vorbereitungsdienst bei Verwaltungsbehörden. Die Vorschriften über die Ausbildung im höheren Justizdienst[9] fordern ähnlich ein dreijähriges Rechtsstudium und vier Jahre Vorbereitungsdienst bei Gerichten erster und zweiter Instanz, bei Rechtsanwälten und Notaren. Genau besehen ist also die preußische Ausbildungsregelung für den höheren Verwaltungsdienst nicht so sehr nur eine Spezialausbildung für die Verwaltung, sondern eigentlich eine Doppelausbildung. Erst 1906 wird dann der Vorbereitungsdienst der Regierungsreferendare bei der Justiz auf ein Jahr verringert, 1920 endlich auf 6 Monate herabgesetzt. Im selben Jahr wird in Preußen allgemein der Vorbereitungsdienst für Gerichts- und Regierungsreferendare auf 3 Jahre festgesetzt. Der künftige Justizjurist wird in Preußen in der Verwaltung überhaupt nicht ausgebildet. Am 10. 1. 1927 weist dann der preußische Minister des Innern die Regierungspräsidenten an, von einer weiteren Übernahme von Regierungsreferendaren abzusehen. So wurden also 1930 die letzten preußischen Regierungsreferendare alter Art in die Verwaltung übernommen. Der Sperrerlaß von 1927 wurde mit Erlaß des preußischen Innenministers vom 20. 6. 1933 wieder aufgehoben. Am 29. 6. 1937 kam dann die reichseinheitliche Regelung über die Ausbildung für den höheren Dienst in der allgemeinen und inneren Verwaltung. Dieser reichseinheitlichen Verwaltungsausbildungsordnung war 1934 eine reichseinheitliche Justizausbildungsordnung vorausgegangen, nach der jeder angehende Jurist eine Verwaltungsstation von 7 Monaten zu durchlaufen hatte bei einer Gesamtausbildungsdauer von $3^1/_2$ Jahren. Das entsprach in etwa der Vereinbarung zwischen dem Reich und den Ländern von 1930, wonach bei einem $3^1/_2$jährigen Vorbereitungsdienst für den höheren Justiz-

---

[8] GS S. 160.

[9] Gesetz vom 6. 5. 1869 GS S. 656.

dienst 2 Jahre bei den Gerichten, 6 Monate bei Rechtsanwälten und 6 Monate bei Verwaltungsbehörden, möglichst der unteren Instanz, abgeleistet werden sollten. Für die verbleibenden 6 Monate sollte der Landesgesetzgeber freie Hand haben. Die Erhöhung der Verwaltungsstation von 6 auf 7 Monate geschah auf Wunsch der süddeutschen Länder[10].

Dieser Form der Ausbildung im früheren Preußen wird herkömmlich die sogenannte süddeutsche Einheitsausbildung gegenübergestellt. Von einer echten Einheitsausbildung der *süddeutschen Länder* zu sprechen, ist aber, jedenfalls entwicklungsgeschichtlich gesehen, nur bedingt richtig. So dauerte in *Hessen* das Rechtsstudium mindestens 7 Semester, der Vorbereitungsdienst bis zur reichseinheitlichen Regelung 3 Jahre, davon 1 Jahr Amtsgericht, 1 Jahr Rechtsanwalt, 6 Monate Landgericht oder Staatsanwaltschaft und 6 Monate Kreisverwaltungsbehörde. Ab 1928 betrug die Anwaltsstation nur noch 10 Monate, die frei werdenden 2 Monate wurden für eine Beschäftigung beim Arbeitsgericht verwendet. *Württemberg* dagegen kannte seit 1903 eine besondere Verwaltungsausbildung[11]. Der Vorbereitungsdienst der für die Verwaltung optierenden Referendare endete mit einer Staatsprüfung für den höheren Verwaltungsdienst. Erst 1921 wurde dann in *Württemberg* zugestanden, daß die Befähigung zum höheren Verwaltungsdienst auch durch die Ablegung der Staatsprüfung für den höheren Justizdienst erworben wird[12]. Eine besondere Form der Justizausbildung kennt seit nahezu 1½ Jahrhundert *Bayern*. Bei der bayer. Ausbildung handelt es sich im Grunde genommen von jeher nicht um eine Einheitsausbildung unserer heutigen Vorstellung, sondern um eine Doppelausbildung. Das Ziel dieser Ausbildung ist die vielseitige Verwendbarkeit des Juristen im Gemeinwesen. So heißt es in § 22 Abs. 2 der königlichen bayer. VO, die Konkursprüfung der zum Staatsdienst adspirierenden Rechts-Candidaten betreffend vom 6. 3. 1830[13], daß der Rechtspraktikant in der den Vorbereitungsdienst abschließenden 2. Staatsprüfung, Staatskonkurs genannt, nachzuweisen hat, „daß er sich während seiner Praxis mit dem inneren Staatsorganismus und dem Geschäftsgang näher bekanntgemacht, die erforderlichen praktischen Kenntnisse erworben *und* dabei das Studium der Theorie fortgesetzt habe". Der Vorbereitungsdienst dauerte damals zwei Jahre; davon war ein Jahr bei der Verwaltung und ein Jahr bei der Justiz abzuleisten. Völlig paritätisch wurde auch die Prüfung gestaltet; sie zerfällt in zwei Abteilungen: in der justiziellen Abteilung werden bearbeitet: 2 Klausuren aus dem Zivilrecht, 2 Klausuren aus dem Zivilprozeß-

---

[10] E. *Geib*, a. a. O., S. 329 ff.

[11] Vgl. die württembergische VO betreffend die Befähigung für den höheren Verwaltungsdienst vom 7. 12. 1903 Reg.Bl. S. 591.

[12] VO betreffend die Befähigung für den höheren Verwaltungsdienst vom 12. 7. 1921 [Reg.Bl. S. 351].

[13] Reg.Bl. 1830 S. 581 ff.

recht, 2 Klausuren aus dem Strafrecht, 2 Klausuren aus dem Strafprozeßrecht, ferner ist zu bearbeiten ein praktischer Fall aus dem Justizrecht in Klausur und mit einer Bearbeitungsfrist von einem ganzen Tag (etwa der heutigen 8-Stunden-Klausur der bayer. Prüfungsordnung vergleichbar). In der öffentlich-rechtlichen Abteilung werden bearbeitet: 2 Klausuren aus dem bayer. Staatsrecht, 2 Klausuren aus dem Kirchenrecht, 2 Klausuren aus Polizeiwissenschaft und Polizeirecht, 2 Klausuren aus dem Bereich der Staatsfinanzwirtschaft, ferner ebenfalls ein praktischer Fall aus dem öffentlichen Recht (eintägig). Für jede Abteilung wird gesondert die Note errechnet, beide Noten werden zusammengezählt und durch zwei geteilt. Abgesehen von einigen Änderungen und einer Unterbrechung während der NS-Zeit und unmittelbaren Nachkriegszeit hat Bayern dieses System der Doppelausbildung bis heute durchgehalten und damit beste Erfahrungen gemacht.

3. Die derzeitige deutsche Juristenausbildung in Verwaltungsrecht und Verwaltung

Die derzeitige Situation des juristischen Vorbereitungsdienstes in der Bundesrepublik ist gekennzeichnet durch die Tatsache, daß nach dem Zusammenbruch 1945 die Wiederaufnahme der Juristenausbildung weitgehend von der Justiz allein in die Wege geleitet worden ist. Im Gegensatz zur Verwaltung gelang es nämlich der Justiz besser und schneller, die Hürde des politischen Zusammenbruchs zu überwinden[14]. Man hielt dabei mit Recht an der zweistufigen Juristenausbildung fest, gestaltete aber im Gegensatz zur Reichsregelung den Vorbereitungsdienst für alle juristischen Berufe einheitlich. Im übrigen entfernten sich die Länder aber gar bald von der Linie der reichseinheitlichen Juristenausbildung und schufen, entsprechend der von der Justiz geformten Ausgangskonzeption, verschiedene Formen einer gemeinsamen Ausbildung für alle Juristen, die aber von den Belangen der Verwaltung her gesehen, in den meisten Ländern keine echte Einheitsausbildung darstellt. Es handelt sich vielfach mehr oder weniger nur um eine qualifizierte Justizausbildung. Hinzu kommt, daß die öffentlich-rechtliche Ausbildung an den deutschen Rechtsfakultäten nach dem 2. Weltkriege jedenfalls zunächst erheblich an Gewicht verlor, nicht zuletzt auch durch das Zurückfallen des Kirchenrechts. Verschiedentlich wird schließlich insbesondere die verwaltungsrechtliche Ausbildung vernachlässigt. Dies zeigt sich nicht nur in der Ausstattung der Fakultäten mit verwaltungsrechtlichen Lehrstühlen, sondern vor allem auch bei der ersten juristischen Staatsprü-

---

[14] E. *Geib* in *Loschelder-Rössler*, Ausbildung und Auslese der Beamten, Baden-Baden 1961, S. 59; R. *Hoke*, Zur Ausbildung für den höheren Verwaltungsdienst, DVBl. 1962 S. 425 ff. [S. 426].

fung. Im Referendarexamen werden aus dem öffentlichen Recht entnommen: in *Baden-Württemberg* von 8 Klausuren 2[15] (also $^1/_4$), in *Bayern* von 6 Klausuren 1 (also $^1/_6$), in *Berlin* von 4 Klausuren 1 (also $^1/_4$), in *Bremen und Hamburg* von 3 Klausuren 1 öffentlich-rechtliche oder wahlweise 1 aus dem Handelsrecht (also günstigstenfalls $^1/_3$, evtl. keine öffentlich-rechtliche Klausur), in *Hessen* von 5 Klausuren 1 aus dem öffentlichen Recht (also $^1/_5$), in *Niedersachsen* von 3 Klausuren 1 aus dem öffentlichen Recht (also $^1/_3$), in *Nordrhein-Westfalen* von 3 Klausuren 1 aus dem öffentlichen Recht (also $^1/_3$), in *Rheinland-Pfalz* von 4 Klausuren 1 aus dem öffentlichen Recht (also $^1/_4$), im *Saarland* von 5 Klausuren 1 aus dem öffentlichen Recht (also $^1/_5$), und in *Schleswig-Holstein* von 3 Klausuren 1 aus dem öffentlichen Recht oder wahlweise 1 aus dem Handelsrecht (also günstigstenfalls $^1/_3$, evtl. keine öffentlich-rechtliche Klausur). Jedenfalls vom Referendarexamen her gesehen hat im Schnitt der Länder heute das Strafrecht größere Bedeutung als das Staats-, Verwaltungs- und Völkerrecht zusammen.

Ähnlich differenziert wie die öffentlich-rechtlichen Anforderungen im Referendarexamen ist der Anteil der *Verwaltungsausbildung während des Vorbereitungsdienstes in den einzelnen Ländern.*

In *Baden-Württemberg* dauert der Vorbereitungsdienst nach der VO der Landesregierung über die Ausbildung der Juristen[16] 42 Monate, davon wurden bislang 12 Monate bei der Verwaltung verbracht. Zunächst erfolgt die Zuweisung an ein Landratsamt, 2 bis 3 Monate wird der Referendar bei einer mittleren Gemeinde möglichst unter 20 000 Einwohnern beschäftigt, für den letzten Teil des Verwaltungsabschnitts konnte bisher der Referendar 4 Monate bei einer anderen staatlichen oder kommunalen Verwaltungsbehörde, Körperschaft, Anstalt oder Stiftung des öffentlichen Rechts, bei einem allgemeinen oder besonderen Verwaltungsgericht beschäftigt werden. In Anpassung an das Richtergesetz wurde inzwischen mit Wirkung vom 1. 7. 1962 folgende Regelung getroffen: 7 Monate Verwaltungsbehörden, davon 2 bis 3 Monate mittlere Gemeinde, 4 Monate bei einem allgemeinen oder besonderen Verwaltungsgericht, die verbleibenden 3 Monate wahlweise bei staatlichen oder kommunalen Verwaltungsbehörden, Körperschaften, Anstalten oder Stiftungen des öffentlichen Rechts oder Hochschule Speyer oder bei supranationalen, internationalen oder ausländischen Stellen[17].

---

[15] Dabei ist allerdings zu berücksichtigen, daß eine weitere Klausur als Wahlaufgabe gestaltet ist, wobei der Kandidat eines von drei gestellten theoretischen Themen wählen kann. Die Themen werden teilweise dem öff. Recht entnommen.

[16] JAO v. 12. 9. 1955 (Ges.Bl. f. Bad.-Württ. S. 187) geändert durch VO der Landesregierung zur Änderung der VO über die Ausbildung der Juristen v. 19. 6. 1962 (Ges.Bl. f. Bad.-Württ. S. 53).

[17] VO v. 19. 6. 1962 Ges.Bl. f. Bad.-Württ. 1962 S. 53

Für *Bayern* bestimmt die Ausbildungs- und Prüfungsordnung für den höhreren Justiz- und Verwaltungsdienst vom 21. 6. 1957[18], daß der Vorbereitungsdienst den Rechtsreferendar mit den Aufgaben der Rechtspflege *und* der Verwaltung vertraut machen und ihn zur späteren selbständigen beruflichen Tätigkeit befähigen soll. Die praktische und wissenschaftliche Ausbildung und nicht die Nutzbarmachung seiner Arbeitskraft bestimmen Art und Maß der dem Rechtsreferendar zu übertragenden Aufgaben. Der bayer. Rechtsreferendar verbrachte bislang 12 Monate bei der Verwaltung, davon 4 Monate bei einer Kreisverwaltungsbehörde und 2 Monate bei einer Finanzbehörde. 2 weitere Monate hat er abzuleisten wahlweise bei einer Behörde der Finanzverwaltung oder bei einem Sozialgericht oder bei einer Behörde der Sozialversicherung oder bei einer anderen Verwaltungsbehörde oder Stelle, die im Einzelfalle oder allgemein als geeignet zugelassen worden ist. Weitere 5 Monate sind dem Dienst beim Verwaltungsgericht vorbehalten. Bisher waren also 14 Monate bei der Verwaltung und 5 Monate beim Verwaltungsgericht abzuleisten. Ab 1. 7. 1962 sind die Stationen bei der allgemeinen inneren Verwaltung um 1 Monat auf insgesamt 11 Monate verkürzt. Um diesen einen Monat wurde bezeichnenderweise die Station Staatsanwaltschaft beim Landgericht auf 5 Monate erhöht[19].

In *Berlin* wurden bislang von den 3½ Jahren Vorbereitungsdienst 9 Monate bei der Verwaltung und 3 Monate beim Verwaltungsgericht zugebracht. Auf besonderen Antrag kann der Referendar für weitere 3 Monate einer Verwaltungsbehörde zugewiesen werden[20]. Ab 1. 1. 1962 wird der Referendar nur noch 6 Monate Verwaltungsbehörden, aber 6 Monate dem Verwaltungsgericht zugewiesen[21].

In *Bremen und Hamburg* wurden nach der Justizausbildungsordnung vom 15. 1. 1949[22] von den 3 Jahren des Vorbereitungsdienstes 6 Monate in der Verwaltung zugebracht. Ab 1. 7. 1962 wird der hamburgische Referendar für 7 Monate einer Verwaltungsbehörde und für weitere 5 Monate einem Verwaltungs- oder Arbeitsgericht zugewiesen[23].

In Bremen ist bei der Neueinteilung des Vorbereitungsdienstes die sechsmonatige Verwaltungsstation beibehalten worden. Außerdem wird der Referendar 4 Monate bei einem allgemeinen oder besonderen Ver-

---

18 JuVAPO GVBl. 1957 S. 213.

19 VO z. Änderung der JuVAPO v. 7. 8. 1962 Bayer. GVBl. S. 221.

20 JAO v. 24. 1. 1953 GVBl. f. Berlin S. 77.

21 JAO i. d. F. v. 1. 1. 1962 GVBl. 1961 S. 1770.

22 VOBl. BZ S. 21.

23 Mitteilung des Personalamts beim Senat der Freien und Hansestadt Hamburg v. 26. 7. 1962 Az. 142.40-3.4,6.

waltungsgericht ausgebildet. Für eine Wahlstation sind 4 Monate vorgesehen[24].

In *Hessen* wurde der Referendar nach der Justizausbildungsordnung vom 27. 11. 1957[25] während des 3½ Jahre dauernden Vorbereitungsdienstes auf 10 Monate einer Stadtverwaltung, einem Landratsamt, einer Bezirksregierung, einer Landeswohlfahrtsbehörde oder einem Verwaltungsgericht (anstelle des Verwaltungsgerichts auch einem Sozialgericht oder Landessozialgericht) zugewiesen. Ab 1. 5. 1962 ist in Hessen insoweit eine Änderung eingetreten, als nunmehr der Referendar bei Verwaltungsbehörden 8 Monate, beim Verwaltungsgericht 4 Monate und beim Arbeitsgericht 2 Monate verbringt; für eine Wahlstation bleiben noch 2 Monate[26].

In *Niedersachsen* dauerte nach der Justizausbildungsordnung vom 15. 1. 1949[27] die Verwaltungsausbildung während des 3½jährigen Vorbereitungsdienstes 12 Monate, davon waren 2 Monate bei einem Verwaltungsgericht zu verbringen. Ab 1. 7. 1962 verbringt der Referendar 12 Monate bei der Verwaltung und weitere 4 Monate bei einem allgemeinen oder besonderen Verwaltungsgericht[28].

In *Nordrhein-Westfalen* wurde bislang der Referendar nach dem Gesetz über die juristischen Staatsprüfungen und den juristischen Vorbereitungsdienst vom 9. 4. 1956[29] 30 Monate bei Zivil- und Strafgerichten, Staatsanwaltschaft, Notar und Rechtsanwalt, mindestens 6 Monate bei Verwaltungsbehörden und weitere 6 Monate bei einer von ihm gewählten zugelassenen Ausbildungsstelle beschäftigt; es bestand also die Möglichkeit, die Verlängerung der Verwaltungsausbildung auf 12 Monate zu beantragen. Die Möglichkeit einer auf 12 Monate verlängerten Verwaltungsausbildung ist auch ab 1. 7. 1962 gegeben, nur daß von diesem Zeitpunkt an für alle Referendare 4 Monate Verwaltungsgericht vorgesehen sind[30].

Nach der Ausbildungs- und Prüfungsordnung für den höheren Justiz- und Verwaltungsdienst des Landes *Rheinland-Pfalz* vom 14. 3. 1957[31] verbringt der Referendar von seinen 3½ Jahren Vorbereitungsdienst 12 Monate bei der Verwaltung und kann auf Antrag 3 Monate bei einem allgemeinen oder besonderen Verwaltungsgericht oder bei einem Arbeitsgericht beschäftigt werden.

---

[24] Erlaß des (bremischen) Senators f. Justiz und Verfassung — 2240 — v. 28. 6. 1962.

[25] GVBl. f. Hessen S. 161.

[26] VO v. 26. 3. 1962 GVBl. f. Hessen 1962 S. 266.

[27] VOBl. BZ S. 21.

[28] NJAO v. 28. 6. 1962 Nieders. GVBl. 1962 S. 61.

[29] GS NW 1956 S. 558.

[30] ÄnderungsG z. JAG v. 25. 6. 1962 GS NW S. 346, vgl. auch die VO zur Änderung der JAO v. 28. 6. 1962 GS NW S. 362.

[31] GVBl. f. Rheinl.-Pfalz 1957 S. 45.

Im juristischen Vorbereitungsdienst des *Saarlandes* sind bislang 6 Monate Verwaltungsausbildung vorgesehen; die Verwaltungsstation kann jedoch auf Antrag auf 12 Monate verlängert werden[32]. Mit Wirkung vom 1. 7. 1962 ist insoweit eine Änderung eingetreten, als die zur Verlängerung der Ausbildung in der Verwaltung dienende Wahlstation auf 3 Monate verkürzt worden ist. Gleichzeitig ist für alle Referendare eine 4monatige Ausbildung bei einem Verwaltungs-, Sozial- oder Finanzgericht vorgesehen[33].

In *Schleswig-Holstein* wurde nach der Justizausbildungsordnung vom 15. 1. 1949[34] bislang der Referendar während des 3½jährigen Vorbereitungsdienstes auf 10 Monate der Verwaltung zugewiesen, wovon er 6 Monate bei einer Stadt-, Kreis- oder Gemeindeverwaltung verbringt; 4 Monate sind für Sonderverwaltung vorgesehen oder auf Antrag sonst frei verwendbar. Auch in Schleswig-Holstein besteht die Möglichkeit einer verlängerten Verwaltungsausbildung. Die Verwaltungsausbildung dauert in diesem Falle 18 Monate; davon sind 6 Monate bei einem Verwaltungsgericht zu verbringen und 4 Monate sind auf Antrag frei verwendbar.

Durch das 2. Gesetz zur Änderung der Justizausbildungsordnung[35] ist mit Wirkung vom 1. 7. 1962 die Ausbildung der schleswig-holsteinischen Referendare in der Verwaltung auf 6 Monate verkürzt worden. Weitere 4 Monate sind für eine Ausbildung beim allgemeinen oder besonderen Verwaltungsgericht vorgesehen. Für frei gewählte Ausbildungsstellen stehen 6 Monate zur Verfügung.

Diese Veränderungen in den vergangenen Monaten brachten also in den Ländern für die Verwaltungsausbildung teils Vorteile, teils Nachteile. Bei einigen Ländern waren die Änderungen, die in Anpassung der Ausbildung an das Richtergesetz vorzunehmen sind, zur Zeit der Zusammenstellung dieser Übersicht noch nicht bekannt bzw. noch nicht publiziert.

Einen etwas anschaulicheren Überblick über das tatsächliche Gewicht der Verwaltungsausbildung im Rahmen des juristischen Vorbereitungsdienstes kann ich Ihnen vielleicht durch eine Gegenüberstellung der Gesamtzahlen der Referendare und der Zahl der Referendare, die sich am 1. 7. bzw. 1. 6. 1962 in Verwaltungsausbildung befanden, vermitteln. Gewiß, diese Zahlen mögen im Einzelfalle vielen Zufälligkeiten unterworfen sein, auch spiegeln sich in diesen Zahlen noch nicht die meist zum 1. 7. 1962 vorgenommenen Änderungen, aber im Schnitt der

---

[32] JAO v. 28. 3. 1960 Amtsbl. des Saarlandes S. 241.

[33] §§ 46, 52 i. d. F. der 1. VO zur Änderung der JAO v. 26. 6. 1962 Amtsbl. d. Saarlandes S. 462.

[34] VOBl. BZ S. 21.

[35] v. 9. 7. 1962 GVOBl. Schleswig-Holstein S. 339.

Bundesländer wird doch die Situation der Verwaltungsausbildung im juristischen Vorbereitungsdienst recht deutlich.

In *Baden-Württemberg* befanden sich am 1. 7. 1962 1789 Gerichtsreferendare in Ausbildung, davon 541 in der Verwaltungsausbildung (also = *30 %*).

In *Bayern* gab es am 1. 6. 1962 1928 Rechtsreferendare, davon befanden sich 820 in der Verwaltungsausbildung (also = *43 %*).

In *Berlin* waren es am 1. 7. 1962 einschließlich der dort zahlenmäßig ins Gewicht fallenden Gastreferendare 1003 Referendare, davon waren 96 bei der Verwaltung tätig (das sind nicht einmal *10 %*).

Bremen hatte am 1. 7. 1962 insgesamt 192 Referendare, wovon 29 sich in Verwaltungsausbildung befanden (also = *15 %*).

Hamburg beschäftigte am 1. 7. 1962 592 Referendare, wovon 175 bei der Verwaltung ausgebildet wurden (also = *30 %*).

In *Hessen* waren es am 1. 7. 1962 933 Referendare, davon 239 in der Verwaltung (also = *26 %*).

Niedersachsen hatte am 1. 7. 1962 1314 Referendare, davon 296 in Ausbildung bei der Verwaltung (also = *22 %*).

In *Nordrhein-Westfalen* zählte man am 1. 7. 1962 4026 Referendare, davon befanden sich 535 in Verwaltungsstationen (also = *13 %*).

In *Rheinland-Pfalz* waren es am 1. 7. 1962 508 Referendare, davon 128 in Verwaltungsausbildung (also = *25 %*).

Das *Saarland* beschäftigte am 1. 7. 1962 200 Referendare, davon 24 bei der Verwaltung (also = *12 %*).

In *Schleswig-Holstein* gab es am 1. 7. 1962 676 Referendare, davon befanden sich 102 in Verwaltungsausbildung (also = 15 %).

Diese Zahlen spiegeln trotz aller Vorbehalte, die bei einem solchen Zahlenspiel zu machen sind, doch recht anschaulich den tatsächlichen Anteil der Verwaltung an der juristischen Ausbildung in den einzelnen deutschen Ländern. Abgesehen von Bayern kommt kein Land über 30 %, und auch die für Bayern ermittelte Zahl zeigt recht deutlich die nicht völlige Parität zwischen Justiz und Verwaltung in der Ausbildung, das leichte Übergewicht der Justiz. Dieses Anschauungsmaterial soll nun noch durch eine Synopse des Anteils der Verwaltung bei den schriftlichen Arbeiten der 2. juristischen Staatsprüfung in den einzelnen Ländern vervollständigt werden. Man darf sich nämlich keiner Täuschung hingeben; die Intensität der Verwaltungsausbildung wird nicht nur durch einige Monate mehr oder weniger Verwaltungsausbildung bestimmt, sondern nicht zuletzt durch die jeweiligen Prüfungsanforderungen.

In der 2. juristischen Staatsprüfung werden geschrieben:

In *Baden-Württemberg 9* Klausuren, davon 4 aus dem Zivilrecht, 3 aus dem Strafrecht und 2 aus dem öffentliichen Recht. Das gibt ein

Verhältnis des Justizrechts zum Staats- und Verwaltungsrecht von *3,5 : 1*.

In *Bayern* 14 Klausuren, davon 2 Klausuren zu je 8 Stunden, 5 Klausuren, davon eine 8stündige, aus dem Zivilrecht, 2 Klausuren aus dem Strafrecht, 6 Klausuren aus dem öffentlichen Recht, davon eine 8stündige, eine weitere sogenannte allgemeine Klausur aus dem Bereich Volkswirtschaftslehre oder politisches Wissen; das ergibt ein Verhältnis *7 : 6*, wobei noch zu berücksichtigen ist, daß die allgemeine Klausur meist eher der öffentlich-rechtlichen Abteilung der Prüfung zugerechnet werden kann als der justizrechtlichen.

In *Berlin* 4 Klausuren, davon 2 aus dem Zivilrecht, 1 aus dem Strafrecht, 1 aus dem öffentlichen Recht; Verhältnis *3 : 1*.

In *Bremen und Hamburg* 4 Klausuren, davon 2 aus dem Zivilrecht, 1 aus dem Strafrecht und 1 aus dem öffentlichen Recht; Verhältnis *3 : 1*.

In *Hessen* 5 Klausuren, davon 2 aus dem Zivilrecht, 1 aus dem Bereich des Arbeitsrechts oder Handelsrechts, 1 aus dem Strafrecht und 1 aus dem öffentlichen Recht; Verhältnis *4 : 1*.

In *Niedersachsen* 4 Klausuren, davon 2 aus dem Zivilrecht, 1 aus dem Strafrecht und 1 aus dem öffentlichen Recht; Verhältnis *3 : 1*.

In *Nordrhein-Westfalen* 4 Klausuren, davon 2 aus dem Zivilrecht, 1 aus dem Strafrecht und 1 aus dem öffentlichen Recht; Verhältnis *3 : 1;* jedoch bei verlängerter Verwaltungsausbildung 1 Klausur aus dem Zivilrecht, 1 Klausur aus dem Strafrecht und 2 Klausuren aus dem öffentlichen Recht; Verhältnis *1 : 1*.

In *Rheinland-Pfalz* 4 Klausuren, davon 2 aus dem Zivilrecht, 1 Klausur aus dem Strafrecht und 1 Klausur aus dem öffentlichen Recht; Verhältnis *3 : 1*.

Im *Saarland* 4 Klausuren, davon 2 Klausuren aus dem Zivilrecht, 1 aus dem Strafrecht und 1 aus dem öffentlichen Recht; Verhältnis *3 : 1*.

In *Schleswig-Holstein* ebenfalls 4 Klausuren, davon 2 Klausuren aus dem Zivilrecht, 1 Klausur aus dem Strafrecht und 1 Klausur aus dem öffentlichen Recht; Verhältnis *3 : 1*.

Mit Ausnahme von Bayern gehört in allen Bundesländern zu den Prüfungsleistungen der 2. Staatsprüfung auch ein Aktenvortrag. Dieser Aktenvortrag wird im Saarland auf Antrag aus dem Bereich des öffentlichen Rechts gegeben. Der Aktenvortrag wird ferner in Nordrhein-Westfalen bei der verlängerten Verwaltungsausbildung aus diesem Bereich genommen. Schließlich ist auch noch in Rheinland-Pfalz die Ausgabe von öffentlich-rechtlichen Vorträgen möglich und üblich[36].

---

[36] Für andere Länder läßt sich die Ausgabe öffentlich-rechtlicher Aktenvorträge den jeweiligen Prüfungsordnungen nicht entnehmen. Dessen ungeachtet werden z. B. in Niedersachsen Vorträge aus dem Bereich des öffentlichen Rechts gegeben. Vgl. dazu auch die Diskussion.

Im Ergebnis haben wir also auch bei der 2. juristischen Staatsprüfung dieselbe Übergewichtigkeit der Verwaltung festzustellen, wie sie uns schon im Bereich des Vorbereitungsdienstes sichtbar geworden ist. Hinzu kommt, daß meist die einzige öffentlich-rechtliche Klausur ein verwaltungsgerichtliches Urteil zum Gegenstand hat, was ebenfalls einer richtig verstandenen Verwaltungsausbildung nicht besonders förderlich ist.

4. Ausblick auf die Juristenausbildung in der SBZ und im Ausland

Bevor die Schlußfolgerungen aus dieser Situation für die Ausbildung des deutschen Juristen in der Verwaltung gezogen werden, sei noch zur Gewinnung weiterer Vergleichsmaßstäbe in Form eines Exkurses ein kurzer Ausblick auf die uns in diesem Zusammenhang interessierenden Positionen der Juristenausbildung in der SBZ und im Ausland gegeben.

In der SBZ kennt man seit März 1953 nur noch eine einstufige Juristenausbildung, also keinen besonderen Vorbereitungsdienst mehr. Nach 1945 waren zunächst die Richter- und Verwaltungsausbildung völlig getrennt worden. Es wurden Volksrichterlehrgänge abgehalten und die Verwaltungspositionen ohne Rücksicht auf fachliche Voraussetzungen besetzt. Inzwischen sah man ein, daß eine derartige Praxis ohne Schaden für das Gemeinwesen auf die Dauer nicht möglich ist[37]. 1952 wurden „die deutsche Hochschule der Justiz" und „die deutsche Verwaltungsakademie" zusammengelegt unter der Bezeichnung „Deutsche

[37] „Es besteht heute noch die weitverbreitete Meinung, als ob man für die Tätigkeit im Staatsapparat, insbesondere in den örtlichen Organen, keine fachliche Qualifikation aufzuweisen brauche. Diese Meinung ist falsch. Sicherlich mußten wir beim Aufbau des Staatsapparates nach 1945 berücksichtigen, daß sich die Arbeiter und werktätigen Bauern in der Zeit des Imperialismus nur in geringerem Maße höhere Fachkenntnisse und Verwaltungskenntnisse aneignen konnten, weil sie ... zum Staatsdienst im bürgerlichen Staat nicht zugelassen wurden. Deshalb wurde für den Eintritt in den Staatsdienst keine bestimmte Bildung vorgeschrieben. Inzwischen hat sich die Situation auf dem Gebiet des Erwerbs von Fachkenntnissen in unserer Gesellschaft grundlegend gewandelt ... Deshalb ist es möglich, für bestimmte Funktionen bestimmte Ausbildungsvoraussetzungen zu verlangen." (Aus den „Vorschlägen für eine künftige Regelung des Staatsdienstes in der DDR" von *Bönninger* und *Büchner-Uhder* in „Staat und Recht" 1956 S. 1012 ff. [1017]). Wie *Leissner*, Verwaltung und öffentlicher Dienst in der SBZ, Stuttgart 1961 S. 385 Fußnote 251 bemerkt, sind solche Vorschläge, selbst wenn sie die Bewilligung der Parteizentrale haben, nicht ungefährlich, was Professor *Bönninger*, der Verwaltungsrechtsexperte der Deutschen Akademie für Staats- und Rechtswissenschaft, inzwischen zu spüren bekommen habe.

Akademie für Staats- und Rechtswissenschaften Walter Ulbricht"[38]. An dieser Akademie kann ein normales staats- und rechtswissenschaftliches Studium absolviert werden, wie auch an den Rechtsfakultäten in Berlin, Leipzig, Halle und Jena; alle anderen Rechtsfakultäten wurden aufgelöst. Das staats- und rechtswissenschaftliche Studium dauert 8 Semester und umfaßt nach dem normalen Studienplan 3459 Stunden, wovon 1041 Stunden für politische Vorlesungen einschließlich Sport verwendet werden. Für Fachvorlesungen bleiben demnach 2418 Stunden. Wenn wir ein bundesdeutsches Rechtsstudium von 7 Semestern bei durchschnittlich 24 Wochenstunden und 12 Wochen im Schnitt pro Semester zugrunde legen, kommen wir auf 2016 Stunden; bei 8 Semestern sind es 2304 Stunden. Gemessen an der für Fachvorlesungen zur Verfügung stehenden Zeit ist das Studium in der SBZ also keinesfalls unterwertig. Das Studium beginnt sofort mit starker Betonung des Staatsrechts und der Staatslehre. Schon nach dem 2. Semester sind 6 Wochen Praktikum in der Verwaltung abzuleisten. Nach dem 4. Semester ist ein Praktikum von 6 Wochen bei Kreisgericht und Staatsanwaltschaft vorgesehen. Im dritten Studienjahr wird konzentriert öffentliches Recht, besonders Verwaltungsrecht studiert. In der zweiten Hälfte des dritten Studienjahres muß der Rechtsstudent 5 Monate Praxis bei Gericht und Staatsanwaltschaft ableisten. Zu Beginn des vierten Studienjahres, also im 7. Semester muß sich der Student entscheiden, ob er Richter oder Verwaltungsfunktionär werden will; er hat dann die entsprechenden Spezialseminare zu belegen. Diese Laufbahnentscheidung vor dem Studienabschluß wird wohl vor allem deshalb verlangt, um zeitgerecht den sogenannten Absolventenverteilungsplan erstellen zu können; denn bereits mit Abschluß der Studien werden die jungen Juristen verplant und sofort einer bestimmten Dienststelle zur vollen praktischen Arbeit zugewiesen. Die Abschlußprüfung selbst ist Universitätsprüfung und für alle Sparten gleich; sie berechtigt zur Ausübung aller juristischen Berufe. Es werden 5 Klausuren geschrieben: 1 aus dem Bereich Grundlagen des Marxismus-Leninismus, 1 aus dem Bereich der politischen Ökonomie, 1 aus dem Staats- und Verwaltungsrecht, 1 aus dem Zivil- und Zivilprozeßrecht sowie 1 aus dem Straf- und Strafprozeßrecht[39]. Neben dem normalen Rechtsstudium gibt es an der deutschen Akademie für Staats- und Rechtswissenschaft in Potsdam-Babelsberg noch besondere Lehrgänge zur Ausbildung leitender Funktionäre der zentralen und örtlichen Organe der Staats-

[38] Zur Situation dieser Akademie vgl. vor allem den Beschluß der Delegierten-Konferenz der Parteiorganisation der Deutschen Akademie für Staats- und Rechtswissenschaft „Walter Ulbricht" vom 11. u. 12. 4. 1958 in „Staat und Recht" 1958 S. 467 ff.

[39] Vgl. W. *Büchner-Uhder* u. U. *Krüger*, Die Entwicklung der juristischen Fakultäten und ihre neuen Aufgaben bei der Ausbildung sozialistischer Staatsfunktionäre, in „Staat und Recht" 1958 S. 1029 ff.

macht der DDR[40]. Es handelt sich um dreijährige Internatslehrgänge mit einem Volumen von etwa 1600 Stunden. Ausgehend von den Beschlüssen einer staats- und rechtswissenschaftlichen Konferenz in Potsdam-Babelsberg am 2. und 3. 4. 1958, wo Walter *Ulbricht* selbst gegen den immer noch „in der Rechtswissenschaft heimischen bürgerlichen Formalismus und Normativismus" zu Felde zog, wurde der Entwurf eines neuen Lehrprogramms für die Ausbildung leitender Funktionäre der zentralen und örtlichen Organe der Staatsmacht der DDR erarbeitet und inzwischen veröffentlicht. Im Vorwort zu diesem Entwurf schreibt *Herbert Kröger,* daß „dieser Ausbildungsplan nicht einem geschlossenen Wissenschaftszweig entsprechen kann, sondern von einer Analyse der praktischen Voraussetzungen für die Wahrnehmung derartiger Funktionen ausgeht. Er will damit die bisherige fehlerhafte und der Vorstellungswelt des bürgerlichen Staates entsprechende Auffassung überwinden, daß die Ausbildung für leitende Funktionäre der Organe der Staatsmacht grundsätzlich eine juristische sein müsse". Diese Thesen der Babelsberger Konferenz waren auch Gegenstand der Erörterung bei einer von der juristischen Fakultät der Moskauer Lomonossow-Universität durchgeführten Tagung der juristischen Fakultäten und Hochschulen der UdSSR und haben, wie wir von einem deutschen Teilnehmer dieser Tagung wissen, nicht die ungeteilte Zustimmung der Staatsrechtslehrer des sozialistischen Lagers finden können[41]. Man kann daher diese Entwicklung wohl noch nicht als abgeschlossen ansehen.

In *Österreich* ist das Rechtsstudium in drei Abschnitte gegliedert, wobei zwischen dem staatswissenschaftlich-politischen und dem justiziellen Abschnitt Parität besteht. Die Universitätsausbildung ist für alle Juristen gleich, es gibt keinen einheitlichen Vorbereitungsdienst, ja nicht einmal eine einheitliche Verwaltungsausbildung. Nach dem Studium muß jeder Rechtskandidat sein Ressort selbst wählen, wo er dann nach einer Einführungszeit sein „Definitivum" ablegt. Diese Form der Ausbildung ist in Österreich selbst heute bereits sehr umstritten.

Die *Schweiz* kennt keine staatliche Juristenausbildung nach Abschluß des Studiums.

In *Frankreich* haben wir seit 1954 eine Neuregelung zu verzeichnen. Es ist hier bereits das juristische Studium spezialisiert. Gemeinsam sind nur 4 Semester Grundausbildung; dann gabelt sich das Studium in eine justizrechtliche Abteilung, eine öffentlich-rechtliche Abteilung und eine politisch-wirtschaftswissenschaftliche Abteilung (ähnlich den Vor-

---

[40] Vgl. G. *Schulze* u. O. *Unger,* Gedanken zum neuen Inhalt der Ausbildung von Staatsfunktionären, in „Staat und Recht" 1958 S. 495 ff.

[41] So O. *Unger,* Über eine wissenschaftliche Beratung der juristischen Hochschulen in der Sowjetunion, in „Staat und Recht" 1959 S. 123 ff. [S. 125].

schlägen von *Neeße* und *Millack*[42]. Nach Abschluß des Studiums und Ablegung der Prüfung ist eine Einstellung im Staatsdienst möglich. Wer leitender Verwaltungsbeamter werden will, hat sich noch einer besonderen Vorbereitung an der École Nationale d'Administration (ENA) zu unterziehen. Die Bewerber hierfür haben zum größten Teil ein abgeschlossenes Hochschulstudium hinter sich, meist nicht ein rechtswissenschaftliches Studium, sondern ein Studium der politischen Wissenschaften. Die ENA läßt jedoch auch Aufstiegsbeamte zu. Jeder Bewerber muß sich einer Zulassungsprüfung unterziehen; dann folgen 28 Monate Ausbildung, davon 11 Monate als Assistent bei einem hohen Verwaltungsbeamten, dann 15 Monate theoretische Ausbildung an der ENA, davon sind im letzten Drittel 2 Monate bei einem privaten Unternehmen zu verbringen. Die restliche Ausbildung erfolgt bei der ENA und endet mit einer Abschlußprüfung.

Das staats- und rechtswissenschaftliche Studium in *Italien* ist stark auf ein studium generale ausgerichtet. Nach Abschluß des Studiums unterzieht sich der Staatsdienstbewerber einer besonderen Eingangsprüfung bei dem von ihm gewählten Ressort. Die eigentliche Ausbildung ist daher außerordentlich differenziert. Zwar ist durch ein Gesetz aus dem Jahre 1957 die Einrichtung einer besonderen „Hochschule für die öffentliche Verwaltung" vorgesehen; bislang hat man aber in Italien nicht mehr als einzelne kurze postuniversitäre Ausbildungslehrgänge zuwege gebracht.

In den *USA* ist die Ausbildung des Juristen völlig von der Ausbildung zum Verwaltungsfachmann getrennt, wie man überhaupt diese Berufe als völlig getrennte Funktionen betrachtet. Die Normalausbildung zum höheren Dienst in der nichttechnischen Verwaltung verläuft etwa folgendermaßen: Zwei Jahre allgemeine Ausbildung im College, dann Universitätsstudium der öffentlichen Verwaltung nach Fallmethode und überwiegender Ausbildung in Seminar und Arbeitsgemeinschaft. Dieses Studium der öffentlichen Verwaltung hat wenig Beziehung zum Rechtsstudium. Die Abschlußprüfung erfolgt in Form von Tests. Es gibt keinen Vorbereitungsdienst, wohl aber Einführungs- und Fortbildungskurse, die jeweils vom Ressort des Dienstanfängers veranstaltet werden.

5. Schlußfolgerungen

So bietet sich ein buntes Bild an Möglichkeiten der Ausbildung von Juristen in der Verwaltung. Die Skala reicht von einer völligen Tren-

---

[42] Vgl. G. *Neeße*, „Gedanken über die Ausbildung für den höheren Verwaltungsdienst in der Bundesrepublik Deutschland" in der Neuen Deutschen Beamtenzeitung 1961 S. 46 ff. S. 92 ff. S. 141 ff. S. 168 ff. u. Ch. *Millack*, Gedanken zur Reform der Juristenausbildung in „Recht im Amt" 1962 S. 161 ff.

nung der Ausbildung von Justizjuristen und Verwaltungsbeamten schon im Studium bis zur Einheitsausbildung im Sinne einer Doppelausbildung. Wir finden rein einstufige Ausbildungen, doppelstufige Ausbildungen mit Trennung der Ausbildungswege in der zweiten Stufe und doppelstufige Einheitsausbildungen.

Die in Deutschland herkömmliche Form der *Zweistufigkeit* der Juristenausbildung wird von keiner Seite heute ernstlich in Frage gestellt. Sie könnte wohl auch nur um den Preis einer völligen Umgestaltung des Studiums in eine Anlernschule aufgegeben werden. Problematisch ist an der Zweistufigkeit unserer derzeitigen Juristenausbildung nur die bereits angesprochene Inhomogenität der beiden Stufen. Der Ruf des *Husserl*-Gutachtens[43] nach Zusammenschluß der beiden Stufen „zu einer pädagogisch wirksamen Einheit" ist in erster Linie von den Fakultäten zu hören. Dem Umstand z. B., daß ein Teil der Lehrer des öffentlichen Rechts die Verwaltung nicht aus eigener Praxis kennt und die Einrichtung einer Vorlesung „Verwaltungslehre" zur Zeit noch auf unüberwindliche personelle Schwierigkeiten stößt, kann nicht die Verwaltung abhelfen. Eine solche Vorlesung „Verwaltungslehre" müßte sich m. E. etwa mit folgenden Gegenständen befassen: Funktion der Verwaltung in Staat und Gesellschaft, Verwaltungsaufbau und Verwaltungsorganisation, Verwaltungsaufgaben, Verwaltungsmittel, Verwaltungsverfahren und Verwaltungskontrolle im weitesten Sinne.

Die *Spezialisierung schon in der Ausbildung* für die einzelnen juristischen Berufssparten, sei es im Studium, sei es im Vorbereitungsdienst, wäre wohl nur zu befürworten, wenn es darauf ankäme, sofort voll einsetzbare Spezialisten heranzubilden. Gewiß, unsere Zeit neigt zum Spezialisten; aber man muß sich klar darüber sein, daß auch in einem noch so speziell ausgerichteten Vorbereitungsdienst der Referendar weder das Richten noch das Verwalten erlernen kann. Man vermag den Referendar in der zur Verfügung stehenden Zeit doch nur so weit zu fördern, daß er in sein späteres spezielles Richteramt oder in sein spezielles Verwaltungsamt hineinwachsen kann. Unter diesem Aspekt wäre gerade vom Standpunkt der Verwaltung aus das Festhalten an einer Ausbildung zum Juristen zu befürworten; denn nur so wird wohl erreicht, daß auch der Richter, Rechtsanwalt oder Wirtschaftsjurist in seiner Ausbildung die Verwaltung kennenlernt. Solange es daher eine wirkliche Einheitsausbildung für den Juristen gibt, die die Belange der Verwaltung wahrt, soll m. E. an ihr festgehalten werden, selbst wenn die Entwicklung außerhalb Deutschlands zur Zeit anders verläuft[44].

---

[43] *Husserl*-Gutachten S. 252.

[44] Wenn Ch. *Millack* in seinen „Gedanken zur Reform der Juristenausbildung" (Recht im Amt 1962, S. 161) auf den Entwurf einer „Verordnung über das Statut der Beamten und die Beschäftigungsbedingungen für die sonstigen

Die weitere Frage ist allerdings, ob die derzeitige Juristenausbildung als eine solche *echte Einheitsausbildung* gewertet werden kann. Vom Standpunkt der Verwaltung aus gesehen hat heute nur Bayern eine echte Einheitsausbildung im Sinne einer nahezu paritätischen Doppelausbildung. In allen übrigen Ländern handelt es sich um eine auch die Verwaltung mehr oder weniger berücksichtigende qualifizierte Justizausbildung. Je mehr aber eine Ausbildungsordnung die Tendenz zur Spezialisierung des Vorbereitungsdienstes in Richtung einer Justizausbildung zeigt, um so lauter wird auch der Ruf nach einer speziellen Verwaltungsausbildung ertönen. Wie wenig man dem Problem aber heute durch eine partielle Variierung des ansonst einheitlichen Vorbereitungsdienstes abhelfen kann, zeigt der wohl nunmehr als gescheitert anzusehende Versuch Nordrhein-Westfalens mit der sogenannten verlängerten Verwaltungsausbildung. Während sich 1956 in Nordrhein-Westfalen noch 81 Referendare für diese abweichende Ausbildung interessierten, waren es 1960 nur noch 15 Referendare[45].

Wir werden erst Anfang 1963 über *sichere Zahlen* verfügen, *wie viele Juristen in der Bundesrepublik tätig sind und wie viele davon als Verwaltungsjuristen und als Justizjuristen.* Nach vorsichtiger Schätzung gibt es heute in der Bundesrepublik etwa 49 000 im höheren Dienst der Justiz und Verwaltung tätige Beamte und Richter. Im Jahre 1960 gab es in der Bundesrepublik etwa 11 500 Richter aller Gerichtszweige. Mit den Staatsanwälten sowie den höheren Verwaltungsbeamten der Justizministerien und des Strafvollzugsdienstes waren es ca. 24 500. Ca. 24 500 Juristen waren in der Verwaltung tätig. Nimmt man nun die nicht im öffentlichen Dienst stehenden Juristen hinzu, dann zeigt sich sehr deutlich, daß die Richter innerhalb der Juristenschaft eine Minderheit darstellen und daß es mehr als doppelt so viel Juristen in der öffentlichen Verwaltung als Richter gibt. Bei dieser Sachlage kann eine *Einheitsausbildung des Juristen nur paritätisch sein*, d. h. in gleicher Weise die Belange der Justiz und der Verwaltung berücksichtigen. Tatsächlich wäre es aber für die Verwaltung in den meisten Ländern der Bundesrepublik heute schon ein Fortschritt, wenn ein Verhältnis von Justiz und Verwaltung in Ausbildung und Prüfung von 2 : 1 hergestellt würde.

Viel wesentlicher noch als die Parität im Vorbereitungsdienst erscheint mir aber die *Parität in der Prüfung*, wie überhaupt die vorgesehene Reform der Juristenausbildung m. E. in erster Linie von der

---

Bediensteten der Europäischen Wirtschaftsgemeinschaft und der Europäischen Atomgemeinschaft" verweist, der einen Verwaltungsreferendar vorsieht, so ist zu bemerken, daß dieser Verwaltungsreferendar eigentlich mehr dem Assessor ähnelt; er ist bereits in die Besoldungsgruppe A 8 eingereiht und wohl auch hauptamtlich tätig.

[45] Vgl. *Loschelder-Rössler*, a. a. O., S. 24/25.

Prüfung her in Angriff genommen und gelöst werden muß. Demgegenüber ist der Reformvorschlag des *Husserl*-Gutachtens, der bei 2½ Jahren Vorbereitungsdienst der Verwaltung 5 Monate Ausbildungszeit zugestehen will (Gutachten S. 317) und für die 2. juristische Staatsprüfung 3 Klausuren für ausreichend hält (Gutachten S. 333), von denen günstigstenfalls eine aus dem Bereich des öffentlichen Rechts entnommen würde, jedenfalls vom Standpunkt der Verwaltung aus indiskutabel. Nun wird hier ins Feld geführt, bei einiger Konzentration könnte in 5 Monaten Verwaltungsausbildung das erreicht werden, was der Referendar brauche. Der von der Justiz bestrittene Teil des juristischen Vorbereitungsdienstes sei viel wirksamer, die Verwaltungsstation zum Teil reiner Leerlauf.

Damit sind wir bei den viel und m. E. auch nicht zu Unrecht kritisierten *Mängeln der Verwaltungsausbildung* angelangt. Ich will hier den weiteren Referaten dieser Tagung, vor allem dem Referat, das sich mit der Reform befassen wird, nicht vorgreifen, glaube aber, daß doch die Mängel der Verwaltungsausbildung bereits in diesem einführenden Referat wenigstens angesprochen werden sollen.

Die Ausbildung des Referendars in der Verwaltungsstation ist zum Teil tatsächlich weniger wirksam als z. B. beim Zivilrichter. Ursächlich hierfür ist zunächst einmal der Umstand, daß der Durchschnittsreferendar viel weniger öffentlich-rechtliche Kenntnisse von der Universität mitbringt als zivil- und strafrechtliche Kenntnisse. Damit die Referendare überhaupt mit dem praktischen Fall zurechtkommen, muß daher mit ihnen noch grundlegende Rechtssystematik betrieben werden. So kommt es, daß gerade bei der Verwaltung die Arbeitsgemeinschaft für die Ausbildung nicht nur ergänzende Funktion, wie es eigentlich sein sollte, sondern im wahrsten Sinne des Wortes eine grundlegende Funktion hat. Solange hier keine wesentliche Änderung erfolgt, die wiederum vor allem den Fakultäten obliegt, bleibt der Verwaltung wohl nichts anderes übrig, als hauptamtliche Arbeitsgemeinschaftsleiter mindestens auf Regierungsbezirksebene zu bestellen, d. h. eine zweite Rechtsschule einzurichten.

Eine weitere Ursache für die mangelnde Wirksamkeit der Referendarausbildung in der Verwaltung ist die derzeitige *Überfüllung des juristischen Vorbereitungsdienstes*, die der Verwaltung ungeahnt mehr Schwierigkeiten bereitet als der Justiz. Man muß nur einmal selbst als Regierungsreferent erlebt haben, wie schwer es ist, einen Referendar sachgerecht am aktuellen Fall auszubilden, wenn man jahraus, jahrein trotz stärkster Arbeitsbelastung mindestens 3, meist aber 4 und 5 Referendare gleichzeitig zu betreuen hat. Hinzu kommt, daß sich die Referendare, von ihrer fast uneingeschränkten Freizügigkeit regen Gebrauch machend, *in den Universitätsstädten und Großstädten massieren.* Die Gründe hierfür sind mannigfaltig, Anfertigung der Dissertation, einträglicher Nebenverdienst, Besuch von Repetitorien u. dgl. Hier müßte die den Vorbereitungsdienst steuernde Personalstelle rücksichtslos durchgreifen und für einen vernünftigen Ausgleich besorgt sein.

Nur so ist es dann auch möglich, daß nicht jeder Referent, ob pädagogisch geeignet oder nicht, als Ausbildungsreferent für Referendare eingesetzt werden muß. Im übrigen erscheint es auch nicht notwendig, daß der Referendar in möglichst vielen Referaten beschäftigt wird. Nach meiner Erfahrung ist ein besserer Ausbildungserfolg dann zu erzielen, wenn der Referendar mindestens etwa 2 Monate in einem Referat bleibt.

Von entscheidender Wichtigkeit ist schließlich, daß in der Ausbildung bei der Verwaltung nicht nur die verwaltungsrechtlichen Kenntnisse des Referendars ergänzt bzw. gefördert werden, sondern eine *echte Ausbildung in der Verwaltung* erfolgt. Hierzu ist aber nötig, daß dem Referendar die Möglichkeit gegeben wird, sich wenigstens halbtägig bei der Verwaltungsbehörde aufzuhalten. Es soll damit keinesfalls dem Absitzen von Dienststunden das Wort geredet werden. Aber nur wenn diese Raumfrage gelöst wird, ist es möglich, den Referendar auch zu Verhandlungen, Besprechungen, Tagfahrten u. dgl. hinzuzuziehen. Macht jedoch der Referendar, wie vielfach üblich, jede Woche nur einmal kurz Besuch bei seinem Ausbildungsreferenten, um nachzusehen, ob für ihn ein Akt bereitliegt, so ist eben eine Ausbildung in der Verwaltung nicht möglich.

Das Ziel einer echten Verwaltungsausbildung wird ferner nicht erreicht, wenn das Hauptgewicht der Ausbildung auf der Anfertigung von verwaltungsgerichtlichen Urteilen liegt. Der Schwerpunkt der Verwaltungsausbildung hat vielmehr in der Einführung des Referendars in die üblichen, großen Verwaltungsverfahren, z. B. Genehmigungsverfahren mit vielen Beteiligten, zu liegen. Hier muß der Referendar so weit gefördert werden, daß er ein Verfahren dieser Art, wie sie normalerweise in seinem Ausbildungsreferat vorkommen, selbständig durchführen kann. Der Referendar soll nicht nur rechtskranke Fälle kennenlernen, sondern in erster Linie mit konstruktiver, positiver Verwaltungstätigkeit betraut, z. B. bei der gerade laufenden Planung und Durchführung größerer Verwaltungsvorhaben beteiligt werden. Um bei allen Referendaren hierfür das nötige Verständnis zu wecken, bedürfte es allerdings einer umfassenden Reform der 2. juristischen Staatsprüfung.

Das *Prüfungsproblem* kann wohl am besten mit der Feststellung umrissen werden, daß Studenten wie Referendare im allgemeinen nur das intensiv studieren und sich ernstlich anzueignen versuchen, was üblicherweise geprüft wird. Darum ist m. E. auch die Frage, ob nun der Referendar zwei Monate mehr oder weniger im Vorbereitungsdienst bei der Verwaltung verbringen soll, jedenfalls vom Wissensstand her gesehen, weniger wichtig, als die wirklich ins Gewicht fallende Beteiligung der Verwaltung bei der Prüfung. Gewiß, es bedeutet viel, wenn von dem jungen Juristen nach Abschluß des Vorbereitungsdienstes gefordert wird, daß er in gleicher Weise nicht nur ein schwieriges Berufungsurteil in Zivilsachen fertigen, sondern auch ein sehr komplexes gewerberechtliches oder wasserrechtliches Verfahren mit mehreren Beteiligten durch einen abschließenden Bescheid erledigen kann. Gerade die Justiz müßte aber an der Gewinnung derart umfassend ausgebildeter Richter interessiert sein, zumal die Personallage nicht dazu zwingt, möglichst schnell viele Richter oder Staatsanwälte heranzubilden. Gewiß, der Vorbereitungsdienst für eine juristische Einheitsausbildung im Sinne einer Doppelausbildung läßt sich nicht beliebig verkürzen. Der erste Gesichtspunkt bei juristischen Ausbildungsfragen hat aber wohl nicht die möglichste Verkürzung des Ausbildungsgangs um irgendwelcher sachfremder Gründe willen zu sein, sondern die Gewinnung umfassend ausgebildeter, vollwertiger Juristen. Die mehr als hundertjährigen Erfahrungen mit dem eine juristische Doppelausbildung abschließenden bayer. Staatskonkurs zeigen, daß dies durchaus möglich ist.

Bei allen *Reformplänen*, die uns heute bewegen, darf nicht vergessen werden, daß die derzeit mögliche Konzeption einer bundeseinheitlichen Ausbildungsordnung vom Standpunkt der Verwaltung aus in dem einen oder anderen Land einen Rückschritt darstellen würde. Man sollte sich daher vor unnötigen Fixierungen hüten und in einem Modellentwurf die Länder vor allem zeitlich nicht allzusehr festlegen. So schiene es mir z. B. zweckmäßig, statt der in Aussicht stehenden generellen Verkürzung des Vorbereitungsdienstes von $3^1/_2$ auf 3 Jahre, nur eine Mindestdauer von 3 Jahren festzusetzen, den Ländern es aber zu überlassen, gegebenenfalls einen gewissen Spielraum vorzusehen, der dann durch Wahlstationen auszufüllen wäre. Gerade angesichts der örtlich doch recht verschiedenen Ausbildungswirksamkeit und im Hinblick darauf, daß das eigentliche Ausbildungsziel des Juristen sowieso nicht auf den Monat genau von allen Kandidaten gleichzeitig erreicht werden wird, sollte man hier nicht zu starre Grenzen ziehen.

Das *Ziel aller juristischen Ausbildung* kann letzten Endes nur der Jurist in dem eingangs geschilderten umfassenden Sinn sein. Würde der Jurist durch die Ausbildungsordnung auf den engeren Bereich des nur Justiziellen — diesen Begriff nun im weitesten Sinne verstanden — beschränkt, so würde damit letzten Endes lediglich der Verdrängung des Juristen aus der Verwaltung Vorschub geleistet. Zu dieser Verdrängung muß es aber unbeschadet der sonstigen Tendenzen dieser Art zwangsläufig kommen, wenn der zu eng ausgebildete Regierungsrat der Verwaltungsbehörde auf die Frage eines Bürgermeisters zu keiner weiteren Überlegung und Antwort fähig ist als der, ob und inwieweit bei dem vorgetragenen Sachverhalt ein gerichtlich nachprüfbarer Verwaltungsakt vorliegt, und dieser Bürgermeister sich dann die eigentlichen Aufschlüsse über die entscheidenden verwaltungspolitischen Zusammenhänge sowie die kommunal- und haushaltsrechtliche Abwicklung des Falles bei dem im Vorzimmer sitzenden verwaltungsmäßig besser ausgebildeten Inspektor holen muß. Betrachtet man das Problem der Juristenausbildung unter diesem Aspekt der Verdrängung des Juristen aus der Verwaltung, dann erscheint es uns als ein sehr wichtiges Teilproblem des Rechtsstaats, eines Rechtsstaats, der nicht erst beim Richter oder Staatsanwalt, sondern bereits in der kleinen Gemeindeverwaltung, draußen auf der Straße beim Polizeibeamten und beim Landratsamt zu beginnen hat. Beginnt der Rechtsstaat nicht schon dort, wird auch ein noch so großes Heer von Richtern und Staatsanwälten nicht mehr in der Lage sein, ihn zu gewährleisten. Und gerade dieser Aspekt darf wohl nicht unberücksichtigt bleiben, wenn wir nun in die Generaldebatte über die Ausbildung des Juristen in der Verwaltung eintreten.

Aussprache

Vizepräsident Dr. Fricke

Der Vortrag von Herrn Professor *Mayer* hat uns in einer sehr eindrucksvollen Weise die Verschiedenartigkeit der Auffassungen über unsere juristische Ausbildung gezeigt, eine Verschiedenartigkeit der Auffassungen nicht nur innerhalb der einzelnen Sparten unseres Juristenstandes, sondern vor allen Dingen auch unter den einzelnen Ländern. Seine Thesen gipfelten in der Auffassung, daß in unserer Juristenausbildung, von Bayern mit seiner paritätischen Ausbildung abgesehen, die Ausbildung in der Verwaltung in zu weitem Umfange zurücktrete. Man mag diese These für einige Länder vielleicht gelten lassen können. Im ganzen möchte ich mich doch aber gegen einige Ausführungen von Herrn Professor *Mayer* wenden.

Einleitend, fast nebensächlich, wurde hervorgehoben, daß es schon ein falscher Ausgangspunkt sei, wenn das Bild des Juristen durch das deutsche Richtergesetz geformt werde. Meine Herren, hierbei wird doch wohl folgendes zu bedenken sein:

Die Regelung der Justizausbildung würde, wenn man sie für sich allein betrachtete, eine Sache der Länder sein müssen. Das Richtergesetz bot, wie ich meine, verfassungsrechtlich den besten Ansatzpunkt, zu einer gewissen Einheitlichkeit der Juristenausbildung zu kommen. Wenn also die Ausbildungsordnung der Länder die Befähigung zum höheren Verwaltungsdienst mit der Befähigung zum Richteramt koppelt und damit an das Richtergesetz anknüpft, so ist das nur als eine Äußerlichkeit zu betrachten, der man kein Gewicht beilegen sollte. So wird insbesondere damit nicht gesagt, daß die Methode richterlicher Tätigkeit, die in der Entscheidung einzelner, dem Richter vorgetragener Fälle gesehen wird, das Bild der ganzen Ausbildung und Vorbildung beherrscht.

In diesem Zusammenhang ist aber auch darauf zu verweisen, daß es schon falsch ist, die Tätigkeit, die im Bereich der ordentlichen Justiz ausgeübt wird, schlechthin mit der Entscheidung einzelner Fälle gleichzusetzen. Der Rechtsanwalt, der beratend tätig wird — und das ist sicher ein großer Teil der Tätigkeit des Anwalts —, hat weitgehend eine gestaltende Tätigkeit zu entfalten. Dasselbe gilt auch von der Tätigkeit eines Rechtsanwalts, der einen Prozeß vorbereitet und durchführt. Die gestaltende Tätigkeit fehlt auch nicht in der Tätigkeit des Richters, auch nicht des Prozeßrichters, vor allen Dingen aber nicht in der Tätigkeit des Richters der freiwilligen Gerichtsbarkeit. Hier ist in besonders weitgehendem Umfange gestaltende Tätigkeit zu leisten, und die freiwillige Gerichtsbarkeit rechnet man ja der Sache nach vielfach der Verwaltung zu.

Wenn nun Herr Professor Mayer in seinen Ausführungen im einzelnen darlegte, in welchem Maße die Verwaltung in Ausbildung und Prüfung zurücktrete, so bedarf es hier ergänzender Hinweise, die das Bild verschieben. Wenn er von einem Verhältnis 3 : 1 sprach, so muß man dabei folgendes bedenken:

Die Verwaltung bekommt die jungen Referendare in einem späteren Stadium der Ausbildung, in einem Stadium also, in dem bereits eine eingehende Schulung des Referendars stattgefunden hat. Der Referendar hat zu dieser Zeit bereits gelernt, wie sich der Schriftverkehr in einer Behörde abspielt. Er hat auch bereits einige Fähigkeit in der Abfassung behördlicher Entscheidungen gewonnen. Diese Schulung in den Anfangsstationen des Vorbereitungsdienstes kommt der Ausbildung im ganzen und damit auch der Ausbildung bei der Verwaltung zugute. Dieser Gesichtspunkt muß besonders betont werden und muß auch bei der Aufteilung der Ausbildungszeit im ganzen berücksichtigt werden.

Für nicht richtig halte ich auch darüber hinaus den Ausgangspunkt von Herrn Professor *Mayer,* daß man für die Verwaltung etwa die Hälfte des Vorbereitungsdienstes und die Hälfte der Prüfung fordern müsse. Man stellt bei dieser Forderung die Verwaltung allen übrigen Ausbildungsabschnitten gegenüber und sieht diese Abschnitte als eine Einheit an. Dabei wird folgendes ganz übersehen:

Die Ausbildung beim Rechtsanwalt würde, wenn es sich um einen Anwalt handelt, der vorwiegend auf öffentlich-rechtlichem Gebiet arbeitet, auch vorwiegend der Ausbildung im öffentlichen Recht zugute kommen. Wichtig ist aber auch noch der folgende Gedanke:

Bei der Forderung nach einer Parität werden immer die großen Zweige der ordentlichen Gerichtsbarkeit in einen Topf geworfen: Zivilrechtspflege, Strafrechtspflege und freiwillige Gerichtsbarkeit. Es handelt sich aber in Wahrheit bei diesen Gebieten um Dinge, die der Sache nach etwas ganz Verschiedenes bedeuten. Gewiß wird in diesen Zweigen der ordentlichen Gerichtsbarkeit Recht gesprochen, und es lassen sich auch Ähnlichkeiten des Verfahrensrechts weitgehend nachweisen. Dem sachlichen Gegenstand nach ist aber die Tätigkeit in der Strafrechtspflege von der in der Zivilrechtspflege nicht weniger verschieden als von der in der Verwaltung. Man kann also nicht alle diese Zweige der ordentlichen Gerichtsbarkeit zusammengenommen paritätisch der Verwaltung gegenüberstellen. Daß weite Gebiete der freiwilligen Gerichtsbarkeit der Sache nach Verwaltung sind, darf dabei nicht vergessen werden.

Zur Parität in der Prüfung ist folgendes zu sagen:

Wenn Herr Professor *Mayer* von einem zu großen Übergewicht des Zivil- und Strafrechts in der ersten Prüfung gesprochen hat, so hat er wohl zu einseitig an die Klausuren gedacht. Bei uns in Niedersachsen hat der Referendar in der ersten Prüfung die Möglichkeit, für die Hausarbeit auch eine öffentlich-rechtliche Aufgabe zu wählen. Sie schütteln mit dem Kopf, Herr Professor *Mayer*, und ich entnehme daraus, daß Sie sagen wollen: „Das tut ja keiner." Nun, dazu kann ich Ihnen sagen, daß der Wunsch nach einer öffentlich-rechtlichen Arbeit gar nicht selten gestellt wird. Es ist also nicht so, daß in der ersten Prüfung das öffentliche Recht vernachlässigt wird.

Zur zweiten juristischen Prüfung möchte ich folgendes bemerken: Sie haben unter den Ländern, die den öffentlich-rechtlichen Vortrag zulassen, das Land Niedersachsen vergessen. Gerade in der zuletzt von mir abgehaltenen Prüfung waren zwei der fünf Vorträge, die die Referendare zu halten hatten, dem öffentlichen Recht entnommen. Es ist das Bestreben des Prüfungsamts, das öffentliche Recht in einem angemessenen Umfange zu berücksichtigen. Ich würde das Verhältnis 2 : 1, das wir in der mündlichen Prüfung haben, auch für die Hausarbeit und für den Vortrag für angemessen halten. Wenn wir das nicht durchführen können, so liegt das nicht am Prüfungsamt. Wir sind schon seit Jahren immer wieder an die Verwaltung und an die Verwaltungsgerichte mit der Bitte herangetreten, uns Prüfungsmaterial zu überlassen, haben damit aber nicht den erwünschten Erfolg. So ist es uns fast unmöglich gewesen, Hausarbeiten auf dem Gebiet des öffentlichen Rechts zu bekommen. Jeder halbwegs interessante Prozeß, der sich für Prüfungszwecke eignet, wird uns dadurch aus der Hand genommen, daß er in einer Zeitschrift veröffentlicht wird.

Bezüglich der öffentlich-rechtlichen Klausur ist von Ihnen, Herr Professor, als Mangel hervorgehoben, daß es sich meistens um eine verwaltungs*gerichtliche* Aufgabe, nicht um eine Aufgabe der praktischen Verwaltung handele. Auch das kann ich Ihnen nicht bestätigen. Wir würden auch sogar gern noch mehr Fälle der letzteren Art ausgeben, als wir es schon jetzt tun, bekommen aber leider nicht genügend Material von den Verwaltungsbehörden, so sehr wir uns darum auch bemühen.

Sie haben, Herr Professor, abschließend Zahlen der Berufsstatistik genannt, aus denen nach Ihrer Ansicht die Parität der Ausbildung gefolgert werden muß. Es ist sehr schwierig, über diese Zahlen zu streiten. Ich habe schon vor Jahren versucht festzustellen, wieviel der von mir ausgebildeten Referendare in die Justiz und in die Verwaltung gegangen sind, bin dabei aber zu anderen Ergebnissen gekommen, als Sie sie dargelegt haben. Die Statistik, die der Arbeitskreis der inneren

Verwaltung vorbereitet, wird hier, wie ich hoffe, zu sicheren Ergebnissen führen. Bei der Würdigung dieser Ergebnisse muß allerdings folgendes beachtet werden:

Das Arbeitsgebiet der meisten Anwälte ist die Zivil- und Strafrechtspflege. Derjenige Teil des Nachwuchses, der sich dem Anwaltsberuf zuwendet, bedarf also vorwiegend der Ausbildung auf diesen Gebieten. Ähnlich liegt es auch bei einem großen Teil der Wirtschaftsjuristen. Bezüglich der Ausbildung für die Zwecke der Verwaltung ist auch noch folgendes zu bedenken:

Es ist nicht so, daß die Verwaltungsbeamten in ihrer überwiegenden Mehrzahl freigestaltende Verwaltungsbeamte wären. In weiten Gebieten der Verwaltung werden vorwiegend Einzelfälle entschieden. Ich nenne als Beispiel etwa die Finanzverwaltung und das Entschädigungsrecht. Die Ausbildungsmethoden brauchen für solche Zweige der Verwaltung nicht notwendig andere zu sein als für den Justizjuristen.

Hinsichtlich der Ausbildungsmethoden gestatten Sie mir noch folgendes zu bemerken:

Auch da, wo es sich um Arbeitsgebiete einer gestaltenden Verwaltung handelt, wo es also wesentlich darauf ankommt, daß die Referendare in diese Arbeitsgebiete in ihrer Gesamtheit eingeführt werden, werden sie nach meinen Beobachtungen sehr häufig vorwiegend mit der Bearbeitung von Einzelfällen und der Entscheidung von Einzelfällen befaßt, ohne daß sie einen ausreichenden Überblick über das Arbeitsgebiet im ganzen erhalten. Sie bekommen daher vor allen Dingen keinen ausreichenden Eindruck von der Tätigkeit der leitenden Verwaltungsbeamten. Über diese Erscheinung wird namentlich in der Ausbildung bei den Kommunalverwaltungen sehr geklagt. Es erscheint mir notwendig, daß bei den Bemühungen um eine verbesserte Ausbildung gerade auch an diese Dinge gedacht wird. Vielleicht geben die weiteren Vorträge und Aussprachen uns Gelegenheit, uns auch mit diesen Fragen zu befassen.

Professor Dr. Bachof

In den Ausführungen des Herrn Kollegen *Mayer* fand ich den Hinweis auf die enge Beziehung von Ausbildungsparität und Prüfungswesen besonders wichtig. Ich möchte das nachdrücklich unterstreichen. Niemand von uns Verwaltungsjuristen wird wegen einer um einen oder zwei Monate längeren oder kürzeren Ausbildungszeit in der Verwaltung oder in der Justiz auf die Barrikaden gehen. Denn das Entscheidende ist viel weniger die Dauer der Ausbildungszeit als vielmehr der Zwang, der von der Prüfungsordnung ausgeht; und zwar schon vom ersten Tage des Studiums an. Viele Studenten kommen heute — man mag das bedauern, aber es ist nun einmal eine Tatsache — schon in den ersten Wochen ihres Studiums zu ihren Lehrern und erkundigen sich nach der Prüfungsordnung. Ich versuche ihnen dann zwar das Unsinnige solcher Fragen klarzumachen, aber das nützt sehr wenig. Sie schauen doch in die Prüfungsordnung hinein und richten ihr Studium danach aus. Was nicht geprüft wird, wird auch nicht studiert! So ist z. B. die Tatsache, daß in Bayern der Vorsitz bei den Prüfungen zwischen Vertretern der Justiz und der Verwaltung abwechselt, eine psychologisch außerordentlich wirksame Tatsache, die den Studenten von vornherein auf die Notwendigkeit hinweist, sich eingehend auch mit dem Verwaltungsrecht zu beschäftigen.

Ich möchte das, was Herr *Mayer* dazu gesagt hat, aus eigenen Erfahrungen beleuchten. Als ich vor rund 7 Jahren von Erlangen nach Tübingen kam, war ich sehr erschrocken über den vergleichsweise geringen Ausbildungsstand der Tübinger Studenten im öffentlichen Recht; es ist mir auch in diesen 7 Jahren nicht gelungen, daran sehr viel zu ändern. Das hängt weit weniger damit zusammen, daß in Bayern einige Vorlesungsstunden mehr und einige zusätzliche Spezialvorlesungen über öffentliches Recht gehalten werden — auch das mag freilich eine gewisse Rolle spielen —, als vielmehr damit, daß der bayerische Student weiß, in welch erheblichem Umfange er sowohl im 1. wie im 2. Staatsexamen im öffentlichen Recht geprüft wird. Herr *Mayer* hat, wie mir scheint, die bayerischen Verhältnisse bei der Referendarprüfung etwas zu pessimistisch geschildert; denn es trifft zwar zu, daß von den 6 Klausuren nur eine offiziell dem öffentlichen Recht entnommen wird; aber auch die 6. Klausur („politisches Wissen" usw.) hat in der Praxis meist ein dem öffentlichen Recht verwandtes Thema zum Gegenstand, und ebenso ist der 5. Prüfer, der im mündlichen Examen die „allgemeinen Fächer" prüft, in aller Regel ein Öffentlichrechtler. Ich habe, um das noch kurz durch ein Beispiel zu belegen, in diesem Semester in Tübingen in einer Fortgeschrittenen-Übung einen Fall gegeben, den ich vor 7 oder 8 Jahren in Erlangen in einer Anfängerübung gegeben hatte; ich würde niemals wagen, einen solchen Fall in Tübingen in einer Anfängerübung zu geben. Mein damaliger Assistent, dessen Korrekturbericht ich noch besitze, hat seinerzeit (in der Anfängerübung!) vermerkt, der Fall sei allgemein als leicht empfunden worden, und die Arbeit ist entsprechend gut ausgefallen. In der Fortgeschrittenenübung, in der ich den Fall jetzt gegeben habe, haben meine Assistenten zunächst über 80 % der Arbeiten als ungenügend bewertet; ich habe diese Quote mit viel Nachsicht auf etwa 50 % heruntergesetzt. Meine Assistenten haben bemerkt, der Fall gehe offensichtlich über das Vermögen eines Studenten hinaus. So liegen die Verhältnisse in der Tat. Das ist ein drastisches, aber leider nicht vereinzeltes Beispiel.

Herr Präsident *Fricke* hat vorhin gemeint, auch die Anwaltsstation könne ja in gewisser Weise, falls der Anwalt verwaltungsrechtliche Praxis habe, als Verwaltungsausbildung gewertet werden. Ich glaube, darin liegt ein grundsätzliches Mißverständnis! Der Anwalt, auch wenn er mit Verwaltungsdingen zu tun hat, sieht die Verwaltung ja nur aus der Perspektive der Fallsubsumption und der nachträglichen Kontrolle; insofern ist das justizielle Tätigkeit und keine Verwaltungstätigkeit. Dasselbe gilt freilich in gewissem Umfange auch für die Verwaltungsgerichtsstation. Ich würde es deshalb für wichtiger halten, daß der Referendar in der aktiven Verwaltung ausgebildet wird. Ja, ich würde so weit gehen, die ganze Ausbildungsstation bei der Verwaltungsgerichtsbarkeit für entbehrlich zu halten, weil der Referendar dort im Grunde nur dieselbe Technik juristischen Denkens lernt wie beim Zivilgericht oder beim Arbeitsgericht; und ich würde daher folgern, diese ganze Station könne man ruhig auf Kosten der Ausbildung in der aktiven Verwaltung kürzen oder ganz streichen — *wenn* ich nicht hinzufügen müßte: gegen eine solche Regelung hätte ich deshalb größte Bedenken, weil die Verwaltung ihrer Ausbildungsaufgabe bisher nur höchst unvollkommen gerecht wird. Die Verwaltung muß sich hier einmal ihrer eigenen Sünden bewußt werden. Sie kann so lange nicht mit gutem Gewissen eine Verlängerung der Verwaltungsstation fordern, als es ihr nicht gelingt, die Referendare wirklich nutzbringend zu beschäftigen. Bis heute ist ihr das nicht gelungen; ich glaube, wir alle kennen den Sachverhalt zur Genüge, ich brauche das hier nicht näher auszuführen. So wie es jetzt ist, geht es einfach nicht weiter; die Zeit der Verwaltungsstation wird von den meisten Referendaren als eine schlechthin verlorene Zeit betrachtet, und das mit Recht.

An diesem Mangel ist freilich das Prüfungswesen nicht schuld, und hier läßt sich durch die Prüfungsordnung auch wenig ändern. Es wurde vorhin einmal gesagt, Verwaltungskunst lasse sich weder lehren noch lernen. Was das Lehren betrifft, stimme ich dem zu; lernen dagegen kann man das Verwalten, zum Glück, bis zu einem Grade durchaus. Aber man kann es nur durch eigene Anschauung lernen. Verwaltungskönnen läßt sich kaum lehren, vor allem läßt es sich aber auch nur in sehr begrenztem Ausmaß *prüfen;* das ist der Grund, weshalb der Referendar es vorzieht, einen verwaltungsrechtlichen Aktenfall mit nach Hause zu nehmen und dort zu studieren, statt am praktischen Verwaltungshandeln teilzunehmen. Am Aktenfall glaubt er etwas für das Examen „lernen" zu können; Tagfahrten und Verhandlungen sind dagegen Dinge, an denen man zwar Verwaltungskunst lernen kann, die aber für das Prüfungswissen nur wenig ergeben. Hier liegen also gewisse Grenzen für eine richtige Steuerung der Verwaltungsausbildung durch die Prüfungsordnung.

Lassen Sie mich zum Schluß noch eine Bemerkung machen, welche die von Herrn *Mayer* mit Recht hervorgehobenen *Folgen* der ungenügenden Verwaltungsausbildung betrifft: das ist die Verdrängung des Juristen und seines Einflusses aus der Verwaltung. Dafür ein Beispiel: Ich habe als Rektor oft gegen m. E. sachwidrige haushaltsrechtliche Verfügungen meines Ministeriums angehen müssen. Es ist mir dabei nie gelungen, mit den maßgebenden Juristen überhaupt in ein Gespräch über diese Fragen zu kommen. Mir wurde wiederholt gesagt, ich möge vielleicht recht haben; der Referent könne das aber nicht beurteilen, das sei Sache des in diesen Dingen allein sachverständigen Inspektors. So sieht in der Tat die Folge aus, wenn wir unsere künftigen Verwaltungsjuristen nicht richtig in der Verwaltung, und zwar von Grund auf, ausbilden.

Regierungspräsident Dr. Fellner

Zunächst muß man es dankbar empfinden, daß die allzu straff gedachte Diskussionsdisziplin gelockert ist. Es wäre sehr schwer, eine scharfe Trennungslinie zu ziehen zwischen dem Allgemeinen, dem Grundsätzlichen und dem Detail. Viele von Ihnen — ich weiß es aus dem Schrifttum — haben sich intensiv mit dem Gegenstand beschäftigt; daran gemessen ist unsereiner Neuling und Außenseiter. Ich werde mich also schon deshalb hüten, allzusehr auf Einzelheiten einzugehen. Mir liegt vielmehr an etwas anderem.

Ich möchte zum Ausgang die Frage so stellen, welche Folgerungen für die Ausbildung aus Grundtatsachen unseres gesellschaftlichen und staatlichen Daseins zu ziehen sind. Dafür ist wohl zu bedenken, daß die Position des Verwaltungsjuristen heute von einem Mißverhältnis gekennzeichnet ist. Auf der einen Seite haben wir eine bis ins Subtile hinein entwickelte Rechtsordnung, wie sie die deutsche Rechtsgeschichte nicht kennt. Die Anforderungen an den leitenden Verwaltungsmann in der Kenntnis und der Fähigkeit zur Handhabung dieser Rechtsordnung ist aber den umgekehrten Weg gegangen. Hier besteht eine Schere. So ist folgerichtig davor zu warnen, auch und insbesondere vom bayerischen Standpunkt aus, daß die Rechtsausbildung des Verwaltungsmannes reduziert wird. Denn hier liegt seine typologische Stärke, ob er nun mit dem Typ des Politikers um leitende Stellen konkurriert oder ob er dafür verantwortlich ist, den leitenden Politiker zu unterstützen, sofern dieser seinerseits zu einer solchen Partnerschaft bereit ist. Wenn es so käme wie mit der Ferienordnung, daß also die bayerische Regelung Anklang fände, würden wir uns naturgemäß in aller Bescheidenheit freuen. Aber es kommt auf sachliche Argumente an. Darf ich daher auch an den Anwalt erinnern? Ist Ihnen nicht der Anwalt begegnet, der mehr oder minder offen gestanden hat, von öffentlich-rechtlichen Angelegenheiten nichts zu verstehen? Und ist es nicht der Richter der Zivil- und Strafgerichtsbarkeit, der über seinen unmittelbaren Bereich hinaussehen sollte? Wir beklagen uns über das Spezialistentum und wissen längst, daß niemand mehr einen Leibniz im Besitz des Gedanken- und Wissensguts seiner Zeit erreichen kann. Wenn wir nun aus der Enge hinausstreben, sollten wir wenigstens den nachbarlichen Schritt tun, nämlich von der Verwaltung ins bürgerliche und Strafrecht und umgekehrt.

Was mich allerdings beeindruckt hat, war der Einwand von Herrn Professor *Bachof,* daß derjenige, der für die Ausbildung Parität fordert, erst die Voraussetzungen dafür schaffen muß. Hier scheint mir in der Tat ein Schwerpunkt zu liegen. Da haben wir an unsere Brust zu klopfen. Die Referendare werden, soweit ich die Dinge überschaue, im Schnitt in der Verwaltung — vorsichtig formuliert — mehr vernachlässigt als in der Justiz. Daraus müssen wir klar die Konsequenzen ziehen. Wir kommen gewiß mit unseren Postulaten nicht durch, wenn wir nicht die Voraussetzungen dafür schaffen, daß die Referendare in den Stationen der Verwaltung auch wirklich ausgebildet werden.

Nun bin ich fast glücklich, den Verdacht loszuwerden, als ob ich nur aus Liebe zu dem eigenen Werdegang plädieren würde. Ich bin nämlich der Meinung, daß auch die gegenwärtige bayerische Ausbildung nicht genügt. Sie ist in der Rechtsausbildung, das kann man sagen bei den Relativitäten dieser Erde, vollwertig. Aber sie muß weitergeführt werden, nämlich in die Bereiche, die wir als Verwaltungslehre ansprechen würden, wenn wir sie systematisch und methodisch entwikkelt hätten. Mein Hauptanliegen wäre, daß Sie sich mit diesem Gegenstand beschäftigen. Ich weiß, es ist ein Steckenpferd von mir, das immer ein bißchen zur Distanz mahnt. Aber trotzdem möchte ich die dringliche Bitte an Sie stellen, den Gegenstand keinesfalls auszuklammern. Ich spreche nicht mehr aus purer Theorie. Wir können für eine Verwaltungslehre die Dozenten nicht in der Retorte herstellen. Daß wir sie nicht haben, ist ja wahrscheinlich der entscheidende Grund dafür, warum aus der Einsicht keine praktische Konsequenz gezogen wird. Man kann wohl nur den Weg des Mosaiks gehen. Wir haben es in Bayern versucht und Wochenkurse zur Fortbildung der höheren Verwaltungsbeamten eingerichtet. Die Gegenstände werden durchweg nicht der Rechtslehre entnommen. Auf eine Umfrage hat ein Teilnehmer m. E. zutreffend geantwortet: „Im Juristischen können wir uns im allgemeinen selbst weiterhelfen, von einer Verwaltungslehre verstehen wir nichts." Heute ist es doch so, daß jeder mehr oder minder allmählich und zufällig dem Erfahrungsgut praktischer Verwaltung begegnet und daß die Summe mit dem jeweiligen Träger fruchtlos untergeht.

Wären wir nicht aufgerufen, ein Mosaiksteinchen beizutragen? Wir können dann die Hoffnung haben, daß am Ende einmal eine Wissenschaft aus einem Guß stehen wird, wie es die Wissenschaftsgeschichte an einer Reihe von Disziplinen nachweist. Um es kurz zu machen: Wir holen uns Fachleute, denen ein bißchen primitiv die Frage gestellt ist, was der Verwaltungsjurist von seinem Gebiet wissen muß, nicht um ein überheblicher Alleswisser zu werden, sondern damit ihm mittels Grundeinsichten der Sinn für die richtige Fragestellung nahegebracht wird. Das hat sich, glaube ich, bei uns bewährt, wenn es auch nur sporadisch und damit der Kritik ausgesetzt ist. Es geht — nur des veranschaulichenden Beispiels halber — um den Straßenbau, die Wasserwirtschaft, die Sparkasse, Presse und Verwaltung, Nachrichtendienst, Parteien und Parlament. Sicherlich würde unsere Personalabteilung einmal Anlaß nehmen, eine Liste der Gegenstände zu veröffentlichen, die unseren Verwaltungsjüngern nähergebracht werden. Das alles ist eben nur ein Anfang. Er sollte zielstrebig ausgebaut werden.

Ministerialdirektor Dr. Geib

Ich darf zunächst als Mitglied der Verwaltung Herrn Professor *Mayer* für seine sehr grundlegenden Ausführungen, die mich außerordentlich bewegt haben und die ich für ausgezeichnet halte, danken.

Aus meiner eigenen Sicht möchte ich einiges mit Deutlichkeit herausstellen. Die Kürze der Zeit erlaubt selbstverständlich keine grundlegenden Ausführungen. Es bleibt mir nur, einige Akzente zu setzen und einige Thesen in den Raum hineinzustellen, die vielleicht für eine fruchtbare Auseinandersetzung in den späteren Diskussionen Anlaß geben können.

Zunächst zum Ausgangspunkt: Wir haben die interessante Erscheinung, daß das *Richter*gesetz die Ausgangslage festlegt für die Ausbildung der Verwaltung. Ich bewundere nun immer die Kühnheit, mit der die Justiz sich das Recht nimmt, die Anliegen der Verwaltung zu regeln. Die Verwaltung hat — das haben die Zahlen, die Herr Professor *Mayer* uns dargelegt hat, mit Eindeutigkeit bewiesen —, nicht nur nach der Zahl eine Gleichrangigkeit gegenüber der Justiz zu beanspruchen, sondern auch nach ihrer Bedeutung. Die Justiz beruft sich immer bei passender Gelegenheit auf die Montesquieusche Gewaltenteilung. Auch wir sollten uns in der Verwaltung daran erinnern, daß Justiz und Verwaltung zwei durchaus verschiedene Dinge sind. Der Richter ist gegenüber dem Verwaltungsbeamten absolut ein „aliud". Die Verwaltung hat, darüber kann gar kein Zweifel bestehen, das Recht, ihre Dinge selbständig zu ordnen. Aus ihrer Sicht kann im Endeffekt eine Ausbildung, die beiden Seiten gerecht werden soll, nur eine *paritätische Aus-*

bildung sein. Es gibt als andere Alternative eine *zweigleisige Ausbildung:* hie Justiz dort Verwaltung.

Ein zweites: Bei der Betrachtung der Ausbildung kann nicht primär maßgeblich sein, was im Interesse des einzelnen Studenten bzw. Referendars liegt. Ausschlaggebend muß zunächst sein das Staatsinteresse bzw. das Interesse dessen, in dessen Dienst der Bewerber später kommen soll. Es kann demgegenüber keine Rolle spielen, ob der Referendar nach der Ausbildung eine Fülle von Berufsaussichten haben kann; das hat der Mediziner, das hat der Techniker, das haben andere Berufe auch nicht. Die Ausgangssituation muß vom Staat her gesehen werden.

Ein drittes: „Studiert wird nur, was geprüft wird." Darauf hat Herr Professor *Mayer* mit Deutlichkeit hingewiesen und Herr Professor *Bachof* hat vom „Zwang von der Prüfungsordnung her" gesprochen. Auch meine Meinung geht dahin, daß wir unsere Bemühungen im gegenwärtigen Augenblick darauf konzentrieren müssen, für die Verwaltung den notwendigen Einfluß in der Prüfung zu erlangen.

Ein weiteres: Die volle Parität ist als Mindestforderung von der Verwaltung her gesehen notwendig, und sie muß auf lange Sicht errreicht werden, wenn eine zufriedenstellende Lösung, und zwar im Ausgleich der Interessen, kommen soll. Auch ich würde mich freuen, wenn eine solche paritätische Lösung sich wirklich am Horizont abzeichnen würde. Vorläufig sehe ich sie noch nicht, hoffe aber immer noch, daß sie kommen könnte.

Ein letztes: Sehr entscheidend wird die Situation der Verwaltungsausbildung — die Situation der Ausbildung der Juristen in der Verwaltung, wie das heutige Thema ja lautet — beeinflußt durch die schon von Herrn Professor *Mayer* dargelegte Mangelsituation. Wir haben in der Verwaltung nicht die ausreichenden Stellen, um die großen Massen von Referendaren, die gegenwärtig vorhanden sind, ordnungsmäßig auszubilden. Herr Professor *Bachof* wies auch auf die Sünden der Verwaltung hin. Sie rühren hauptsächlich mit daher, daß wir nicht genügend Verwaltungsausbildungsstellen haben. Ich darf aus Schleswig-Holstein nur eine Zahl in den Raum stellen. Sie können sie beliebig in ihren eigenen Bereichen nachprüfen, sie wird auch dort vermutlich irgendwie repräsentativ sein. Wir haben etwa 700 Referendare in Schleswig-Holstein, aber nur 17 Landräte, bei denen diese Referendare in der allgemeinen Verwaltung wirklich sinnvoll ausgebildet werden könnten. Bei uns fehlt zudem auch noch eine Mittelinstanz, die in den anderen Bereichen vorhanden ist. Wir sind also praktisch nicht in der Lage, die große Fülle der vorhandenen Referendare, die ja nicht nur Richter und Verwaltungsbeamte werden wollen, sondern auch in die Wirtschaft gehen und Rechtsanwälte werden wollen, in der Verwaltung genügend intensiv auszubilden. Aus dieser Mangelsituation wird sich für die Verwaltung per Saldo voraussichtlich die Erkenntnis ergeben müssen, daß die Parität eine leere Farce ist und daß wir auf die Sonderausbildung, die sich ja bewährt hat, zurückkommen müssen.

Professor Dr. Zeidler †

Zunächst stimme ich in der Grundtendenz ganz den Ausführungen des Herrn Kollegen *Mayer* zu, und ich bekenne mich auch zu denjenigen, die gebeten haben, vielleicht die Begrenzung der Diskussion etwas locker zu handhaben. Ich stehe aber gerne mit dem berühmten Mittelfinger bereit, falls Sie glauben, daß mein Beitrag zu weit diese Grenzen hinaus überschreitet.

Ich glaube, wir müssen bei diesem Thema zwei Fragen trennen: Einmal, was das Lehren oder das Erlernen des öffentlichen Rechts betrifft, und zum zweiten, was das Lehren und das Erlernen der Verwaltung betrifft, der Verwaltungskunst. Die erste Seite, was das Lehren oder Erlernen des öffentlichen Rechtes betrifft, glaube ich, ist relativ leicht im bestehenden System oder in den bestehenden Systemen noch zu bewältigen. Ich meine, ganz wie Herr *Mayer* und wie Herr *Bachof* und auch wie das jetzt zum Schluß von Herrn *Geib* angedeutet wurde, daß hier eine wirksame Reform allein vom Prüfungswesen her möglich ist, und mir fällt es sehr leicht, mich diesem Bekenntnis des verehrten älteren Kollegen *Bachof* bezüglich seiner geringen pädagogischen Erfolge, um das Interesse für das öffentliche Recht unter dem bestehenden System zu wecken, hier als jüngerer Kollege anzuschließen, ohne damit unbedingt über die Qualifizierung etwas aussagen zu wollen. Es ist eben einfach so, daß der Student bei seinen Überlegungen des Studienaufbaus davon ausgeht, daß er mit einem intensiven Studium des Zivilrechts „die halbe Miete heimgebracht" hat; dann bleibt ihm die Wahl zwischen Strafrecht und öffentlichem Recht. Und da sind — ob richtig oder nicht, das sei dahingestellt — jedenfalls subjektiv die Vorstellungen die, das Strafrecht sei leichter erlernbar. Das Strafrecht wird auch noch eingepaukt oder man läßt es sich einpauken. Bei dem öffentlichen Recht ist es Glückssache, ob man damit zum Zuge kommt. Das ist von seiten der Lehrer an den Universitäten bei dem jetzigen System schlechterdings nicht zu reformieren. Das ist meine Meinung nach den kurzen Erfahrungen, die ich in diesem schönen Amte gewinnen konnte.

Ich muß mich auch fragen, ob in unserer staatlichen Planung auf diesem Sektor wirklich die linke Hand weiß, was die rechte tut, wobei ich keinerlei parteipolitische Assoziationen mit diesem links und rechts selbstverständlich im Auge habe. Die Ausbaupläne der Hochschulen sind so, daß die öffentlich-rechtlichen Lehrstühle zur Zeit in einer für meine Vorstellung sehr befriedigenden Weise ausgeweitet wurden. Wir haben an den Universitäten etwa 4—5 öffentlich-rechtliche Lehrstühle, strafrechtliche Lehrstühle etwa 2—3. Mit dieser Planung bezüglich der personellen Besetzung der Lehrer steht die Anforderung in den Prüfungsämtern offenbar nicht in einem schönen Einklang. Daß bei dem ersten Examen diese Mängel feststellbar sind, ist damit wohl dargelegt und wird nicht bestritten werden können. Beim zweiten Examen scheint es mir geradezu noch schlimmer zu sein. Wenn man dann noch bedenkt, daß von den relativ wenigen Zeiträumen, die für das öffentliche Recht zur Verfügung stehen, nach Erfahrungen in Baden-Württemberg 50 % für das Verwaltungsprozeßrecht, für das Verwaltungsgerichtsverfahrensrecht aufgewendet werden, dann, meine ich, wird man doch sehr skeptisch sein, ob das materielle öffentliche Recht mit den weiten Ausfaserungen, die uns ja bekannt sind, überhaupt noch genügend berücksichtigt wird. So viel also zu diesem Punkt der Ausbildung.

Ein zweiter Punkt, der in diesen Zusammenhang gehört, scheint mir auch bei Ihrem Referat schön herausgearbeitet worden zu sein, nämlich das Zeitmoment. Ich bin wie Herr *Bachof* der Meinung, daß es auf 7 oder 9 Monate oder 12 Monate Verwaltungsausbildung wirklich nicht entscheidend ankommt. Das sind Dinge, die vielleicht auch relativ leicht geregelt werden könnten. Hier liegt es — und da darf ich fortfahren, wo Herr Präsident *Fellner* aufgehört hat —, bei der Verwaltung selbst sehr im argen. Das Problem des Referendars hat die Verwaltung nicht bewältigt und wird es, das ist die vielleicht abschließende ketzerische Bemerkung, bei dem jetzigen Stand der Dinge auch nie bewältigen. Von den vielen Ursachen, die man dafür anführen kann, möchte ich nur eine — insofern vielleicht als antizipierten Diskussionsbeitrag zu den Vorschlägen und den Referaten von Herrn Staatssekretär *Loschelder* — in Ihr Bewußtsein führen. Von dem Augenblick an, in dem sich der Staat seiner wirksamen Einflußnahme auf die unteren Verwaltungsbehörden durch die Kommunalisierung oder Politisierung dieser Ämter begeben hat, war es auch nicht mehr möglich, eine intensive Einflußnahme auf die Ausbildung durchzuführen. Die Schlüsselzuweisungen, die z. B. die Landratsämter in Form von Globalzuschüssen bekommen, werden von den Landräten, was ihnen nicht zu verdenken ist, lieber für publikumswirksamere Zwecke eingesetzt und verwendet als für die weniger in der Öffentlichkeit in Erscheinung tretenden Dinge wie Zurverfügungstellung von Räumen für Referendare, Bibliothek für Referendare —, alles das gehört dazu. Ich glaube, daß hier ein Punkt angedeutet ist, der noch sehr viele Weiterungen nach sich ziehen würde, und wenn wir nicht in aller Offenheit auch über diese delikaten

Dinge im Rahmen unseres Themas reden, glaube ich, daß wir unter uns bleiben werden, und es wird wieder vielleicht eine Tagung sein, die sehr forsche Thesen vertritt, aber die Wurzeln des Übels vielleicht nicht in den Griff bekommt. Im übrigen nur eine kritische Bemerkung an die Tagung als solche: Ich hätte es sehr begrüßt, wenn man zur Diskussion dieser Themen auch einige qualifizierte Leiter von Referendarverbänden eingeladen hätte. Ist einer hier? Entschuldigung, dann hoffe ich nur, daß sich auch diese Herren zu Worte melden; denn die Personen, um die es hier geht, können aus eigener Erfahrung unsere vielleicht in hohen Sphären sich bewegende Diskussion ergänzen.

Professor Dr. Ule

Herr Kollege *Mayer* hat sehr stark das bayerische Prüfungssystem für die zweite Staatsprüfung im Auge gehabt. Wenn wir das Prüfungssystem im preußischen Recht betrachten, haben wir eine gewisse Dreiteilung des Assessorexamens: die Hausarbeit, die schriftlichen Klausuren und die mündliche Prüfung. Die Hausarbeit wird nach meinen Erfahrungen fast regelmäßig aus dem Bereich des Zivilrechts gegeben. Bei den Klausuren gibt es vier Arbeiten, davon eine im öffentlichen Recht. Der Vortrag in der mündlichen Prüfung stammt nach meinen Erfahrungen fast regelmäßig aus dem Zivilrecht, kaum aus dem Strafrecht und ganz selten aus dem öffentlichen Recht. Wenn Sie diese drei Teile, Hausarbeit, Klausuren und mündliche Prüfung, als Blöcke für sich betrachten und jedem etwa ein Drittel in der gesamten Prüfungsbewertung zumessen, dann ergibt sich, daß das öffentliche Recht im ersten Block in den meisten Fällen überhaupt ausfällt, bei den Klausuren ein Viertel beanspruchen kann und in der mündlichen Prüfung, in der von vier Prüfern einer das öffentliche Recht vertritt — jedenfalls hier in Rheinland-Pfalz —, ebenfalls ein Viertel erhält. Das ist sogar gut gerechnet, weil der Vortrag fast nie aus dem öffentlichen Recht stammt. Nach dieser Berechnung tritt das öffentliche Recht in der Prüfung insgesamt nur mit einem Sechstel in Erscheinung. Ein Drittel ist also für das preußische Rechtsgebiet zu hoch gerechnet. Damit wollte ich auf die praktische Bedeutung des öffentlichen Rechts in der Prüfung hinweisen. Meine Erfahrungen stimmen mit dem überein, was Herr Kollege *Zeidler* gesagt hat. Wenn sich der Referendar im Zivilrecht und im Strafrecht einigermaßen sicher fühlt, dann ist die Frage, wie er im öffentlichen Recht abschneidet, nur noch von untergeordneter Bedeutung. Ich glaube kaum, daß jemand allein durch schwache Leistungen im öffentlichen Recht sein Prädikat in der großen Staatsprüfung verschlechtern kann. Das zeigt mir, daß es im Examen en quelque façon nul ist!

Ministerialrat Dr. Terstegen †

Erlauben Sie mir, daß ich mich doch etwas für den Vorschlag von Herrn Professor *Ule* einsetze, nämlich die Diskussion mehr auf die Punkte zu konkretisieren, die heute anstehen. Es ist ja nicht das erste Mal, daß die Fragen der Ausbildung behandelt werden. Sie sind schon sehr häufig schriftlich und mündlich erörtert worden und nur in einer strengen Konkretisierung läßt sich von Tagung zu Tagung eine Steigerung und ein Endziel erreichen. Gewisse Gegebenheiten, mit denen man zumindest praktisch rechnen muß, sollten fixiert werden mit der Anregung, diese Dinge aus der weiteren Diskussion herauszunehmen, damit wir nicht immer wieder vom Anfang beginnen müssen.

Zum zweiten folgendes: Ich habe den Eindruck, daß die Diskussion von der Verwaltung gegenüber der Justiz stark defensiv geführt wird; allerdings nicht im Vortrag von Herrn Professor *Mayer*, der durchaus zu Anfang die auch nach meiner Ansicht hier erheblichen Umstände deutlich herausgestellt hat. Es ist jedoch keineswegs so, als ob die Justiz ihre eigene Ausbildung vorbildlich gut durchführte. Gerade das, was die Verwaltungsleute in die Ausbildung der Juristen einführen möchten, müßte auch der Justiz selber am Herzen liegen. Wenn Herr Präsident *Fricke* gesagt hat, daß auch in der Justiz zuweilen verwaltende und gestaltende Tätigkeit vorkommt, so wird doch beides in der Justiz stark vernachlässigt. Die Station, die sich hierfür ausgezeichnet eignen würde, wäre die beim Notar, wo die Kautelarjurisprudenz betrieben wird; gerade diese Station wird aber von den Referendaren nur in wenigen Fällen wirklich ausgenutzt. Und bei den anderen Gelegenheiten, bei denen sonst eine gestaltende Tätigkeit einmal anfällt, wird auch von der Möglichkeit der Information recht selten Gebrauch gemacht. Warum? Ich formuliere mit Absicht einmal ein wenig scharf: weil die Gerichtsjuristen eine gewisse Furcht vor der Wirklichkeit und der Begegnung mit der Wirklichkeit haben und sich deshalb gern auf den vertrauten Boden der Norm zurückziehen und von dort aus die Wirklichkeit zu bestimmen suchen, anstatt mit Hilfe der Norm als eines Instruments die Wirklichkeit zu gestalten.

Das andere, wozu die reine Justizausbildung aus der Natur der Sache sehr wenig Gelegenheit gibt, ist die Ausbildung zu dem, was man vielleicht das Vor-der-Front-Stehen, das Führen nennen kann, eine Aufgabe, die auch sehr wichtig ist und wovon ich nicht sagen möchte, daß die Verwaltung sie erfüllt, wenn sie die Referendare bei sich in die Ausbildung bekommt. Wir haben ja eben gehört, daß die Referendare auch bei der Verwaltung allzusehr als Justitiare beschäftigt werden und — dieses ist ebenfalls nur zum Zwecke der Diskussion sehr scharf formuliert — auch dort nicht genügend an das spezifisch Verwaltungsmäßige herangeführt werden.

Eine dritte Frage wäre die, wie man die seit langer Zeit und auch hier wieder beklagten Mängel in der Verwaltungsstage beseitigen kann. Ich habe im Programm einen besonderen Vortrag über die Frage vermißt. Ich hatte zuerst gemeint, mit dem Vortrag I „Die Ausbildung des Juristen in der Verwaltung" sollten Fragen der Ausbildungsmethoden angesprochen werden. Das ist jedoch mit diesem Vortrag nicht gemeint gewesen. Meine Anregung geht dahin, dieser Frage eine besondere Untersuchung und eine besondere Erörterung zu widmen. Die größte Schwierigkeit ist hier, daß es eine Fülle von Stellen gibt, bei denen ein Jurist seine Verwaltungsstage abdienen kann, und daß man diese übergroße Fülle nicht in den Griff bekommt. Wenn man sich einbildet, wie das ja weithin innerhalb der Justiz und innerhalb der Verwaltung geschieht, man könnte irgendeinen gescheiten Mann nehmen und ihn zum Ausbildungsleiter machen und er brauchte dafür in keiner Weise besonders vorgebildet zu sein oder sich selbst vorzubilden, dann ist das ein großer Irrtum. Die Fehlschläge auf diesem Gebiet treten meistens gerade dadurch ein, daß an sich geeignete Leute für eine solche Ausbildungsaufgabe nicht zureichend vorgebildet sind. Wenn man nur wenige Ausbildungsstellen zur Verfügung hat, kann man hier bessern. Aber bei der großen Fülle, die die Verwaltung den Referendaren frei zur Verfügung stellt, ist das nicht möglich. Ein Ausweg wäre, die Stellen, bei denen man das spezifisch Verwaltungsmäßige kennenlernen könnte, zu beschränken. Das wird z. B. in Schleswig-Holstein nicht ganz so einfach sein wie in Bayern. Aber daß es grundsätzlich unmöglich wäre, die Zahl der Ausbildungsstellen zu verringern und die Menschen, welche die Einführung ins Verwaltungsmäßige durchzuführen hätten, in geeigneter Weise dafür vorzubereiten, das wird man nicht anerkennen können.

Präsident Kohleiß

Gestatten Sie mir einige Worte zu angesprochenen Fragen in dem Referat von Herrn Professor *Mayer:* einmal zum Vorbereitungsdienst, zum andern — und das in meiner Eigenschaft als Präsident eines Prüfungsamts — zu dem von verschiedenen Diskussionsrednern und von dem Herrn Referenten angesprochenen Problem der Ersten und Zweiten juristischen Staatsprüfung. Es ist von Herrn Professor *Mayer* bei der Frage etwaiger Mängel in der Verwaltungsausbildung die Überfüllung des Vorbereitungsdienstes hervorgehoben worden, unter anderem die Frage der Freizügigkeit der Gerichtsreferendare. Es ist, wie ich meinen möchte und wie ich eigentlich jahrelang bestätigt sehe als Leiter der Ausbildungsabteilung im Justizministerium Baden-Württemberg, ein Hauptproblem, das sicher mehr technischer Art ist, aber große praktische Schwierigkeiten aufwirft. Sie wissen alle, daß der Art. 12 des Grundgesetzes sehr stark strapaziert wird. Der Student kann sicher mit Recht auf die Freiheit in der Wahl der Ausbildungsstätte abheben. Das wird z. B. eine Rolle spielen bei einem Problem, das die Gutachterkommission sowohl der Justizministerkonferenz wie der Innenministerkonferenz beschäftigt, nämlich bei der Gestaltung der sogenannten Ferienpraxis. Kann man den Studenten zwingen, bei einem bestimmten Gericht, bei einer bestimmten Verwaltungsbehörde diese Praxis abzulesten? Ich meine aber, man kann dem Referendar nicht zubilligen, daß er in gleichem Maße sich auf den Art. 12 GG beruft, wie das teilweise geschieht, nämlich dann, wenn ein Oberlandesgerichtspräsident einen Referendar einem kleinen Amtsgericht zuweist oder wenn ein Regierungspräsident einen Referendar einem kleinen Landratsamt draußen auf dem Lande zuweisen will. Hier sollte mit größerer Entschiedenheit der Standpunkt vertreten werden, der m. E. rechtlich ohne weiteres zulässig ist, daß für einen Beamten im Vorbereitungsdienst obligatorisch bestimmt werden kann, daß er eine bestimmte Ausbildungsstation, und sei es ganz weit draußen auf dem Lande, antreten muß.

Dann ist hier geltend gemacht worden von den Herrn Diskussionsrednern und auch vom Herrn Referenten — es ist in einem Diskussionsbeitrag so gefaßt worden: „Die Verwaltung kann nichts anfangen mit den Referendaren in den Ausbildungsstationen in der Verwaltung." Gestatten Sie mir, daß ich doch etwas diese Formulierung einschränke. Ich spreche natürlich aus dem Bereich des Landes Baden-Württemberg. Diese Mängel, die heute zur Sprache gekommen sind und die ja wohl ernstlich nicht bestritten werden, vielleicht in stärkerem oder geringerem Grade zugegeben werden, sind den Innenministerien seit langer Zeit bekannt. Ich darf das als insoweit Außenstehender doch ruhig sagen. Und in Baden-Württemberg ist seit Jahren das Bemühen der inneren Verwaltung unverkennbar, im Rahmen des jetzt Möglichen Abhilfe zu schaffen. Das ist in folgender Weise geschehen. Ich bin sicher, daß das in anderen Innenressorts auch geschehen ist oder derzeit geschieht. Man hat auf Besprechungen der Gemeinschaftsleiter für öffentliches Recht immer wieder auf die Notwendigkeit hingewiesen, daß die Ausbildung der Referendare in der Verwaltungsstation beim Landratsamt, beim Bürgermeisteramt in kleinen und mittleren Gemeinden, wie wir sie haben, intensiviert wird. Nicht genug damit, man hat die personellen Maßnahmen, wenn die Herren Vertreter des Innenministeriums mir gestatten, das zu sagen, nachdrücklich eingeleitet und intensiviert. Der hier sehr wohlbekannte, leider früh verstorbene Ministerialdirigent Dr. *Thierfelder,* der hier auch Lehrbeauftragter war, hat ein Hauptanliegen gerade in seinen letzten Lebensjahren darin gesehen, hier nun wirkliche Abhilfe zu schaffen, und ich darf sagen: aus der Beobachtung, die mir ja möglich ist, und aus den teilweise sehr offen vorgetragenen Stellungnahmen der Referendare weiß ich, daß man hier wirklich schon auf dem Wege ist, Abhilfe zu schaffen. Man kann ja nicht von heute auf morgen, was Herr Ministerialdirektor *Geib* auch gesagt hat, plötzlich neue Ausbildungsbehörden schaffen.

Nun gestatten Sie mir aber ein Wort zur Prüfung: wenn ich hier den Herrn Vortragenden nur darauf hinweisen darf, daß seine Darstellung der Situation in unserem Land vielleicht einer gewissen Ergänzung bedarf. Wir haben sicher in der 1. Prüfung zwei obligatorische Klausuren im öffentlichen Recht unter 8 insgesamt. Wir haben aber unter den 8 auch eine Wahlaufgabe. Der Student kann ein theoretisches Thema wählen unter 3 ihm gestellten Aufgaben. Und ich darf nun vielleicht sagen, daß in der gerade jetzt in Tübingen stattgefundenen Prüfung diese 3 Themen m. E. alle dem öffentlichen Recht zugezählt werden können, und vielleicht freut es Sie — Sie haben u. a. zum Ausdruck gebracht, das Kirchenrecht werde vernachlässigt —, die eine davon war eine rein kirchenrechtliche Aufgabe, die von einem Viertel der Teilnehmer dieser Promotion gewählt wurde. Also es ist nicht so, daß etwa das Kirchenrecht heute überall kein Ansehen mehr genießen würde. Also insofern kann man ein Verhältnis 8 : 2 wohl nicht ganz bedingungslos sagen. Das zweite ist, auch das darf ich vielleicht kurz sagen, Aktenvortrag in der 2. Prüfung kennen auch wir seit Jahren. Wir haben ihn sogar als ein sehr wertvolles Ausbildungsmittel erkannt, und wir haben auch die Möglichkeit, daß öffentlich-rechtliche Vorträge gewählt werden, und es sind jetzt alle notwendigen Maßnahmen eingeleitet, daß wir in den Besitz von genügend Vortragsakten kommen. Nur eine Frage: Es wird von seiten maßgebender Verwaltungsrichter in unserem Land immer wieder darauf hingewiesen, daß Akten von Verwaltungsgerichten oder sagen wir von Landratsämtern eben sich nicht in gleichem Maße eignen würden für einen Aktenvortrag wie etwa zivilgerichtliche Akten. Ich sage das nur, ohne selbst dazu Stellung zu nehmen. Wir müssen hier erst Erfahrungen sammeln. Jedenfalls haben wir gehört, daß die Neigung der Referendare, solche Vorträge zu wählen, wohl nicht allzu groß ist bis jetzt.

Nun aber noch ein Punkt, der mir doch sehr am Herzen liegt. Der Herr Referent hat in seinen Schlußausführungen vorgeschlagen, man solle doch bei öffentlich-rechtlichen Klausuren das Hauptgewicht nicht auf verwaltungsgerichtliche Klausuren legen. Er hat in diesem Zusammenhang gesagt, daß der Referendar vor allem auch eingeführt werden soll in die Planung und Durchführung von Verwaltungsvorhaben. Ich habe das nun so verstanden, daß damit auch vorgeschlagen werden soll, nun die öffentlich-rechtlichen Klausuren in der 2. Prüfung vom Prozeß fernzuhalten und Tatbestände der sogenannten Verwaltungswirklichkeit unmittelbar zum schriftlichen Prüfungsgegenstand zu machen. Hier wäre ich sehr dankbar, wenn dazu Stellung genommen werden könnte, wie das im einzelnen gedacht ist. Ich habe große Bedenken, ob es überhaupt möglich ist, ohne weiteres eine nicht-verwaltungsgerichtliche Klausur zum Gegenstand der schriftlichen Prüfung in der 2. Prüfung zu machen. Es ist vielfach in der Literatur, aus unserem Land z. B. von dem jetzigen Ministerialrat *Reiff*, propagiert worden, doch solche Fragen aus der Verwaltungswirklichkeit in die mündliche Prüfung einzuflechten. Ich höre das ja immer in den mündlichen Prüfungen, es geschieht auch immer wieder. Aber ich glaube nicht ohne weiteres, daß es etwa ausreichen würde, um ein Pensum eines öffentlichrechtlichen Prüfers in der mündlichen Prüfung auch nur annähernd zu füllen; denn es lassen sich diese Dinge, nach meiner Beobachtung, eben nicht so prüfen. Herr Professor *Bachof* hat hier wohl doch mit Recht darauf hingewiesen. Schließlich eine letzte Frage. Bitte, sie wird vielleicht sehr auf Widerspruch stoßen. Es wird immer davon ausgegangen, daß privates Recht — öffentliches Recht zwei in sich abgegrenzte Gruppen sind, die sich gegenüberstehen, die durch Herkommen umgrenzt sind. Ist das eigentlich richtig? Gehört eigentlich zum öffentlichen Recht nicht das ganze Prozeßrecht? Gehört nicht auch das Strafrecht zum öffentlichen Recht? Ich stelle diese Frage. Wenn man nämlich diesen Ausgangspunkt wählt, dann wird man wohl Zweifel haben, ob es ganz richtig ist, wenn in der ganzen Diskussion, die wir bisher gepflogen haben, soweit es sich um Vertreter des öffentlichen Rechts handelt, immer darauf hingewiesen wird: „Wieviel Klausuren für Zivilrecht, für Strafrecht und wie wenige für öffentliches Recht? Hier muß Remedur geschaffen werden. Und wenn der Student sieht, daß etwa 3 Klausuren oder gar paritätisch die Hälfte dem öffentlichen Recht angehören, dann wird er in ganz anderer Weise sich interessieren dafür.“ Ich bezweifle, ob dieser Ausgangspunkt ganz zwingend ist.

Professor Dr. Mayer

Für ein langes Schlußwort bleibt leider keine Zeit. Ich möchte aber doch auf verschiedene Fragen, die aufgeworfen worden sind, noch eingehen.

Ich begrüße es vor allem, daß zunächst ein Leiter eines Prüfungsamtes, der den Standpunkt der Justiz vorgetragen hat, sehr ausführlich zu Worte gekommen ist. Ich hatte Sorge, als wir diese Tagung ausrichteten, daß daraus ein Monolog der Verwaltung werde. Und ich bin sehr erfreut darüber, daß hinreichend Herren aus der Justiz und auch Hochschullehrer anwesend sind und Stellung genommen haben. Mit Monologen der Verwaltung können die Dinge nicht verbessert werden.

Nun zum Richtergesetz. Ich habe nur feststellen wollen, daß die justizielle Ausbildung im Richtergesetz gewissermaßen zementiert ist.

Im Richtergesetz steht nun einmal: 24 Monate Dienst bei ordentlichen Gerichten, Staatsanwaltschaften, Notaren und Rechtsanwälten, 6 Monate Dienst bei anderen Gerichten. Das bedeutet für uns, daß ohne Änderung des Richtergesetzes jede Verkürzung des Vorbereitungsdienstes doch nur zu Lasten der Verwaltung gehen kann. Nur darauf wollte ich hinweisen. Ich stehe, wie bereits hier ausgeführt, auf dem Standpunkt, daß der Richter und der Jurist in der Verwaltung als völlig gleichwertig anzusehen sind. Man kann nicht sagen, am Anfang war der Richter und dann entstand erst die Verwaltung. Wir lesen es bei Homer anders, wenn er σκῆπτρον καὶ θέμιστον anspricht, die beide dem Richter-König zukommen und mit denen er herrscht; wobei überdies Homer den Herrscherstab (τὸ σκῆπτρον) vor den Richterstab (τὴν θέμιστον) setzt. Ja, entwicklungsgeschichtlich gesehen, ist eigentlich das Richteramt vom βασιλεύς her abgespalten. Es ist also keinesfalls so, daß die Verwaltung diese Diskussion nur defensiv zu führen habe. Ich komme selbst aus der Verwaltung und bin mir der Stärke dieser Position durchaus bewußt.

Zu dem, was hier zum öffentlich-rechtlichen Vortrag und zu den öffentlich-rechtlichen Hausarbeiten gesagt worden ist, darf ich mit einem Satz Stellung nehmen: Der Referendar und der Student sind bestrebt, den Prüfungsstoff möglichst auf ein Minimum zu beschränken. Das ist ihr gutes Recht. Und im selben Moment, wo ich die Wahlmöglichkeit lasse, eine öffentlich-rechtliche Hausarbeit oder einen öffentlich-rechtlichen Aktenvortrag zu wählen, wird nur der das öffentliche Recht wählen, der sich in erster Linie damit befaßt und beschäftigt hat. Ich kann aber nicht erwarten, daß nun jeder sagt: Jetzt bin ich leider in den Klausuren vorwiegend nur im Zivil- und Strafrecht geprüft worden; ich will daher unbedingt einen öffentlich-rechtlichen Aktenvortrag. Damit können wir nicht rechnen. Es kommt aber darauf an, und das habe ich auch nun wohl in meinen Ausführungen bereits dargelegt, daß jeder Jurist durch diese Verwaltungsausbildung gehen soll, nicht nur der künftige Verwaltungsjurist.

Die Parität zwischen Justiz und Verwaltung ist freilich in keinem Lande völlig hergestellt. Man kann also nicht fordern, daß nun genau so viel Vorbereitungsdienst bei der Verwaltung abzuleisten ist wie bei den Gerichten. Insoweit wollte ich mich durchaus, wenn ich von Parität sprach, mit der Parität etwa der bayerischen Ausbildungsordnung begnügen.

Zu den vorgetragenen Zahlen ist folgendes zu bemerken: Ich kann mich für die Juristenzahlen nicht voll verbürgen, weil wir sicheres Zahlenmaterial noch nicht haben. Aber die Zahlen, die ich Ihnen für die einzelnen juristischen Berufe vorgetragen habe, sind durch eine fernmündliche Rückfrage beim Statistischen Bundesamt in Wiesbaden in etwa gedeckt und sind sicher annähernd richtig.

Ich möchte Herrn Professor *Bachof* zustimmen, daß der Einwand, die Rechtsanwaltsstation wäre nun auch so eine Station, die man noch der Verwaltung zurechnen könnte, nicht stichhaltig ist. Gerade für den Anwalt ist es sehr wichtig, daß er in der Verwaltung ausgebildet wird. Es ist nämlich gerade der typische Anwalt, wie man ihn immer wieder erlebt, in der Verwaltung ziemlich hilflos. Wer einmal in einem Verwaltungsverfahren einen nur justizrechtlich ausgebildeten Anwalt erlebt hat, wird das nur bestätigen können. Man muß ihm im Grunde genommen immer wieder die Verfahrensregeln überhaupt erst vortragen, damit er dann in etwa seine Mandantschaft sachgerecht beraten kann. Ich habe das doch in der Praxis immer wieder erlebt. In Bayern z. B. ist ein Abhilfeverfahren vor jeden Schadenersatzprozeß gegen den Fiskus vorgeschaltet. Es war ein Trauerspiel, die Rechtsanwälte bei diesen Abhilfeverfahren zu erleben. Ich möchte also gerade aus der eigenen Erfahrung heraus der These widersprechen, daß die normale Anwaltsstation der Verwaltung zuzurechnen wäre.

Ich stehe ferner auf dem Standpunkt, daß für unser Anliegen die verwaltungsgerichtliche Ausbildung nicht das Entscheidende ist. Hier möchte ich Herrn *Bachof* völlig zustimmen. Daß sich die Verwaltungskunst schwer „lernen" läßt, daß man diese Dinge kaum prüfen kann, ist klar. Aber mein Anliegen ging doch dahin, nun wenigstens in der Prüfung den Versuch zu machen, die Kandidaten mit diesen Problemen zu konfrontieren. Um also hier ein Beispiel zu nennen: Wir versuchen an dieser Hochschule seit Semestern Verwaltungsplanspiele durchzuführen. Das Interesse der Referendare ist zum Teil nur gering. Warum? Weil sie mit Recht sagen, so werden wir ja nicht geprüft. Wir müssen ein verwaltungsgerichtliches Urteil fertigen. Was interessiert uns daher das Durchspielen etwa des Katastrophenschutzfalles aus Hamburg oder das Problem der Errichtung einer Stadt, z. B. das Problem Sennestadt, dem wir so viel Zeit und Arbeit gewidmet haben. Das ist also vom einzelnen Dozenten her nicht zu lösen. Ich habe z. B. vor, im nächsten Sommersemester das Projekt Sylvensteinspeicher durchzuspielen. Aber man kann nur dann damit rechnen, daß die Referendare diesen Dingen auch folgen, wenn sie in etwa für sie prüfungsinteressant sind.

Die Position, die Herr Regierungspräsident Dr. *Fellner* für den Verwaltungsjuristen gezeichnet hat, ist sehr zutreffend. Einerseits die subtile Rechtsordnung, andererseits das Zurückdrängen der Verwaltung in ihren Befugnissen. Nun noch ein Wort zum Thema Verwaltungslehre. Es war nicht gedacht, als ein Nebenprodukt dieses Referats, den Aufriß einer Verwaltungslehre zu entwickeln. Ich wäre sehr glücklich, wenn ich ein System der Verwaltungslehre hätte. Ich würde keinesfalls auch nur eine Stunde damit zurückhalten. Aber wir haben so etwas nicht. Ich selbst wollte Ihnen ja nur eine kurze Gliederung, wie ich mir die Dinge vorstelle, geben. Ich weiß, je mehr man eine Verwaltungslehre in Richtung der bisher üblichen Rechtsdogmatik ausgestalten würde, um so unvollkommener würde ein solches System. Aber wir haben leider keine Verwaltungslehre, und ich fürchte, daß wir sie in den nächsten Jahren auch noch nicht bekommen.

Herr Ministerialdirektor Dr. *Geib*, mit dem mich ja viele Monate gemeinsamer Arbeit in der Ausbildungskommission verbinden, hat mir aus der Seele gesprochen. Er hat volle Gleichwertigkeit zwischen Justiz und Verwaltung in der Ausbildung gefordert. Das ist vielleicht noch schärfer. Es kommt nämlich nicht so sehr auf die Monate der Dienstleistung, sondern in erster Linie auf die Gleichwertigkeit an.

Was zum Massenproblem vorgetragen worden ist, kann ich nur unterstreichen. Das sind Dinge, die, wie Herr Präsident *Kohleiß* mit Recht sagte, von der Justizverwaltung bzw. von der zuständigen Personalstelle her notfalls mit Gewalt gelöst werden müssen.

Die Trennung der Fragenkomplexe, die Herr Kollege *Zeidler* vornahm, möchte ich nur unterstreichen. Ich bin auch der Meinung, daß in der Ausbildung im öffentlichen Recht sich hier einiges ohne weiteres ergibt, wenn jetzt die Vermehrung der öffentlich-rechtlichen Lehrstühle zum Tragen kommt. Das hat sich bis jetzt in keiner Weise in der Prüfung ausgewirkt. Daß aber 50 % des Prüfungszeitraumes für den Verwaltungsprozeß aufgewendet werden, das ist wohl doch nur örtlich richtig. Aber es ist Herrn *Zeidler* darin zuzustimmen, daß das Verwaltungsprozeßrecht nicht das A und O der verwaltungsrechtlichen Ausbildung und nicht der Hauptgegenstand der Verwaltungsprüfung in der 2. juristischen Staatsprüfung sein kann.

Ich bin aber doch etwas optimistischer. Ich bin durchaus der Meinung, daß auch bei dem derzeitigen Stand der Dinge ein Teil der Mängel sich beseitigen läßt; vor allem, wenn man ungeniert die Dinge einmal anspricht und sich überlegt — und das sollen ja die künftigen Referate und die Diskussionen zu diesen Referaten noch ermöglichen —, wie hier Abhilfe geschaffen werden kann. Viel ist schon gewonnen, wenn es gelingt, die Referendarmassierungen in den Großstädten und in den Universitätsstädten aufzulösen. Das wäre schon die erste Stufe eines Fortschritts. Wenn Herr Kollege *Ule* sagt, im Grunde genommen wäre meine Darstellung für den ehemals preußischen Raum noch zu optimistisch, so möchte ich dem nicht widersprechen.

Herr Ministerialrat *Terstegen* hat kritisiert, daß das einführende Referat etwas zu weit geraten sei. Aber ich wollte ganz bewußt nicht nur eine Synopse bieten, sondern auch selbst Stellung nehmen. Auf der anderen Seite wurde mir wieder entgegengehalten, die Mängel der Verwaltungsausbildung und ihre Methode wären zu kurz gekommen. Ich bin nun der Meinung, es sollte mit diesem ersten Referat überhaupt erst eine Diskussionsgrundlage geschaffen werden; und das ist wohl insoweit gelungen, als wir die Probleme angesprochen haben.

Herr Präsident *Kohleiß* hat m. E. mit Recht das Überfüllungsproblem als *das* Problem angesprochen. Ich habe vom Art. 12 GG her keine Bedenken, die Referendare hinauszuschicken an die kleinen Bezirksregierungen und an die kleinen Kreisverwaltungsbehörden, wo sie intensiver ausgebildet werden. Nichts ist der Ausbildung in der Verwaltung abträglicher als die Massierung von vielen Referendaren. Ich bin überzeugt, daß die Mängel der Verwaltungsausbildung gerade auch von den Personalabteilungen unserer Innenministerien ernstlich bekämpft werden. Zu den Besonderheiten der öffentlich-rechtlichen Prüfungspraxis in Baden-Württemberg möchte ich nur folgendes bemerken. Ich habe von Anfang an den Standpunkt vertreten, in der ersten juristischen Staatsprüfung ist Baden-Württemberg bestimmt das die Verwaltung am meisten berücksichtigende Land. Wenn ich mich auf den Standpunkt gestellt habe, Prüfungsgegenstand soll nicht nur das verwaltungsgerichtliche Urteil, sondern auch ein Bescheid der Verwaltung sein, so denke ich etwa an einen großen gewerberechtlichen Bescheid mit vielen Beteiligten oder an ein baurechtliches oder wasserrechtliches Verfahren, wo nun der einzelne Referendar mit Verwaltungsproblemen, die eine Gestaltung erfordern, konfrontiert wird. Er soll nicht lediglich post festum feststellen müssen, ist das, was die Verwaltung gemacht hat, rechtens. Ich bin durchaus der Meinung, daß derartige Akten für die Prüfung geeignet sind, und ich kann aus meiner eigenen Erfahrung bestätigen, daß man durchaus in solchen Dingen geprüft werden kann. U. U. stellt die Anfertigung eines solchen Bescheids mehr Anforderungen an den Kandidaten als ein verwaltungsgerichtliches Urteil. Die Vorstellung, es gäbe wenige geeignete Akten, ist nur bedingt richtig. Man möge nur suchen. In Bayern, wo dies bereits praktiziert wird, ist bisher der Anfall an geeigneten Prüfungsfällen aus dem öffentlichen Recht keineswegs gering. Die Anforderungen konnten bisher mühelos erfüllt werden.

Zur Abgrenzung des Privatrechts vom öffentlichen Recht wäre folgendes zu sagen: Ich meinte mit öffentlichem Recht das ius publicum, quod ad statum rei Romanae spectat, also das öffentliche Recht im eigentlichen, engeren Sinne. Es ist keine hinreichende Prüfung im öffentlichen Recht, wenn zwei Staatshaftungsfälle geprüft werden und dann noch gefragt wird: „Sind Sie für die Wiedereinführung der Todesstrafe?" Ein besonderer Mißbrauch ist es, wenn man schließlich die Prüfung im Strafrecht und im Prozeßrecht als öffentlich-rechtliche Prüfung wertet. Da wird dann ernstlich die Gleichwertigkeit, die ich eben für die Ausbildung und Prüfung gefordert habe, in Frage gestellt. Ich glaube, daß auch bei dieser Tagung einiger Raum bleibt, um Detailfragen, die jetzt bereits angeschnitten wurden, noch zu diskutieren, um Lösungsversuche, die wir hier erwägen, hinauszutragen ins Land und sie Wirklichkeit werden zu lassen. Es sind hier in unserem Kreise auch viele Arbeitsgemeinschaftsleiter, so daß gerade durch diese Tagung der Forderung, man möge doch die Arbeitsgemeinschaftsleiter einmal vorbereiten, entsprochen wird.

Die Tagung soll einen Anfang darstellen, ein Gespräch, eine Diskussion zu diesem Thema ermöglichen und vor allem die Frage beantworten, wie steht es um Verwaltungsausbildung und Prüfung in den einzelnen Ländern? Ich habe darum auch das Referat von Anfang an in Form einer Synopse aufgebaut. In Nord und Süd der Bundesrepublik sind die Ausbildungsvoraussetzungen und die Prüfungserfordernisse verschieden. Aber gerade aus den Gesprächen um diese Verschiedenheit, aus den Gesprächen um die Möglichkeiten, die für die Ausbildung des Juristen in der Verwaltung überhaupt gegeben sind, aus der Erkenntnis, wie die Verwaltungsausbildung verschiedenenorts praktiziert wird, aus diesem Gespräch allein verspreche ich mir schon einen positiven Ansatz. Und ich wünsche nur, daß mit den Spezialreferaten, mit denen die Tagung fortgesetzt wird, diese Dinge hinreichend und fruchtbar zum Tragen kommen.

Die juristische Arbeitsgemeinschaft in der Verwaltungsausbildung

Von Hubert Pestenhofer

I. Problemstellung

In den Gesprächen und Abhandlungen über die Ausbildung des Juristen kommt der Darstellung, Kritik und Reform des Vorbereitungsdienstes besonderes Gewicht zu. Die Dauer des Vorbereitungsdienstes beträgt in allen Bundesländern und Westberlin regelmäßig $3^1/_2$ Jahre. Seine Gliederung in Ausbildungsstationen ist aber in den einzelnen Ländern unterschiedlich geregelt. Dies gilt insbesondere für die Verwaltungsstation[1]. Neben den Fragen des Aufbaues ist vor allem die Methode der Ausbildung im Vorbereitungsdienst Gegenstand lebhafter Diskussionen.

Die Kritik richtet sich dagegen, daß der Vorbereitungsdienst zu theoretisch geworden sei und die praktische Ausbildung zu wenig betont werde. Ein Beweis dafür, daß eine Verschulung des Vorbereitungsdienstes vor sich gehe, sei die wachsende Bedeutung, die den Arbeitsgemeinschaften der Referendare zukomme. In dem Maße, als den Arbeitsgemeinschaften eine entscheidende Bedeutung beigemessen werde, beginne der Vorbereitungsdienst Züge einer zweiten Rechtsschule anzunehmen. Es bestehe die Gefahr, daß sich die Arbeitsgemeinschaften immer mehr zum Mittelpunkt der Ausbildung entwickeln würden[2]. Eine Überbetonung der Arbeitsgemeinschaften verfälsche aber den Charakter des Vorbereitungsdienstes, der eine Einführung in die Praxis, nicht aber eine Fortsetzung des Universitätsstudiums sein sollte[3]. Im übrigen lasse die Qualität der Arbeitsgemeinschaften gerade in der öffentlichen Verwaltung teilweise zu wünschen übrig[4]. Schließlich wird auch die Meinung vertreten, eine eigene Arbeitsgemeinschaft in der Verwaltungsstation sei überflüssig[5].

---

[1] Vgl. die Zusammenstellung in: Die Ausbildung der deutschen Juristen, Darstellung, Kritik und Reform, Tübingen 1960, S. 97; vgl. ferner § 5 Abs. 3 Nr. 2 und 3 Deutsches Richtergesetz v. 8. 9. 1961 BGBl. I S. 1665 und die hierdurch notwendig gewordenen Änderungen der Ausbildungsordnungen der Länder.

[2] Vgl. Die Ausbildung der deutschen Juristen, S. 221, 248, 277.

[3] *Neeße*, Gedanken über die Ausbildung für den höheren Verwaltungsdienst, NDBZ 1961 S. 169.

[4] E. *Becker* in *Loschelder-Rößler*, Ausbildung und Auslese der Beamten, S. 66.

[5] Vgl. *Durbo*, Stellungnahme eines Richters zur Denkschrift, JuS 1961 S. 171.

Die Reformvorschläge laufen darauf hinaus, die Referendararbeitsgemeinschaften dort in ihrer Bedeutung zurückzudrängen, wo sie schon im Zentrum der Ausbildung stehen[6]. Einrichtungen, die auf eine betont theoretische Fortbildung der Referendare abzielten, sollen beseitigt werden. Im Gegensatz zum theoretischen Studium an der Universität müsse die Ausbildungsmethode im Vorbereitungsdienst praktisch sein. In den Arbeitsgemeinschaften dürften keine Vorlesungen gehalten werden, der Unterricht sollte nicht einseitig auf die große Staatsprüfung ausgerichtet werden und damit den Charakter einer repetitormäßigen Examensvorbereitung annehmen[7].

Im Hinblick auf diese Gedanken wird im folgenden die Stellung der Referendararbeitsgemeinschaft in der Verwaltungsausbildung untersucht. Da der Vorbereitungsdienst in der Verwaltung und insbesondere die während dieses Ausbildungsabschnittes eingerichteten Arbeitsgemeinschaften in den einzelnen Bundesländern zum Teil erhebliche Unterschiede voneinander aufweisen, soll in den folgenden Ausführungen im wesentlichen von der juristischen Ausbildung in Bayern ausgegangen und auf meine mehrjährige Erfahrung als Arbeitsgemeinschaftsleiter an der Regierung von Oberbayern zurückgegriffen werden.

II. Aufgabe der Arbeitsgemeinschaft in der Verwaltungsausbildung

Die Aufgabe der Arbeitsgemeinschaft in der Verwaltungsausbildung ergibt sich aus dem Zweck des Vorbereitungsdienstes. Nach der Bayer. Ausbildungs- und Prüfungsordnung für den höheren Justiz- und Verwaltungsdienst (JuVAPO) vom 21. 6. 1957 ist es das Ziel des Vorbereitungsdienstes, den Rechtsreferendar mit den Aufgaben der Rechtspflege und der Verwaltung vertraut zu machen und ihn zur selbständigen späteren beruflichen Tätigkeit zu befähigen[8]. Der Assessor, der die 2. jur. Staatsprüfung abgelegt hat, soll also in der Lage sein, ebenso wie in der Justiz, so auch in der Verwaltung eine verantwortliche Position einzunehmen. Ein zusätzlicher Vorbildungsweg nach der Assessorprüfung für den höheren Verwaltungsdienst ist nicht vorgesehen und nach der Gestaltung des Vorbereitungsdienstes in Bayern auch nicht nötig[9]. Damit ist dem Vorbereitungsdienst eine sehr große Aufgabe gestellt. Um sie bewältigen zu können, müssen alle mit der

[6] Vgl. Die Ausbildung der deutschen Juristen, S. 319.
[7] Vgl. *Neeße*, a. a. O., S. 169.
[8] § 29 JuVAPO.
[9] Über die Notwendigkeit eines zweiten Vorbildungsweges vgl. *Loschelder-Rößler*, a. a. O., S. 22; *Hoke*, Zur Ausbildung für den höheren Verwaltungsdienst, DVBl. 1962 S. 428.

Ausbildung betrauten Stellen harmonisch zusammenarbeiten. Dies gilt insbesondere für das Zusammenwirken der höheren Verwaltungsbeamten und Verwaltungsrichter, denen die Referendare an der Behörde oder dem Verwaltungsgericht zugeteilt sind, und den Arbeitsgemeinschaftsleitern[10]. Eine Aufgabenteilung etwa dergestalt, daß dem Verwaltungsjuristen, dem der Referendar an der Behörde oder dem Gericht anvertraut ist, nur die praktische Ausbildung, dem Arbeitsgemeinschaftsleiter aber die wissenschaftliche Fortbildung obliegt, gibt es nicht. Aufgabe aller mit der Durchführung des Vorbereitungsdienstes betrauten Stellen ist es, den Referendar praktisch und wissenschaftlich auszubilden[11].

Sicher wird die Ausbildung im Vorbereitungsdienst insofern überwiegend praktisch sein, als der Referendar durch die Tätigkeit an Behörden und Verwaltungsgerichten eine unmittelbare Anschauung von der Verwaltungswirklichkeit erhält. Aber auch der wissenschaftlichen Fortbildung des Referendars während des Vorbereitungsdienstes kommt wesentliche Bedeutung zu, da der Referendar — wie noch zu zeigen sein wird — gerade im Verwaltungsrecht in der Regel nicht das Maß an theoretischen Kenntnissen von der Universität mitbringt, das er sich auf dem Gebiet des Zivil- und Strafrechts während des Studiums angeeignet hat. Schließlich darf nicht übersehen werden, daß auch der schon längere Zeit in der Praxis tätige Verwaltungsbeamte oder Richter stets bemüht sein wird, seine wissenschaftlichen Kenntnisse zu erweitern und aufzufrischen. Die Ausbildung des Referendars kann daher bei klarer Betonung der praktischen Ausbildung nicht nur darin bestehen, eine gründliche Vorstellung von der Praxis zu geben, sondern muß auch dazu beitragen, das theoretische Wissen des Referendars zu erweitern. Der Zweck des Vorbereitungsdienstes spiegelt sich schließlich wider in den Anforderungen, die an den Referendar in der 2. jur. Staatsprüfung gestellt werden. Durch diese Prüfung soll festgestellt werden, ob dem Referendar auf Grund seiner fachlichen und allgemeinen Kenntnisse, seines praktischen Geschickes und des Gesamtbildes seiner Persönlichkeit die Fähigkeit zum Richteramt und zum höheren Verwaltungsdienst zuzusprechen ist[12].

Bei der Frage nach dem Zweck des Vorbereitungsdienstes darf ein wesentlicher Ausbildungsgrundsatz nicht unerwähnt bleiben. Es ist dies der Grundsatz der Eigenverantwortung des Referendars. Ihm selbst bleibt es letztlich überlassen, wie er sich auf die 2. jur. Staatsprüfung und sein Berufsziel vorbereitet. Die in den Ausbildungseinrichtungen

---

[10] Vgl. *Less*, Zur Ausbildung der Referendare in der Verwaltung, DÖV 1959 S. 332. Hiernach darf die Arbeitsgemeinschaft keine von der prakt. Ausbildung isolierte Einrichtung sein.

[11] § 29 JuVAPO.

[12] § 42 JuVAPO.

des Staates gegebenen Anleitungen und Anregungen können nur dann fruchtbar sein, wenn sie durch eigenes, eingehendes Studium vertieft und erweitert werden.

Hiernach lassen sich die Aufgaben der Arbeitsgemeinschaft in der Verwaltungsausbildung, aus dem Zweck des Vorbereitungsdienstes abgeleitet, zusammenfassend wie folgt skizzieren: Die Arbeitsgemeinschaft soll in Ergänzung zur Ausbildung bei den übrigen Ausbildungsstellen dem Referendar die Gelegenheit bieten, in die Eigenart und Vielfältigkeit der Verwaltungstätigkeit Einblick zu gewinnen, die Unterschiede zwischen Justiz und Verwaltung verstehen zu lernen und die verwaltungsrechtlichen Kenntnisse zu erweitern. Schließlich sollte die Arbeitsgemeinschaft dazu beitragen, im Referendar eine innere Einstellung zu wecken, die ihn veranlaßt, sich später mit Freude dem öffentlichen Recht zu widmen.

III. Themenstellung in der Arbeitsgemeinschaft

Die Themenstellung in der Arbeitsgemeinschaft wird weitgehend davon bestimmt, daß diese als Ergänzung zur Ausbildung des Referendars an der Verwaltungsbehörde und dem Verwaltungsgericht gedacht ist. Der Unterrichtsstoff richtet sich daher nach dem Aufbau des Vorbereitungsdienstes innerhalb der Verwaltungsstation.

Der Referendar ist während des Vorbereitungsdienstes bei der öffentlichen Verwaltung in Bayern 11 Monate bei Verwaltungsbehörden, 5 Monate bei einem Verwaltungsgericht und 2 Monate bei einem Arbeitsgericht oder einer vom Arbeitsministerium für geeignet erklärten Stelle tätig. Von den 11 Monaten bei den Verwaltungsbehörden ist er 4 Monate bei einer Kreisverwaltungsbehörde, 2 Monate bei einer Finanzbehörde und in der Regel 5 Monate bei einer Regierung beschäftigt[13].

Große Bedeutung kommt der Ausbildung bei der Kreisverwaltungsbehörde zu. Bei dieser Behörde sieht der Referendar, wie die Verwaltung unmittelbar dem Staatsbürger gegenübertritt. Im persönlichen Umgang mit Bürgermeistern, Bauwerbern, Sozialhilfeempfängern, Technikern, Vertretern der Wirtschaft und der Parteien erkennt er das weite Feld, das dem Verwaltungsbeamten im Rahmen der Rechtsordnung durch soziologische, wirtschaftliche, technische und politische Gesichtspunkte abgesteckt ist. Der Referendar soll sehen, daß der juristische Staatsbeamte oder Rechtsrat, der sich mit diesen Kräften unmittelbar auseinanderzusetzen hat, neben fundierten Rechtskennt-

---

[13] § 30 Abs. 2 JuVAPO in der Fassung der Änderungsverordnung v. 7. 8. 1962, GVBl. S. 221.

nissen ein großes Maß an Verwaltungsgeschick braucht. Er kann miterleben, welch umfangreiche Verhandlungen mit den verschiedensten Trägern des Soziallebens geführt werden, bevor das Verhandlungsergebnis in eine juristische Form, den Verwaltungsakt oder den Rechtssatz gebracht wird[14]. Die besondere Eignung der Kreisverwaltungsbehörde für die Ausbildung ergibt sich daraus, daß hier Organisation und Geschäftsgang der Verwaltung noch verhältnismäßig leicht überschaubar sind. Es ist daher verständlich, daß vor allem an Landratsämtern von Landkreisen bis zu etwa 70 000 Einwohnern im allgemeinen gute Ausbildungserfolge erzielt werden[15]. Bemerkenswert ist, daß sich in der letzten Zeit auch Großstädte in verstärktem Maße darum bemühen, den Referendaren während der Ausbildung bei der Stadtverwaltung einen Überblick über Geschäftsgang und Organisation zu geben und sie mit typischen Verwaltungsaufgaben in Berührung zu bringen[16]. Als förderlich für die Ausbildung erweist es sich stets, den Referendar nicht etwa einer Vielzahl von Referaten, sondern nur den für die Kreisverwaltungsbehörde charakteristischen Sachgebieten, wie Kommunalverwaltung, Kommunalaufsicht, Bau- und Sicherheitsverwaltung, zuzuteilen. Dabei ist es durchaus von Nutzen, wenn der Referendar unter der Ausbildungsleitung eines Verwaltungsjuristen zeitweise im Dienstzimmer eines gehobenen Beamten sitzt und dort mitarbeitet. Nur so bekommt er ein eingehendes Bild von der Verwaltungspraxis, die doch zu einem großen Teil von diesen Beamten bewältigt wird. Er sieht auch, daß bei Anwendung von verwaltungsrechtlichen Normen die Arbeit des Verwaltungsjuristen erst dort einsetzt, wo es um die Auslegung einer Norm geht, deren Inhalt aus dem Wortlaut zweifelsfrei nicht erkennbar ist[17]. Unzweckmäßig ist es, den Referendar bei der Kreisverwaltungsbehörde nur mit Aktenstudium zu beschäftigen. Eine bildhafte Vorstellung von der charakteristischen Tätigkeit der Verwaltung im Vergleich zur Justiz bekommt er nur, wenn ihm Gelegenheit geboten wird, an einer Gemeindebesichtigung, einer Kreistags- oder Stadtratssitzung, an der Gründung eines Wasserverbandes oder an den Verhandlungen über einen Schulhausbau teilzunehmen. Er kann dann erkennen, daß der Verwaltungsbeamte die Anregung zu aktiver gestaltender Tätigkeit meist nicht aus einem Gesetz, sondern aus den Forderungen des täglichen Lebens bekommt.

Um sich einen Einblick in die Tätigkeit einer Kreisverwaltungsbehörde zu verschaffen, ist es erforderlich, daß sich der Referendar zwei- bis dreimal in der Woche halbtags bei seinem Ausbildungsleiter oder

---

14 Vgl. *Forsthoff*, Lehrbuch des Verwaltungsrechts, 8. Aufl., S. 463.
15 Vgl. Die Ausbildung des deutschen Juristen, S. 314.
16 Vgl. Verfügung der Stadt München v. 10. 2. 1962.
17 Vgl. *Thieme*, Rechtsstudium oder Verwaltungsstudium?, DÖV 1962 S. 522.

dem Referatsleiter, dem er zugeteilt ist, einfindet. Die Pflicht, die Dienststunden der Behörde einzuhalten, würde mit dem eingangs herausgestellten Grundsatz, wonach die Vorbereitung der Eigenverantwortung des einzelnen Referendars überlassen bleibt, kaum zu vereinbaren sein[18].

Ergänzend neben diese nur in Umrissen angedeutete Ausbildung an den Kreisverwaltungsbehörden tritt für die an der Unterstufe der Verwaltung tätigen Referendare die Arbeitsgemeinschaft, die für den Regierungsbezirk Oberbayern am Regierungssitz eingerichtet ist[19]. Die Themenstellung in dieser Arbeitsgemeinschaft ist damit von selbst vorgezeichnet. Sie umfaßt vor allem die Darstellung der Organisation und des Aufbaus der Verwaltung und des allgemeinen Verwaltungsrechts. Aus dem umfangreichen Gebiet des besonderen Verwaltungsrechts werden das Kommunal-, Sicherheits-, Bau- und Siedlungsrecht behandelt. Mit Interesse wird von den Referendaren im Rahmen des Kommunalrechtes stets die Betonung des Haushaltsrechtes aufgenommen. Gerade die Besprechung dieser Themen bietet Gelegenheit, auf die Problemstellung einer Verwaltungslehre hinzuweisen. Der Referendar soll das Ineinandergreifen der einzelnen Räder des großen Verwaltungsapparates erkennen. Hierfür aber ist ein Einblick in die Fragen der Erschließung und Handhabung der finanziellen und sachlichen Mittel der öffentlichen Verwaltung unerläßlich[20]. Es wird deshalb in diesem Zusammenhang auch nicht versäumt, den Referendar auf das zwar sehr unübersichtliche, in der Praxis aber doch so wichtige Gebiet des Zuschußwesens hinzuweisen.

Nach dem Eintritt in den 2. Ausbildungsabschnitt im Rahmen des Vorbereitungsdienstes in der öffentlichen Verwaltung, der neben der 2monatigen Ausbildung beim Finanzamt vor allem die 5monatige Tätigkeit bei der Regierung umfaßt, wird sich der Referendar entsprechend dem Aufgabenbereich des Regierungsreferenten, dem er zugeteilt ist, weitgehend mit der rechtlichen Überprüfung der Verwaltungstätigkeit der untergeordneten Behörden befassen. Er hat Gelegenheit, das Widerspruchsverfahren kennzulernen und an Hand praktischer Fälle vor allem seine Kenntnisse auf dem Gebiet des besonderen Verwaltungsrechts zu vertiefen. Die Ausbildung durch den Regierungsreferenten leidet insbesondere in den Großstädten häufig unter dem großen Andrang bei den Regierungen. In der Mittelstufe der Verwaltung konzentrieren sich all diejenigen Referendare, die bisher auf die Kreisverwal-

---

[18] Vgl. Ziff. XIII der Bekanntmachung über den Vorbereitungsdienst der Rechtsreferendare im Bereich der Justizverwaltung, BayBS VJu I S. 172.

[19] Vgl. Nr. 37 der Durchführungsbestimmungen zur JuVAPO GVBl. 1957 S. 228.

[20] Vgl. *Thieme*, a. a. O., S. 525.

tungsbehörden des Regierungsbezirkes verteilt waren. So treffen z. B. auf 20 Referenten an der Regierung von Oberbayern durchschnittlich etwa 110 Referendare. Es ist verständlich, daß unter diesen Umständen der einzelne Referent bei der Belastung durch sein Referat für die Betreuung aller ihm zugeteilten Referendare nicht die Zeit aufwenden kann, die für eine erfolgreiche Ausbildung wünschenswert wäre. Es soll auch nicht verschwiegen werden, daß gerade in diesem Punkte häufig die Kritik der Referendare einsetzt. Um diesen Mangel z. T. auszugleichen, kommt den Arbeitsgemeinschaften, die für die der Regierung zugeteilten Referendare eingerichtet sind, besondere Bedeutung zu. Entsprechend der Tätigkeit des Referendars beim Regierungsreferenten ergeben sich die Unterrichtsthemen für diese Arbeitsgemeinschaften vor allem aus dem allgemeinen Verwaltungsverfahrensrecht und dem besonderen Verwaltungsrecht. Die Rechtsgrundlagen des Widerspruchsverfahrens, die Grundzüge des Bezirks-, Enteignungs-, Wasser-, Sozialhilfe- und Jugendrechtes werden in diesen Arbeitsgemeinschaften behandelt. Auch das öffentliche Abgabenrecht findet Beachtung, soweit es nicht in besonderen Finanzkursen berücksichtigt wird. Einen breiten Raum nimmt die Erarbeitung des Staats- und Verfassungsrechts ein.

Während der 5monatigen Ausbildung am Verwaltungsgericht schließlich befassen sich die dort eingerichteten Arbeitsgemeinschaften in Ergänzung zur Tätigkeit des Referendars in den Kammern in erster Linie mit dem Verwaltungsprozeßrecht. Aufbauend auf die Kenntnisse des Referendars im Zivilprozeßrecht werden in diesen Arbeitsgemeinschaften die Besonderheiten des Verwaltungsprozeßrechtes herausgestellt und der Aufbau der verwaltungsgerichtlichen Entscheidung behandelt. Daneben ist vorgesehen, daß der Arbeitsgemeinschaftsleiter entsprechend seinem Auftrag, die verwaltungsrechtlichen Kenntnisse des Referendars zu erweitern, das Beamten-, Schul-, Gewerbe- und Wegerecht vorträgt.

Nach dieser Darstellung der Themen in den Arbeitsgemeinschaften im Rahmen der Verwaltungsausbildung muß ausdrücklich betont werden, daß diese schwerpunktartige Stoffverteilung nicht immer eingehalten werden kann und den Arbeitsgemeinschaftsleiter auch keineswegs starr bindet. Selbstverständlich wird er dann, wenn ein aktuelles Geschehen, eine Frage oder ein Diskussionsbeitrag eines Referendars dazu Anlaß geben, von dieser Einteilung abweichen. Sie hat den Vorteil, daß dem Referendar die Möglichkeit gegeben wird, sich durch eigenes Studium auf die zu behandelnden Rechtsgebiete vorzubereiten. Darüber hinaus soll sie in den einzelnen aufeinanderfolgenden Arbeitsgemeinschaften eine gewisse Gewähr dafür bieten, daß der Referendar nicht stetigen Wiederholungen ausgesetzt ist.

IV. Arbeitsmethode in der Arbeitsgemeinschaft

Die Arbeitsmethode in den Arbeitsgemeinschaften bei der öffentlichen Verwaltung wird weitgehend bestimmt durch den Ausbildungsstand des Referendars, der nach Abschluß der 20-monatigen Ausbildung bei der Justiz in die Ausbildung bei der öffentlichen Verwaltung eintritt.

Die Tätigkeit bei Zivil- und Strafgerichten und die Mitarbeit bei der Staatsanwaltschaft haben dem Referendar Gelegenheit gegeben, das juristische Denken zu schulen, die juristische Methode anzuwenden, seine Kenntnisse auf dem Gebiet des Zivil-, Straf- und Prozeßrechts zu erweitern. Der Referendar bringt also Fähigkeiten und Kenntnisse mit, die auch für den späteren Verwaltungsjuristen unerläßlich sind. Von jeher war das Privatrecht die Rechtsmaterie, an der sich die Kunst der Rechtsanwendung am besten üben läßt[21]. Wenngleich der Gedanke nicht von der Hand zu weisen ist, daß die juristische Technik auch durch die Beschäftigung mit dem öffentlichen Recht erworben werden könnte, seitdem dieses Rechtsgebiet eine ausgebildete Literatur und Judikatur besitzt[22], erscheint es doch zweckmäßiger, diese grundlegende juristische Schulung im Vorbereitungsdienst bei der Justiz fortzuführen, um so in der Verwaltungsstation die auf die Verwaltungspraxis ausgerichtete Ausbildung in den Vordergrund stellen zu können.

Der Wert gründlicher Kenntnisse auf dem Gebiet des Zivil- und Strafrechtes für den Verwaltungsjuristen ergibt sich aus den vielfältigen Wechselbeziehungen zwischen Justiz und Verwaltung. Nur beispielhaft seien angedeutet die Anwendung des Zivilrechts in der Leistungsverwaltung, das Zusammenwirken von Richter und Verwaltungsbeamten auf dem Gebiete des Sicherheits-, Straßenverkehrs- oder Jugendrechts, das Ineinandergreifen von Verwaltung und Justiz bei der Abwicklung von Entschädigungsansprüchen gegen die öffentliche Hand.

Den auf diese Weise durch die Justiz vorgebildeten Referendar gilt es auch im Rahmen der Arbeitsgemeinschaft mit den Aufgaben und der Tätigkeit der Verwaltung vertraut zu machen. Wesentlich ist für ihn die Erkenntnis, daß auch für die Verwaltung das Recht Grundlage und nicht bloß Schranke des Handelns ist[23]. Auch der Verwaltungsjurist hat den ihm vorliegenden Sachverhalt unter rechtlichen, und zwar verwaltungsrechtlichen Gesichtspunkten zu prüfen[24]. Um aber den verwaltungsrechtlichen Sachverhalt richtig beurteilen zu können, muß der Referendar die wesentlichen Rechtsgrundlagen der Verwaltung

---

[21] *Schnur*, Zur Ausbildung für den höheren Verwaltungsdienst, ZBR 1961 S. 331.

[22] *Hoke*, a. a. O., S. 430.

[23] *Schnur*, a. a. O., S. 331.

[24] Vgl. *Ule*, Anleitung zum Lösen öffentlich-rechtlicher Fälle, JuS 1961 S. 190 f.

gründlich kennen und die in diesen Normen niedergelegten Wesenszüge der Verwaltung erfaßt haben. Die Vermittlung dieser Kenntnisse wird erschwert durch die immer stärkere Ausdehnung des öffentlichen Rechts. Der vom Juristen zu bewältigende Stoff erfährt ja gerade vom öffentlichen Recht her seine Ausdehnung[25]. Man denke nur an das zunehmende Gewicht der Leistungsverwaltung neben der Eingriffsverwaltung. Nahezu täglich kommt der Staatsbürger im Rahmen der sich ausdehnenden Daseinsvorsorge mit der öffentlichen Verwaltung in Berührung. Die normative und wissenschaftliche Durchdringung dieses Gebietes der Verwaltung gewinnt immer mehr an Bedeutung[26]. Allein diese Ausdehnung macht es notwendig, den künftigen Juristen, ganz gleich, wo er später wirken sollte, Verständnis für die Verwaltung und eingehende Kenntnisse des öffentlichen Rechtes schon in der Ausbildung zu vermitteln. Eine bloße Überschau über die Verwaltung, eine „erste Einführung in die Tätigkeit des Verwaltens"[27] kann im Hinblick auf die Bedeutung des öffentlichen Rechtes nicht genügen. Dem Arbeitsgemeinschaftsleiter bieten sich verschiedene Wege an, dem Referendar diese Kenntnisse und Einsichten zu vermitteln. Zwei dieser Wege sind der systematische Vortrag und die Aufsichtsarbeit.

Die Notwendigkeit der systematischen Darstellung der Kerngebiete der öffentlichen Verwaltung ergibt sich vor allem aus der Tatsache, daß den Referendaren, wenn sie ihre Ausbildung in der Verwaltungsstation beginnen, im allgemeinen der Überblick über das vielfältige Gebiet der Verwaltung fehlt. Ein Mangel, der weitgehend daher rührt, daß an den Universitäten häufig das Schwergewicht des Studiums noch auf dem Zivil- und Strafrecht liegt[28]. Der Student beschäftigt sich in der Regel mehr mit diesen Rechtsgebieten als mit dem öffentlichen Recht. Er ist darüber hinaus vom Zivil- und Strafrecht her an das Arbeiten mit Kodifikationen gewöhnt, die seit Jahrzehnten festgefügt sind und deren Verständnis durch zahlreiche Erläuterungswerke erleichtert ist. Anders dagegen in der öffentlichen Verwaltung. Hauptgebiete wie etwa das Bau- und Planungsrecht, das Wasserrecht, das Recht der Sozialhilfe, das Straßen- und Wegerecht oder das Verwaltungsvollstreckungsrecht haben eine teilweise völlige Neuordnung erfahren. Das Angebot an Lehrbüchern und Kommentaren, in denen diese grundlegenden Neuerungen verarbeitet sind, ist deshalb wesentlich geringer als vergleichsweise das im Privat- oder Strafrecht.

---

[25] *Thieme*, Juristenausbildung, Verwaltungsausbildung und öffentl. Recht, DÖV 1961 S. 291.

[26] Vgl. *Forsthoff*, a. a. O., S. 320 ff.

[27] Die Ausbildung des deutschen Juristen, S. 224; vgl. auch *Grabendorff*, Der verleugnete Verwaltungsjurist, ZBR 1961 S. 235.

[28] Vgl. *Hoke*, a. a. O., S. 427.

Die Ausbildung an den Verwaltungsbehörden und Verwaltungsgerichten, insbesondere an der leichter überschaubaren Kreisverwaltungsbehörde, bietet dem Referendar zwar die Möglichkeit, sich diesen fehlenden Überblick allmählich zu erarbeiten. Da er aber jeweils an einzelnen, manchmal für die Verwaltungsbehörde noch dazu nicht typischen Sachverhalten arbeitet, wird er sich häufig nur ein spezielles, vielleicht am Rande liegendes Wissen aneignen. Hinzu kommt, daß der Referendar bei der Kürze der Ausbildungszeit an einer Behörde in vielen Fällen den vollständigen Ablauf der verwaltungsrechtlichen Behandlung eines von ihm mitbearbeiteten Lebensvorganges nicht sieht.

Hier nun setzt die Aufgabe des Arbeitsgemeinschaftsleiters ein. Er hat zu ergänzen, zu verbinden und zu vertiefen. Das durch Mitarbeit bei der Verwaltungsbehörde oder beim Verwaltungsgericht erworbene Einzelwissen fügt er in das System des entsprechenden Rechtsgebietes, in den Gesamtaufbau der öffentlichen Verwaltung ein. Seine Aufgabe ist es, Teile zu einem Ganzen zu verschmelzen. Um dieser Aufgabe im Verwaltungsrecht gerecht zu werden, ist die systematische Darstellung der Rechtsgebiete, deren Behandlung mit der Tätigkeit des Referendars an Behörden und Verwaltungsgerichten in organischem Zusammenhang steht, ein geeignetes Hilfsmittel[29]. Diese Darstellung zielt darauf ab, das Verständnis der Grundzüge der einzelnen Rechtsgebiete zu wecken, nicht aber darauf, ein möglichst großes Einzelwissen zu vermitteln. Dabei werden die geschichtlichen Grundlagen nicht außer acht gelassen. So geben die Erörterungen des Begriffes der Gemeinde als ursprüngliche Gebietskörperschaft oder die Behandlung der Gemeindenutzungsrechte Anlaß, den historischen Wurzeln nachzuspüren. Die Notwendigkeit, sich auf die Darstellung der Wesenszüge zu beschränken, ergibt sich schon daraus, daß für die einzelnen Arbeitsgemeinschaften nur eine beschränkte Zahl von Wochenstunden, die auch noch für die Fertigung und Besprechung von Aufsichtsarbeiten ausreichen muß, zur Verfügung steht. So umfaßt der Unterricht in den Arbeitsgemeinschaften bei der Regierung von Oberbayern wöchentlich nur 2 Doppelstunden.

Die Methode der systematischen Darstellung eines Rechtsgebietes kann aber nur dann zum Erfolg führen, wenn die Anschaulichkeit gewahrt bleibt. Diese wird erreicht durch Einstreuen geeigneter kleinerer Fälle, die die Eigenart der Tätigkeit des Juristen in der Verwaltung zeigen. An solchen Fällen wird in Ergänzung zur Ausbildung an der Behörde veranschaulicht, daß der Verwaltungsjurist im Rahmen der ihn bindenden Rechtsvorschriften gehalten ist, Lebensvorgänge aus

---

[29] Vgl. *Less*, a. a. O., S. 328 f., der für die Ausbildung in der Verwaltung stärker als für die in der Justiz die Notwendigkeit der systematischen Erörterungen bejaht.

eigener Initiative zu gestalten und zu steuern[30]. So bietet z. B. die systematische Besprechung des Bundesbaugesetzes neben der Vertiefung der rechtstheoretischen Grundlagen die Möglichkeit, zu zeigen, wie ein Verwaltungsbeamter mit Geschick und Anpassungsfähigkeit in der Lage ist, von sich aus den Bau einer Straße oder einer zentralen Wasserversorgungsanlage in die Wege zu leiten. Dabei kommt dem Arbeitsgemeinschaftsleiter zugute, daß er einen Vorgang aus der Praxis zeitlich beliebig raffen kann mit der Folge, daß der Referendar dessen Gestaltung durch die Verwaltung in vollem Umfang erkennen kann. Derartige Beispiele verdeutlichen dem von der Justizausbildung kommenden Referendar, wie sich der Verwaltungsbeamte die Förderung des Allgemeinwohls zur eigenen Sache werden läßt, während der Richter eine an der Sache nicht beteiligte, neutrale Instanz ist[31]. Mit sichtlichem Interesse nehmen die Referendare stets den Hinweis auf, sich später in der Verwaltung nicht in die Rolle des Juristen abdrängen zu lassen, der lediglich die von anderen gestalteten Lebensvorgänge nach rechtlichen Gesichtspunkten korrigiert.

Die systematische Darstellung eines Rechtsgebiets wird um so anschaulicher und wirklichkeitsnäher, je mehr der Arbeitsgemeinschaftsleiter die wesentlichen Zusammenhänge zu anderen Rechtsgebieten herausstellt. Damit wird dem auszubildenden Referendar vor Augen geführt, daß er auch in der Praxis in der Regel nicht einen Fall aus einem abgeschlossenen Rechtsgebiet, sondern meist eine Reihe sich gegenseitig bedingender, miteinander verflochtener Sachverhalte aus der Sicht verschiedener Rechtsgebiete zu gestalten hat[32]. So gibt die Behandlung des Ortsplanungsrechtes Anlaß, Querverbindungen zum Kommunal-, Bau-, Wege- und Wasserrecht herzustellen. Die Besprechung der Polizeimaßnahmen im Rahmen des Sicherheitsrechts eröffnet Ausblicke auf die dem Staatsbürger eingeräumten Grundrechte, auf dessen verschiedenartige Möglichkeiten, einen Schaden gegenüber dem Hoheitsträger geltend zu machen. Bei der Erörterung der Rechtsposition des Nachbarn im Baurecht schließlich drängt sich ein Vergleich zu seiner Stellung im Gewerbe- und Wasserrecht auf. Mit dieser verbindenden und vergleichenden systematischen Methode wird dem Referendar ein Gerüst der öffentlichen Verwaltung zu geben versucht, das auszubauen seiner eigenen Verantwortung überlassen bleibt. Eine Rechtfertigung dafür, diese systematische Methode auch weiterhin anzuwenden, ergibt sich aus der interessanten Feststellung, daß sich Experimente mit einer Unterrichtsmethode, die nur vom Einzelfall ausging, nicht

---

[30] Vgl. *Geib*, Die Ausbildung des Nachwuchses für den höheren Verwaltungsdienst, AöR Bd. 80 (1955/56) S. 336; *Hoke*, a. a. O., S. 427; *Schnur*, a. a. O., S. 331.

[31] Vgl. *Forsthoff*, a. a. O., S. 5 ff.

[32] Vgl. Die Ausbildung des deutschen Juristen, S. 312.

ebenso bewährt haben. Die Referendare zogen die systematische Darstellung, veranschaulicht durch Einzelfälle, eindeutig vor.

Das Bestreben, dem Referendar in der Arbeitsgemeinschaft möglichst plastische Darstellungen zu geben, wird sicher gefördert, wenn es dem Arbeitsgemeinschaftsleiter gelingt, stets die konversatorische Methode[33] anzuwenden. Die Absicht, die Arbeitsgemeinschaft in Form des Gesprächs zu führen, kann aber dort nicht immer verwirklicht werden, wo ein starker Andrang von Referendaren die Überfüllung der Ausbildungseinrichtungen zur Folge hat. Bei einer durchschnittlichen Teilnehmerzahl von etwa 50—60 Referendaren an den Arbeitsgemeinschaften bei der Regierung von Oberbayern und beim Verwaltungsgericht München liegt es auf der Hand, daß das Wechselgespräch zurücktritt. Erfreulich ist, daß die zuständigen Stellen in jüngster Zeit bemüht sind, durch organisatorische Maßnahmen den starken Zustrom von Referendaren gerade nach München abzuschwächen. Nicht unerwähnt darf das Bestreben des Bayerischen Innenministeriums bleiben, die Arbeitsgemeinschaften zu teilen, die besonders überfüllt sind, um damit die Teilnehmerzahl in der einzelnen Arbeitsgemeinschaft zu verringern. Immerhin aber wird man auch nach Durchführung all dieser Maßnahmen weiterhin in Großstädten mit einer Überbesetzung der Ausbildungsstätten und damit auch der Arbeitsgemeinschaften zu rechnen haben. Trotz dieser Tatsache braucht jedoch auf die Diskussion nicht verzichtet zu werden. Die in die systematische Darstellung eingestreuten Fälle bieten immer wieder Gelegenheit, ein zeitlich beschränktes Wechselgespräch zuzulassen. Zu diesem Gespräch werden nicht so sehr die in jeder Arbeitsgemeinschaft sitzenden Spitzenjuristen, um deren Ausbildung man nicht besorgt zu sein braucht, als vielmehr der gute Durchschnitt angeregt, wie ja überhaupt durch klare und leicht verständliche Formulierungen und gelegentliche Wiederholungen gerade dieser Kreis von Referendaren in der Arbeitsgemeinschaft besonders angesprochen werden soll.

Neben den systematischen Darstellungen nimmt in der Arbeitsgemeinschaft die Fertigung von Klausuren einen wesentlichen Raum ein. Die Referendare in der Bearbeitung von Aufsichtsarbeiten anzuleiten und zu üben, ist ausschließlich Aufgabe der Arbeitsgemeinschaften, nicht des Verwaltungsbeamten oder Verwaltungsrichters, dem der Referendar an der Behörde oder dem Gericht zugeteilt ist. Dieser Übung in der schriftlichen Fallbehandlung kommt deshalb entscheidendes Gewicht zu, weil der schriftliche Teil der 2. jur. Staatsprüfung in Bayern nur die Fertigung von Aufsichtsarbeiten umfaßt. In der 2. Abteilung der Staatsprüfung sind vier Aufgaben aus dem Staats- und Verwaltungsrecht, je eine Arbeit aus dem Steuer- und Arbeitsrecht und eine Auf-

---

[33] Vgl. Die Ausbildung des deutschen Juristen, S. 221.

gabe aus dem Gebiet der Volkswirtschaftslehre, der Finanzwissenschaft oder des politischen Wissens zu stellen[34]. Die Arbeitszeit für eine Aufgabe beträgt 5 Stunden, für die Doppelaufgabe, die regelmäßig aus dem Verwaltungsrecht und dem Recht des verwaltungsgerichtlichen Verfahrens zu stellen ist, 8 Stunden.

Entsprechend dieser Bedeutung der Klausurarbeiten sollte in den Arbeitsgemeinschaften monatlich mindestens eine Übungsarbeit unter Examensbedingungen geschrieben werden[35]. Besonderen Lehrwert hat die Aufsichtsarbeit dann, wenn sie organisch in den systematischen Vortrag des Arbeitsgemeinschaftsleiters eingebaut ist. Daneben werden aber von Zeit zu Zeit auch Aufgaben gestellt, die sich nicht mit den für die Ausbildungsstation charakteristischen Rechtsgebieten, sondern mit abseits liegenden, dem Referendar in der Regel fremden Materien des besonderen Verwaltungsrechts befassen. Hierdurch soll dem Referendar gezeigt werden, daß es nicht so sehr auf ein perfektes verwaltungsrechtliches Wissen, als vielmehr auf die Fähigkeit ankommt, ein verwaltungsrechtliches Problem dogmatisch und rechtspolitisch richtig zu erfassen und die Lösung unter Darlegung des Für und Wider ausführlich und überzeugend zu begründen. Durch die Bearbeitung von Klausurfällen bereitet sich der Referendar nicht nur auf das bevorstehende Examen vor, er übt sich in der raschen und klaren Entscheidung verwaltungsrechtlicher Fälle, einer Fähigkeit, die vom späteren Verwaltungsbeamten als selbstverständlich vorausgesetzt wird. Die zur Bearbeitung gestellten Fälle werden nicht vom Arbeitsgemeinschaftsleiter konstruiert, sondern geben Lebensvorgänge aus der Praxis wieder. Dabei wird das Schwergewicht auf die Fertigung von Gutachten und Entscheidungen der Kreisverwaltungsbehörde oder der Regierung zu legen sein. Im Hinblick auf die Eigenart der Verwaltungsarbeit im Vergleich zur Tätigkeit des Juristen bei der Justiz ist der Entwurf von verwaltungsgerichtlichen Entscheidungen nur in geringerem Maße zu fordern.

Die Korrektur der Klausur gibt dem Arbeitsgemeinschaftsleiter wertvolle Hinweise über den Leistungsstand der Referendare. Besonders oft auftretende und hervorstechende Fehler und Mängel in den Bearbeitungen werden bei der weiteren Gestaltung der Arbeitsgemeinschaft entsprechend berücksichtigt.

Bei der Besprechung der Aufsichtsarbeit wird stets von der geschriebenen Rechtsgrundlage ausgegangen. Es könnte zu Unklarheiten füh-

---

[34] § 44 JuVAPO.

[35] Nr. 38 Abs. IV der Durchführungsbestimmungen zur JuVAPO v. 21. 6. 1957 GVBl. S. 223. Leider konnte dieser Turnus in den Arbeitsgemeinschaften bei der Regierung von Oberbayern und beim Verwaltungsgericht München wegen anderweitiger Arbeitsbelastung der Arbeitsgemeinschaftsleiter nicht immer eingehalten werden.

ren, wollte man den Referendar lehren, er müsse bei der Verwaltung lernen zu fragen „was ist zweckmäßig?“, während er bei der Justiz gelernt habe zu fragen „was ist rechtmäßig?“[36] Auch im verwaltungsrechtlichen Fall steht die Frage nach der Rechtmäßigkeit am Anfang. Sicher wird der Referendar eine deutliche Vorstellung von der Verwaltung erst dann bekommen, wenn er deren Entscheidungsfreiheit, deren Befugnis, nach Ermessen zu handeln, erkannt hat, denn erst die ermessensfreie Verwaltung ist nach *Wolff* beweglich genug, um in all den gar nicht voraussehbaren und legislativ nur grob faßbaren Lebenssituationen der Gerechtigkeit Geltung zu verschaffen[37]. Gerade für den Lernenden aber ist es von entscheidender Wichtigkeit zu wissen, daß die Frage nach der Zweckmäßigkeit, nach dem Ermessen erst dann richtig beantwortet werden kann, wenn vorher die durch Gesetz und Recht abgesteckten Grenzen dieser Freiheit zum Handeln erkannt worden sind. Durch diese Betonung der Bindung an das Gesetz wird dem in verwaltungsrechtlichen Klausuren immer wieder auftretenden Fehler vorgebeugt, wonach die dort aufgeworfenen Probleme nach „allgemeinen rechtsstaatlichen Grundsätzen“ nicht aber unter Anwendung der speziellen Rechtsgrundlage gelöst werden[38]. Die Frage „was ist rechtens?“ gibt für den öffentlich-rechtlichen Fall den richtigen Ausgangspunkt, wenn sie vom Wesen des öffentlichen Rechts ausgehend gestellt wird. Da das öffentliche Recht der Inbegriff all derjenigen Rechtssätze ist, die ausschließlich einem Träger hoheitlicher Gewalt zugeordnet sind[39], wird die Frage dahin konkretisiert, ob der Staat, die Gemeinde und eine andere Körperschaft des öffentlichen Rechtes den ihnen auferlegten Pflichten nachgekommen sind oder von den ihnen eingeräumten Rechten rechtmäßig Gebrauch gemacht haben. Eine Fragestellung also, die für den Referendar insofern neu ist, als er bisher im Zivilrecht regelmäßig nach einer Rechtsgrundlage für Ansprüche zwischen gleichgeordneten Personen, im Strafrecht nach der Tatbestands- und Rechtmäßigkeit des Handelns einer Einzelperson gefragt hat.

Ist der Ausgangspunkt richtig gewählt, macht der folgerichtige Aufbau, auf dessen Herausarbeitung in der Besprechung besonderes Gewicht gelegt wird, keine wesentlichen Schwierigkeiten mehr. Als unzweckmäßig hat es sich erwiesen, eine Besprechung in der Weise durchzuführen, daß nur die schwierigen Hauptfragen herausgegriffen und mit dem Referendar erörtert werden, während Randfragen oder Formalien unerwähnt bleiben. Der Referendar soll vielmehr nach der Besprechung einen lückenlosen, praktisch voll verwertbaren Entscheidungs-

---

[36] Vgl. Die Ausbildung des deutschen Juristen, S. 312, wo diese Fragen einander gegenübergestellt werden.

[37] Hans J. *Wolff*, Verwaltungsrecht I, 2. Aufl., S. 130.

[38] Vgl. *Ule*, a. a. O., S. 190.

[39] Vgl. Hans J. *Wolff*, a. a. O., S. 78; *Ule*, a. a. O., S. 191.

vorschlag in Händen haben. Nicht förderlich ist es, eine Besprechung zu breit, etwa über mehr als zwei Doppelstunden anzulegen. Der Referendar will in der Besprechung deutlich erkennen, daß der Arbeitsgemeinschaftsleiter folgerichtig einer Entscheidung zustrebt. Das schließt nicht aus, daß auf alle von den Bearbeitern eingeschlagenen Lösungswege eingegangen wird. Eine von der Musterlösung zwar abweichende, aber in sich logische und ausführlich begründete Lösung wird voll anerkannt. Es wird auch keineswegs dem Gespräch über einen wissenschaftlichen Theorienstreit ausgewichen. Die sorgfältige Erwähnung der verschiedenen Rechtsmeinungen und die Erörterung von Rechtstheorien dürfen aber nie auf Kosten der klaren Herausarbeitung der Rechtswirklichkeit gehen. Die Straffung im Hinblick auf das Ergebnis fördert die Erkenntnis, daß der gestaltende Jurist in der Verwaltung sich nicht nur in Rechtsbetrachtungen ergehen, sondern entschluß- und entscheidungsfreudig sein soll[40]. Nach diesen Grundsätzen gestaltet, stellt sich die Klausur als eine unentbehrliche Ergänzung zur systematischen Darstellung der Kerngebiete des öffentlichen Rechts in der Arbeitsgemeinschaft dar.

V. Schlußbetrachtung

Die bisherigen Ausführungen ließen erkennen, daß eine erfolgreiche Arbeitsgemeinschaft in der Verwaltung weitgehend von der Person des Arbeitsgemeinschaftsleiters und seiner Arbeitsmethode abhängt. Seine innere Einstellung zur Ausbildungsarbeit entscheidet weitgehend darüber, welche Resonanz er bei den Referendaren findet. Wesentlich ist dabei, daß er dem Referendar nicht in autoritärer Weise als der zensierende Lehrer gegenübertritt, sondern als der erfahrene Praktiker, der dem jüngeren Kollegen eine Anleitung gibt. Damit entsteht von selbst ein gewisses Vertrauensverhältnis, das auch den zurückhaltenden Referendar zur Mitarbeit anregt, auch wenn seine Beiträge der juristischen Exaktheit entbehren. Der persönliche Kontakt wird um so enger sein, je kleiner die Teilnehmerzahl in der Arbeitsgemeinschaft ist. Von der Gefahr einer Verschulung des Vorbereitungsdienstes könnte man wohl nur dann sprechen, wenn die Arbeitsgemeinschaften jede Fühlung mit der Praxis verlieren würden. Daß man diese Gefahr zumindest nicht verallgemeinern kann, sollten die vorstehenden Ausführungen zeigen. Der Unterricht in der Arbeitsgemeinschaft steht nicht unabhängig oder gar im Gegensatz zur Ausbildung beim Verwaltungsbeamten und Verwaltungsrichter. Die Unterrichtsthemen fügen sich organisch in den übrigen Aufbau der Verwaltungsausbildung ein. Die Unterrichtsmethode sucht selbst innerhalb der systematischen Dar-

[40] Zur mangelnden Entschlußfreudigkeit vgl. *Hoke*, a. a. O., S. 428.

stellung die Praxisnähe zu wahren. Die Aufsichtsarbeiten sind aus der täglichen Verwaltung genommene Vorgänge. Es kann nicht bezweifelt werden, daß der in den Unterrichtsraum verpflanzte Fall nicht die überzeugende Kraft der Verwaltungswirklichkeit hat, wie der mit seiner sozialen Umwelt verflochtene Sachverhalt[41]. Es würde aber wesentlich mehr Zeit in Anspruch nehmen, wenn sich der Referendar das Wissen und die Fähigkeiten, die er später als Verwaltungsbeamter braucht, allein durch die Tätigkeit an Behörden und Verwaltungsgerichten ohne Unterstützung durch die Arbeitsgemeinschaft erwerben müßte. Im Interesse des Referendars wird man daher bei der zunehmenden Ausdehnung des Rechtsstoffes auf die Arbeitsgemeinschaft als wichtiges Hilfsmittel, eine Vorstellung von der Praxis in möglichst wirklichkeitsnaher Form zu vermitteln, nicht verzichten können. Eine Gewähr dafür, daß die Arbeitsgemeinschaft mit der Praxis eng verbunden bleibt, ist nicht zuletzt die Tatsache, daß der Arbeitsgemeinschaftsleiter nur in seltenen Fällen die Lehrtätigkeit hauptamtlich ausübt. Meist ist er neben seiner Ausbildungstätigkeit noch an einer Verwaltungsbehörde oder einem Verwaltungsgericht tätig und hält somit unmittelbare Fühlung mit der Praxis.

Was die Ausrichtung der Arbeitsgemeinschaft auf das Examen anbetrifft, darf nicht übersehen werden, daß am Ende des Vorbereitungsdienstes eine Prüfung steht, die über das weitere berufliche Fortkommen des Referendars entscheidet. Solange dies der Fall ist, wird mit Recht der Vorbereitungsdienst und auch die Arbeitsgemeinschaft zwar nicht einseitig, aber doch wesentlich auf die Examensvorbereitung abgestimmt sein.

Wenn man die Gewichte zwischen der Ausbildung beim Verwaltungsbeamten und Verwaltungsrichter einerseits und der Ausbildung in der Arbeitsgemeinschaft andererseits verteilen wollte, so könnte dies dahin geschehen, daß die Bedeutung der Arbeitsgemeinschaft bei der Kreisverwaltungsbehörde wie bisher hinter der praktischen Ausbildung an dieser Behörde zurücktritt. Das Schwergewicht soll hier auf dem unmittelbaren Miterleben der Praxis liegen. Während der Ausbildung bei der Regierung und dem Verwaltungsgericht wäre eine Intensivierung des Unterrichts in der Arbeitsgemeinschaft zu erwägen. Dies könnte durch Erhöhung der für die Arbeitsgemeinschaft zur Verfügung stehenden wöchentlichen Stundenzahl erfolgen. Besonders begrüßenswert wäre diese Intensivierung dort, wo die Ausbildung beim Regierungsreferenten oder Verwaltungsrichter unter dem auch in Zukunft sicher nicht ganz zu lösenden Überfüllungsproblem leidet. Eine Erhöhung der Stundenzahl würde es ermöglichen, mehr Klausuren zu schreiben. In den Unterricht könnten ferner Kurzvorträge von

[41] Vgl. Die Ausbildung des deutschen Juristen, S. 249.

Technikern, Wirtschaftlern oder Soziologen eingebaut werden, die den Referendar mit der Denkweise anderer Berufe vertraut machen. Es bliebe mehr als bisher Zeit, das an der Behörde oder dem Verwaltungsgericht Erlebte und das in der Arbeitsgemeinschaft Gehörte durch Anschauungsmaterial, sei es durch Filme oder Besichtigungen von öffentlichen Einrichtungen oder Privatbetrieben, zu vertiefen. Auf diese Weise könnte die Arbeitsgemeinschaft in verstärktem Maße dazu beitragen, daß sich der Blick des künftigen Verwaltungsjuristen über die bloße Rechtsanwendung hinaus weitet entsprechend der Vielfalt der ihn später erwartenden Verwaltungsaufgaben.

Zusammenfassend darf gesagt werden, daß sich die Einrichtung der Arbeitsgemeinschaft in der öffentlichen Verwaltung bewährt hat. Ihre Rechtfertigung kann nicht zuletzt darin gesehen werden, daß junge Verwaltungsbeamte, die mit Geschick und Erfolg in der Verwaltung tätig sind, rückschauend gerade in der Arbeitsgemeinschaft eine unentbehrliche Ergänzung ihrer Ausbildung sehen. Das Gewicht der Arbeitsgemeinschaft wird sicher nicht abnehmen, wenn die Pläne verwirklicht werden, die auf eine Kürzung und Straffung des Vorbereitungsdienstes abzielen[42]. Die Arbeitsgemeinschaft ist ein fester Bestandteil einer vielseitigen Juristenbildung, die wohlbegründet und in langjährig bewährter Form auf die Gleichberechtigung von Justiz und Verwaltung abgestellt ist.

[42] Vgl. *Stötter*, Ist eine Verkürzung des Vorbereitungsdienstes auf weniger als 3 Jahre empfehlenswert?, JZ 1962 S. 160; *Ule*, DVBl. 1960 S. 782.

Die juristische Arbeitsgemeinschaft in der Verwaltungsausbildung (Korreferat)

Von Erwin Less

Wenn ich zu dem Thema korreferieren soll, dann darf ich zunächst davon ausgehen, daß ich nicht nur über die Funktion, den möglichen Inhalt und die Methodik der Arbeitsgemeinschaft sprechen sollte, sondern darüber hinaus als Ausbildungsleiter auch über einige Fragen, die insbesondere in dem Grundsatzrefereat des Vormittags angesprochen worden sind. Mit scheint nämlich, daß hier ein so enger Zusammenhang besteht, daß diese Fragen sich nur in dieser zusammenfassenden Form in einem Korreferat behandeln lassen.

Ich bediene mich dabei der von uns täglich den Referendaren beigebrachten Methodik, zwischen Sachverhalt (I), Tatbestand (II) und Folge (III) zu unterscheiden. Ich möchte unter dem Stichwort „Sachverhalt" einiges zu der *Situation* sagen, die wir herkömmlicherweise bei den Referendaren anzutreffen pflegen; sodann bei dem „Tatbestand" noch kurz, soweit nicht schon geschehen, auf das *Ziel des Vorbereitungsdienstes* und damit auch das der Arbeitsgemeinschaft kommen und als „Folge" einige vorwiegend in das Praktische gehende Erwägungen zur *Durchführung der Arbeitsgemeinschaft* bringen.

I. Zum „Sachverhalt"

Es scheint, daß wir, das klang auch schon heute vormittag an, in der Justiz sowohl wie in der Verwaltung gewisse Gemeinsamkeiten der Sorge um die Situation haben, die wir bei der Ausbildung der Referendare anzutreffen pflegen.

1. Ich darf an die Literatur erinnern, die etwa in den vergangenen zehn Jahren zu diesen Fragen veröffentlicht worden ist. Ich erinnere insbesondere an die Aufsätze von *Rössner*[1], *Nicken*[2], *Bauer*[3], *Bader*[4]. Sie haben sich mit der Ausbildung in der Justiz beschäftigt und auf folgende Punkte hingewiesen: es bestehe keine klare Zielsetzung für die Ausgestaltung des Vorbereitungsdienstes, es werde zu viel Wissen vermittelt, zu wenig auf die Arbeitsmethodik geachtet. Durch zu kurze, zu viele praktische Ausbildungsstellen werde die Gefahr einer Ver-

[1] JZ 1954 S. 25.
[2] NJW 1957 S. 210.
[3] JZ 1953 S. 217.
[4] JZ 1953 S. 269.

zettelung verursacht. Auch sei eine unzulängliche persönliche Betreuung des Referendars zu bemerken. *Bader* hat in der Juristenzeitung[5] sehr deutlich gesagt, der Referendar dürfe nicht länger das 5. Rad am Wagen sein, und man dürfe sich nicht mit einem „Einblick" beschränken. Das ist bei uns in der Verwaltung etwa das sogenannte „Durchlaufen" durch eine Station. Ich erinnere auch an die Erörterungen, die in den teilweise recht stark kritisierten Artikeln in „Die Zeit" von *Donau* gebracht wurden. Einmal über die Hochschulgestaltung selbst und dann auch über die Frage der praktischen Durchführung etwa der Seminare und Arbeitsgemeinschaften in „Bataillonsstärke". Herr *Pestenhofer* hat uns eben einige alarmierende Zahlen genannt.

2. *Hoke* hat sich im Deutschen Verwaltungsblatt[6] mit dem Anderssein von Verwaltung und Rechtsprechung beschäftigt. Er geht davon aus, daß zwar beide Funktionen die Anwendung von Rechtsnormen betreffen, aber doch jeweils andere Rechtsgebiete zu beachten seien, vor allen Dingen, daß bei der Verwaltung das Ermessen eine größere Rolle spiele. (Ich darf darauf später noch etwas näher eingehen, weil ich glaube, daß diese Fragen für die Ausgestaltung der Arbeitsmethodik in der Arbeitsgemeinschaft eine erhebliche Bedeutung haben.) *Hoke* meint, daß in der Rechtsprechung eine statisch-reaktive und nicht „auf die Suche nach Aufgaben gehende Funktion" vorliege, während in der Verwaltung eine dynamisch-aktive Tätigkeit im Vordergrund stehe. Er zieht daraus die Folgerung, daß der Referendar angesichts des verhältnismäßig großen Zeitraums der Tätigkeit in der Justiz gewissermaßen vorgeformt sei und daher einen „Trend" zu einer statisch-reaktiven Arbeitsweise auch in der Verwaltung aufweise; dies auch in den Gebieten, in denen es mehr auf das dynamisch aktive Gestalten ankomme.

3. Ich habe aus den Erfahrungen der letzten 14 Jahre, dabei insbesondere der letzten 5 Jahre als Ausbildungsleiter bei der Regierung Hannover, die Mängel zusammengestellt, die ich glaube selbst bemerken zu sollen. Ich teile sie in drei Gruppen auf: a) in die Mängel, die im *Wissen* bestehen; b) in Mängel, die sich bei der *Rechtsanwendung* feststellen lassen und c) in solche, die im *subjektiv-psychischen Bereich* liegen.

Zu a: In diesem Bereich des Wissens stehen nach meiner Meinung folgende Erfahrungen im Vordergrund.

a (1): Die Referendare haben eine unzureichende Vorstellung vom *Verfassungsrecht*. Das Beispiel, das heute vormittag von Art. 12 gegeben wurde, könnte zu anderen Artikeln bestätigt und erweitert werden. Man hört bei der Besprechung zwar das Schlagwort von der Ein-

---

5 a. a. O., S. 270.
6 DVBl. 1962 S. 425.

heit von Verwaltungs- und Verfassungsrecht, vielleicht auch einige allgemeine Gedanken dazu. Aber in der Praxis, etwa in einer Klausur, bemerkt man erhebliche Schwierigkeiten, konstruktiv exakt von einem polizeirechtlichen Problem über eine Frage des allgemeinen Verwaltungsrechts zum Verfassungsrecht zu kommen und diese drei Prüfungsstufen so sorgfältig aneinanderzureihen, daß eine geschlossene Struktur in der Lösung dieses Falles feststellbar ist.

a (2): Der zweite Mangel im Bereich des Wissens beruht, wie vormittags gesagt wurde, auf dem Fehlen einer *Verwaltungslehre.* Wir müssen in der Regel davon ausgehen, daß der Referendar von der Verwaltungspraxis bisher nichts gehört hat. Wir können auch nicht annehmen, daß er innerhalb von 12 Monaten in der Lage ist, sich auch nur so etwas wie ein Surrogat einer gewissen Verwaltungserfahrung anzueignen. Es ist also eine der rudimentärsten und primären Aufgaben der Verwaltung, den Referendar in die Besonderheit der Verwaltung einzuführen. Wenn wir uns in der Arbeitsgemeinschaft darauf beschränken würden, ihm ein Instrumentarium verwaltungsrechtlicher Begriffe sowohl des allgemeinen wie des besonderen Verwaltungsrechts zu bieten, ihm aber nichts über die Verwaltung selbst sagen, dann haben wir damit, glaube ich, unsere Aufgabe der Information verfehlt.

Zu b: Wir können von dem Referendar keine exakten Ermessenentscheidungen oder Entscheidungen einer Abwägung, einer erweiterten Subsumtion verlangen, wenn wir ihm nicht eine genügende Anschaulichkeit von dem Sein und Funktionieren der Verwaltung vermitteln. Er ist von der Justiz her gewöhnt, einen ihm präsentierten Sachverhalt mit einem meist konkreten Tatbestand zu vergleichen und die Rechtsfolge daraus zu ziehen, also zu subsumieren. Die Normen sind in der Regel in ihren einzelnen Tatbestandsmerkmalen konkret subsumierbar, so daß man bei einer korrekten geistesmethodischen Arbeit im „Abstreichverfahren“ diesen Tatbestand exakt feststellen und die Rechtsfolge ziehen kann.

b (1): In der Verwaltung begegnet der Referendar nun einer ganz anderen Art der *Subsumtionsmethodik.* Hier hat er zum Beispiel die Frage zu entscheiden, ob jemand, der als Fahrlehrer zugelassen werden soll, geeignet oder persönlich zuverlässig ist. Er weiß, was ein Fahrlehrer, was eine Fahrschule ist; das wäre also noch Subsumtion. Aber was hier Eignung und Zuverlässigkeit sind, das ist ihm in seinem vom BGB bekannten Begriffssystem noch nicht in dieser Weise begegnet. Er muß jetzt den Gedanken des Gesetzgebers weiterdenken und den normierten Allgemeinmaßstab auf den Einzelfall, auf die Einzelsituationen hin konkretisieren. Es ist der Bereich der unbestimmten Gesetzesbegriffe, der sich in zahlreiche Gruppen zerlegen läßt und gerade deshalb eine spezifische Arbeitsmethodik erfordert.

b (2): Eine andere Gruppe, die für die Verwaltungstätigkeit typisch ist, nenne ich den *Abwägungsbereich.* Der Jurist hat abzuwägen, ob die Benutzungsgenehmigung für einen bewirtschafteten Raum zu versagen ist, weil das öffentliche Interesse an der Verwirklichung des Wohnraumbewirtschaftungsgesetzes, also an der Beseitigung der Wohnraumnot, das private Interesse überwiegt. Hier besteht die Gefahr eines gedanklichen Abgleitens in den Ermessensbereich. Statt einer exakt subsumtiven Feststellung, was hier das öffentliche, was das private Interesse ist, und welches der beiden nach dem Ergebnis des Abwägungsvorgangs überwiegt, wird hier die Subsumtionsstufe, wie sie unter anderen Voraussetzungen vom BGB her auch bekannt ist, übersprungen. Statt dessen liest man oft eine lediglich allgemein gehaltene Begründung. Zum Beispiel: die Benutzungsgenehmigung müsse versagt werden, da in diesem Bereich noch eine sehr große Wohnraumnot herrsche. Das ist dann die ganze Begründung etwa eines Widerspruchsbescheids. Exakt hätte der Bearbeiter konstruieren müssen: in der Gemeinde sind 350 Wohnungssuchende, davon 120 Fälle besonders dringlich, von ihnen 4 Fälle, die sich herausheben, und unter diesen wiederum ein Fall, bei dem drei Kinder an Hilusdrüsen-Tbc erkrankt sind. An diesem Fall besteht ein besonderes öffentliches Interesse, und deshalb muß dies hier dem Privatinteresse vorangestellt werden. Das wäre ein Abwägungsvorgang, wie er in der Verwaltung nicht selten vorkommt.

b (3): Eine weitere arbeitssystematische Schwierigkeit ist das *Ermessen.* Gibt man einen Fall, in dem seine Ausübung im einzelnen begründet werden soll, dann zeigt sich, daß nur eine relativ vage Vorstellung besteht. Der Bearbeiter ist sich oft nicht klar darüber, daß Ermessen an sich nur das Finden eines Maßstabes zur Verwirklichung der Rechtslage ist, und daß diesem Auffinden des Maßstabes zunächst einmal ein Subsumtionsvorgang *vorausgehen* muß, nämlich die Erkenntnis der Rechtslage. Er hat zu überlegen, ob er zum Beispiel die Zweckentfremdungsgenehmigung für einen Wohnraum gibt. Nun prüft er nicht, ob hier überhaupt ein Fall von Zweckentfremdung vorliegt, ob hier bewirtschafteter Wohnraum betroffen ist, sondern er erwägt gleich, ob er die Genehmigung geben kann oder nicht. Hier wird die Konstruktion unklar, denn der Bearbeiter macht den Fehler, eine erst später zu findende Entscheidungssitution vorwegzunehmen. Wer von Ihnen polizeirechtliche Klausuren schreiben läßt, wird diese Schwierigkeiten immer wieder feststellen. Ich komme danach zu dem Ergebnis, daß der Referendar mangels hinreichender Anschauung von der konkreten Funktion der Verwaltung innerhalb des einzelnen Arbeitsgebietes besondere Mühe hat, diese arbeitsmethodischen Stufen sorgfältig auseinanderzuhalten und in ein konstruktiv beherrschtes System zu bringen. Ihm das nahezubringen wäre vor allem Aufgabe einer Verwaltungslehre.

Sie hätte bei dem Thema Verwaltung und Gesetzgebung die polare Stellung der Verwaltung dem Gesetzgeber gegenüber deutlich zu machen, daß also auf der einen Seite die Verwaltung z. B. Polizeiverordnungen erlassen kann und auf der anderen in den verschiedensten Graduierungen an das Gesetz gebunden ist. Bei dem Thema Verwaltung und Rechtsprechung wäre herauszuarbeiten, daß kein Gegensatz zwischen Justiz und Verwaltung in wesentlichen Teilen der Arbeitsmethodik besteht. Ich glaube, es ist nicht entscheidend, das wurde hier heute auch schon angedeutet, ob man zwischen öffentlichem Recht und privatem Recht unterscheidet, denn die Grenzen sind manchmal durchaus nicht so eindeutig zu ziehen. Wohl aber kommt es darauf an, dem Referendar klarzumachen, daß er die präzise Subsumtionstechnik, die er aus dem Zivilrecht kennt, in alle Teile des Verwaltens übertragen muß, in denen er konkret normierte und damit subsumierbare Vorschriften hat; daß er im übrigen dort, wo der Abwägungsraum beginnt, oder im Raum der unbestimmten Begriffe sowie dem des Ermessens in die andere ihm vorgegebene Ebene zu gehen hat, in die des allgemeinen Verwaltungs- und des Verfassungsrechts. Hier berühren sich die beiden Themen Verwaltung — Verfassung, Verwaltung — Gesetzgebung in einer eminenten Weise. Man wird versuchen müssen, diese Fülle von Material, die auf den Referendar einstürmt, arbeitsmethodisch verwendbar zu gestalten, um ihn dazu anzuregen, rechtsstaatlich exakt im Einzelfall zu konstruieren.

b (4): Bei den Mängeln in der Rechtsanwendung scheint mir auch die *Unklarheit im Stil* hervorhebenswert. Ob Gutachten- oder Entscheidungsstil geboten ist, wird nach meinen Erfahrungen in etwa 30 bis 40 % der Fälle nicht genügend beachtet. Insbesondere wird der Umfang der rechtlichen Untersuchung, der durch den Gutachtenauftrag gegeben ist, dadurch abgekürzt, daß der Referendar in den Entscheidungsstil verfällt, hier also einen gedanklichen „Knick" einführt und damit den Gedankenstil seiner Untersuchung verfälscht.

Er fragt zunächst richtig: „es ist zu prüfen, ob hier der und der Tatbestand vorliegt, —". Nun fährt er aber fort: „Dieser Tatbestand ist hier nicht erfüllt, denn..." Und da ist ein Knick. Jetzt fängt die Arbeit an, ein ganz anderes Gesicht zu bekommen. Sie ist häufig rechtlich unvollständig.

Zu c: Ich darf zum subjektiv-psychischen Bereich etwas zwanglos einzelne Typen hervorheben, Arbeitstypen.

c (1): Da ist der „Sammlertyp", also der Referendar, der vorwiegend rezeptiv veranlagt ist, der sich alles Mögliche aufschreibt, alles Mögliche liest, auch manchmal eine Menge von Entscheidungen kennt, aber einen Gesamtüberblick sich nicht verschafft hat oder auch nicht verschaffen konnte. Bei ihm fallen die Arbeiten unterschiedlich aus, je nachdem, ob ein ihm bekanntes Gebiet betroffen ist oder nicht.

c (2): Ferner der „verfrühte Spezialist", der zum Beispiel auf dem Gebiete des Verfassungsrechts promoviert und jetzt jede polizeirechtliche Klausur mit Verfassungsrecht lösen will.

c (3): Der sogenannte „Praktiker" — ich möchte das Wort hier mit einem negativen Akzent verwenden — geht durch die Wissensgebiete wie ein Spaziergänger hindurch und verläßt sich lieber auf sein Rechtsgefühl. Er weiß genau, wie er entscheiden muß. Aber wie er zu begründen hat, ist dann eine Frage, die er nicht so ganz überzeugend zu beantworten vermag.

c (4): Sein Widerpart, der „Theoretiker", kommt beispielsweise bei einer Ermessensentscheidung vor lauter theoretischen Erwägungen nicht zu klarer und zügiger Gedankenfolge und häufig dadurch auch nicht zu einer einsehbaren und auf die praktischen Notwendigkeiten abgestellten Entscheidung. Eine Begleiterscheinung ist dabei häufig die Unkenntnis der Formalien und der bürotechnischen Notwendigkeiten. Dieser Mangel könnte, glaube ich, durch eine verstärkte Betonung dessen, was wir als Verwaltungslehre heute angesprochen haben, gemildert werden.

c (5): Der „Positivist" zeigt eine deutliche Neigung zum Anklammern an eine Vorschrift. Es fehlt ein souveränes Beherrschen des Stoffs. Mangels Überblicks über den Gesamtbereich sucht dieser Typus nach der einzelnen Vorschrift, die in Betracht kommen könnte. Er klammert sich an sie bis zur extensiven Handhabung. Findet er die entsprechende Vorschrift nicht, bedient er sich der Gesetzes- oder Rechtsanalogie oder auch nur ähnlicher Arten der Gedankenführung im Sinne von Rechtsergänzungsmitteln. So entsteht unter Umständen eine absolute Fehlentscheidung, die nur verständlich wird, wenn man dem subjektiven Gedankengang nachspürt, der letztlich ein Versuch ist, den Mangel an geistiger Selbständigkeit und Entscheidungskraft sowie rechtlicher Übersicht mit Hilfe vermeintlich hier anwendbarer Rechtsanwendungstechniken zu überbrücken.

c (6): Im subjektiv-psychischen Bereich glaube ich häufig auch eine gewisse Unsicherheit beobachtet zu haben, wenn der Referendar in einem Referat, in einem Kurzvortrag vor die Korona treten muß, um hier, der Kritik aller ausgesetzt, eine eigene Leistung darzulegen. Solche Feststellungen sollten Anlaß sein, dem Übungsmoment eine erhöhte Bedeutung beizumessen.

4. Bei der Situationsschilderung bleiben auch die Methoden der Ausbilder zu erwähnen. Ich habe mir gerade vor einigen Tagen aus einer Zeitung, in der für Lehrlinge geworben wurde, eine Überschrift herausgeschrieben „Lehre ist Berufserfahrung aus erster Hand". Ich frage mich manchmal, ob diese Berufserfahrung aus erster Hand bei uns in

der Verwaltung in vollem Umfang gewährleistet ist. Einmal glaube ich, daß wir noch zu stark an den Intellekt appellieren, daß wir nicht genügend die Intelligenz ansprechen, die den Referendar in die Lage versetzt, sich ein Gesamtbild, eine Überschau zu verschaffen und auf diese Weise auch eine mehr oder weniger souveräne Arbeitsmethodik anzueignen. Wir veranlassen den Referendar durch den Appell an den Intellekt, sich möglichst viel Wissen zu verschaffen. Wir sind oft auch in den Arbeitsgemeinschaften in Gefahr, diese Anforderung an das Wissen in den Vordergrund zu stellen, während es an sich nur der Ausgangspunkt für die weitere und wesentliche Arbeit sein sollte.

II. Das Ziel der Ausbildung als „Tatbestand"

1. Das Leitbild des Juristen, das in dem Gutachten des Vereins für die Juristenausbildung hervorgehoben wird, bietet ein gewisses Ziel der Erörterungen: Rechtskenntnisse, Zusammenhänge, juristisches Denken, Bildung, Charakter, Entschlußkraft, Sprache.

2. Unter Verzicht auf thematisch geschlossene Behandlung glaube ich der Kürze der Zeit wegen nur einige in der Praxis gemachte Beobachtungen wiedergeben zu sollen. Ich meine beobachtet zu haben, daß ein nicht unerheblicher Teil der Referendare weniger auf die *Verarbeitung* des Wissens sieht, damit also auf die Beherrschung eines in sich aufgespeicherten geordneten Wissens; er verläßt sich vielmehr darauf, Wissen mnemotechnisch zu sammeln und dadurch einen gewissen materiellen Fundus von Kenntnissen anzuhäufen. Das führt dann zu den Zufälligkeiten, die bei den Klausuren immer wieder festzustellen sind. Man beobachtet ganz merkwürdige Leistungsunterschiede. Hier handelt es sich für den Referendar bei einem Mißerfolg um ein Gebiet, daß er nicht näher kennt; ihm fehlt aber auch die Arbeitsmethodik, um es ad hoc für den einzelnen Fall zu erschließen. Deshalb müßte man, scheint es mir, in den Arbeitsgemeinschaften die Vermittlung von Grundlagenwissen, wie es Herr *Pestenhofer* eben andeutete, nicht unterlassen, aber das dürfte nicht das eigentliche Ziel einer solchen Arbeitsgemeinschaft sein.

3. Der Umfang dessen, was wir vielleicht als *Bildungseffekt* in den Arbeitsgemeinschaften bezeichnen könnten, ist naturgemäß begrenzt. Ich glaube aber, einiges könnte man mit Sicherheit in den Arbeitsgemeinschaften erreichen: zum Beispiel den Referendar vor der nicht selten anzutreffenden Geistesmethodik zu bewahren, die ich abgekürzt als „Schwarz-weiß-Malerei" bezeichne. Ein Entweder-oder-Denken, ein Denken in These oder Antithese, ohne einen Mittelweg zu finden, um eine auch den praktischen Anforderungen und sozialen Bedürfnissen entsprechende billige Lösung in Form einer Verwaltungsmaßnahme

zu finden. Diese Haltung erklärt sich aus der Tatsache, daß der Referendar in seinem bisherigen Ausbildungsweg naturgemäß in erster Linie mit Subsumtionsaufgaben befaßt ist, während er nun in der Verwaltung zur Verwirklichung ihres Sozialgestaltungsauftrages über die Subsumtion hinaus auch „kombinieren", einen mittleren Weg finden, zwischen öffentlichem und privatem Interesse abwägen, zwischen mehreren Rechtsverwirklichungsmitteln „ermessen" muß. Das aber erfordert über Rechts- und Gesetzeskenntnis hinaus auch eine cultura animi, die bei der Verwendung der arbeitsmethodischen Mittel eine Rolle spielt und deshalb in der Arbeitsgemeinschaft nicht außer acht gelassen werden darf. Bei den Klausuren als einer ganz speziellen subjektiven Leistung des Referendars tritt das sehr deutlich in Erscheinung, vor allem wenn man nicht eine einzelne Arbeit nimmt, sondern mindestens ein halbes Dutzend von Arbeiten des Referendars in ihrer Entwicklung verfolgt.

4. Ein weiteres Ziel der Arbeitsgemeinschaft scheint mir in der *persönlichen Betreuung* zu liegen. Die Gefahr, die heute zum Teil besteht, ist die Größe der Arbeitsgemeinschaft, denn 40 oder 50 Teilnehmer einer Arbeitsgemeinschaft machen es auch dem aktivsten und wendigsten Arbeitsgemeinschaftsleiter schwer, hier noch ein Gespräch zustande zu bringen. Wir haben in der Regel Arbeitsgemeinschaften nicht über 25; soweit die Zahl sich vergrößert, kommt der Betreffende in eine andere Arbeitsgemeinschaft. Ich glaube allerdings, daß nicht die Größe allein das Entscheidende ist, sondern die subjektive Vorstellung des Arbeitsgemeinschaftsleiters, was er in dieser Arbeitsgemeinschaft bei den Referendaren erreichen will.

5. Ich darf dazu noch einmal ganz kurz meine Ausgangspunkte hervorheben: Ich bin der Meinung, Wissen muß in einer Mindestquantität vermittelt werden. An zweiter Stelle steht der Gesichtspunkt der Arbeitsmethodik und an dritter dann die persönliche Betreuung.

III. Folgerungen

1. Im dritten Teil meines Korreferats lege ich die von mir gezogenen praktischen Folgerungen dar. Auf das Wissen, auf die Vermittlung des Wissens können wir, und ich bin völlig der Meinung von Herrn *Pestenhofer*, nicht verzichten, weil der Referendar im Durchschnittserscheinungsbild nur mit einem begrenzten Ausmaß an praktikablem Wissen bei der Verwaltung anfängt. Es ist nun schwierig, in einer begrenzten Zeit sich auch das Ziel zu setzen, in einer *thematischen Geschlossenheit Wissen* zu vermitteln. Wir haben uns deshalb in Hannover Arbeitsmaterial geschaffen. Das dauerte 4 Jahre. Wir haben über jedes wesentliche Gebiet des allgemeinen und besonderen Verwaltungsrechts ein

Scriptum, das der Referendar 8 oder 14 Tage vor der Arbeitsgemeinschaft ausgehändigt erhält und durcharbeiten muß, damit eine gleichmäßige Sprache in der Arbeitsgemeinschaft ermöglicht wird. Ich prüfe das Durcharbeiten dieses Scriptums in fast schulmäßiger Weise nach, indem ich zunächst einen in das Gebiet einschlagenden Fall bespreche und hier reihum oder auch ganz unsystematisch frage, damit keiner sich drücken kann, an der Diskussion teilzunehmen. Das ist zwar etwas schulmäßig, aber ich glaube, es läßt sich nicht ganz vermeiden, da die Bereitwilligkeit, sich an solchen Diskussionen zu beteiligen, immer nur auf einen relativ begrenzten Kreis der Teilnehmer beschränkt ist. Diese Erörterung oder Vermittlung des Wissens in einer systematischen Form kann im öffentlichen Recht und in der Ausbildung in der Verwaltung nicht entbehrt werden, weil die thematische Geschlossenheit, die uns im Privatrecht vorgegeben ist, im öffentlichen Recht nicht besteht. Das ist vereinfacht gesehen. Ich glaube dennoch davon ausgehen zu müssen, daß wir bei dem Referendar im Privatrecht eine relativ geschlossene Gesamtvorstellung vorfinden, während das im öffentlichen Recht nicht der Fall ist. Dies sowohl wegen der besonderen Natur des öffentlichen Rechts wie auch wohl wegen der Besonderheiten in der Information auf den Universitäten, die zu einem geschlossenen Bild des öffentlichen Rechts offensichtlich nicht führt. Wenn wir nun die arbeitspraktische Seite der Verwaltung in den Vordergrund stellen, versuchen wir auf einem verhältnismäßig unsicheren Fundament ein Gebäude zu errichten, dessen Stabilität mir doch recht zweifelhaft erscheint. Es ist also notwendig, die Sicherung einer verwaltungsrechtlichen Arbeitsmethodik mit einer Stabilisierung, Wiederholung und Vertiefung der öffentlich-rechtlichen Grundlagenkenntnisse zu verbinden. Das bringt eine gewisse Gefahr der Verschulung. Diese Verschulungsgefahr wird besonders deutlich, wenn der Arbeitsgemeinschaftsleiter in der Weise vorgeht, daß er einzelne Referendare über ganze Stoffgebiete referieren läßt. Ich habe das bei dem Sammeln dieses Stoffes zu den erwähnten Scripten selbst festgestellt. Auf diese Weise ist ein wirksames Vermitteln des Wissens nicht möglich. Spätestens nach etwa einer Viertelstunde, und bei entsprechender Ungeschicklichkeit des Vortragenden noch früher, schaltet der Zuhörer ab, und dann ist der ganze Vormittag verloren. Es ist also notwendig, hier in anderer Weise zu verfahren.

Wir sind daher zu dem Ergebnis gekommen, sogenannte *Kurzvorträge* einzuführen, d. h. nicht im deduktiven, sondern im induktiven Wege in der Weise vorzugehen, daß zwei Referendare, vielleicht je nach Stoffgebiet und Umfang drei, an einem Vormittag (9.45 bis 12.30 Uhr) besonders markante praktische Fälle vorzutragen haben; Fälle aus der Rechtsprechung, aus der jüngsten Rechtsprechung möglichst, die geeignet sind, einen Problemkreis abzustecken. Bei der Besprechung des Themas „Verwaltungsakt“ bringt zum Beispiel der erste

Kurzvortrag einen Fall zur Abgrenzung des Verwaltungsakts vom sonstigen Verwaltungshandeln. Der zweite Vortrag einen solchen Fall zur Trennung des Verwaltungsakts vom öffentlich-rechtlichen Vertrag oder über den rechtlich möglichen oder unmöglichen Inhalt eines Verwaltungsaktes. Der letzte Vortrag betrifft vielleicht den Begriff der Rechtskraft, des Rechtsbestandes eines Verwaltungsakts oder ähnliches, so daß man durch drei Entscheidungen ein verhältnismäßig weites Gebiet angesprochen hat. Die Zwischenräume wie Nebenbestimmungen, Auflagen, Bedingungen, kann man durch Fragen, durch kleine eingestreute Fälle und Versionen des vorgetragenen Hauptfalles im Wege der Diskussion besprechen. Diese Methode hat sich als nützlich erwiesen und hat bei den Referendaren auch, ich mache das jetzt seit etwa einem Jahr, einen recht lebhaften Anklang gefunden.

Damit wird noch der Nebenzweck angestrebt. *Der Referendar muß vortragen,* und zwar grundsätzlich während der Ausbildung dreimal. Der Auftrag ist immer derselbe: Vortrag eines praktischen Falles, an den eine Kritik des Urteils nach Aufbau und Inhalt anzuschließen ist. Der Vortragende soll nicht bloß etwas referieren, was er in einer Zeitschrift gelesen hat, sondern er soll selbst dazu Stellung nehmen. Dabei besteht die Möglichkeit, daß er zahlreiche andere Entscheidungen lesen muß, ehe er diese Entscheidung kritisieren kann. Der Referendar muß drei Kurzvorträge in rhetorischer Steigerung halten, bei dem ersten darf er ein Manuskript benutzen, beim zweiten nur eine Gliederung haben, die nicht mehr als ein Dutzend Worte enthalten darf, und den dritten Vortrag muß er frei halten. Ein Steigerungsmoment in der Übung, das auch von den Referendaren dankbar anerkannt wird, zumal wir das in einer sehr kollegialen Form machen: Sämtliche Teilnehmer der Arbeitsgemeinschaft sind Prüfungsmitglieder, die jetzt zu kritisieren haben. Das geschieht naturgemäß in schonungsvoller Form. Das weniger Schonungsvolle muß ich dann als Arbeitsgemeinschaftsleiter dazu beitragen. Das ist ja auch meine Aufgabe. Auf diese Weise ist es auch möglich, den Referendar recht gut in seiner Persönlichkeit kennenzulernen. Es gibt Referendare, die relativ bald eine gewisse Unsicherheit, Befangenheit, Unklarheit, Schwierigkeit in der Formulierung ablegen. Anderen gelingt das nicht, sie bleiben beispielsweise schon bei dem Gliederungsvortrag ziemlich stecken und können nichts Klares von sich geben.

2. Mit das wichtigste Arbeitsmittel in der Arbeitsgemeinschaft ist die *Klausur.* Ich bin der Meinung von Herrn *Pestenhofer,* daß nicht genug Klausuren geschrieben werden können. Wir schreiben in Hannover in jeder 6. Woche eine Klausur, d. h. jeder Referendar muß in 12 Monaten 6 Klausuren geschrieben haben. Wenn er will, kann er in einer anderen Arbeitsgemeinschaft noch eine oder zwei weitere mitschreiben. Hat er die Mindestzahl nicht erreicht, schicke ich ihn in eine andere Arbeits-

gemeinschaft, wo er die noch fehlenden Klausuren nachholen muß. In einem Fall fühlte sich ein Referendar permanent krank, wenn er Klausuren schreiben mußte. Der arme Herr mußte dann drei Wochen hintereinander Klausuren schreiben, d. h. dreimal zwei = sechs Klausuren. Das war sicherlich hart, aber es war auch eine gute Schule. ich hatte ein größeres Beurteilungsmaterial, und der Referendar hatte Material zur Feststellung, daß es sinnlos war, sich auf diese Weise vor dem Kriterium der Klausur zu drücken. So etwas spricht sich herum und wirkt.

3. Bei der Bestimmung der *Ausgleichsfunktion der Arbeitsgemeinschaft* in der Vermittlung oder Vertiefung des Wissens bedarf es auch einer Klärung des Verhältnisses der Arbeitsgemeinschaft zu den praktischen Ausbildungsstellen. Ich glaube, die Ergänzungsfunktion, die die Arbeitsgemeinschaft hat, ist im grundsätzlichen mit dieser Formulierung angedeutet. Die Arbeitsgemeinschaft darf auf keinen Fall ein Eigenleben innerhalb des Vorbereitungsdienstes führen. Sie muß in engster Verbindung mit der praktischen Verwaltung bleiben. Soweit die Arbeitsgemeinschaft nebenamtlich geleitet und bestritten wird, wird das im Regelfall kein besonderes Problem sein; es sei denn, das Problem liege darin, daß in der Arbeitsgemeinschaft, die z. B. der Polizeidezernent leitet, vorwiegend Polizeirecht besprochen wird, in der des Wirtschaftsdezernenten vorwiegend wirtschaftsrechtliche Probleme behandelt werden. Es könnte also sein, daß das Stoffgebiet nicht genügend ausgeschöpft wird; aber das wird sich korrigieren lassen. Eine größere Gefahr besteht in der Regel dort, wo der Ausbildungsleiter hauptamtlich tätig ist. Das ist beispielsweise bei mir seit 5 Jahren der Fall. Ich versuche dieser Gefahr dadurch zu begegnen, daß ich ein System eingeführt habe, mir aus sämtlichen Dezernaten des Hauses Arbeitsmaterial beschaffen zu lassen. Ich habe also die bei der Justiz vorhandenen sogenannten „Hennecke-Zettel“ dazu verwendet, mir die Vorgänge aufschreiben zu lassen, die die Referendare in den einzelnen praktischen Ausbildungsstellen bearbeiten. Die Entwürfe sind beurteilt, ich habe also gleichzeitig durch diese Arbeitsübersicht einen Maßstab, ob der Dezernent sich bei der Zusammenstellung seiner Stations-Beurteilung ein fundiertes Bild gemacht oder ob er mehr nach gutem Glauben geurteilt hat. Der Hauptzweck ist aber, mir Material aus den einzelnen Arbeitsgebieten zur Verfügung zu stellen. Ich habe zwei oder drei Referendare bei mir als Ausbildungsleiter, die mir aus allen Dezernaten des Hauses diese in den Arbeitsnachweisen benannten praktischen Fälle vortragen. Ich wähle dann die Fälle aus, die für die Arbeitsgemeinschaft geeignet sind. So kommen wir an das praktische Arbeitsmaterial heran, das sowohl für Kurzvorträge, Examensvortragsübungen wie für Klausuren verwendet wird. Damit schafft man einen Fundus an praktischem Material, das man nach etwa einem Jahr wieder verwenden kann. Ich bin also nicht nur darauf angewiesen, theoretische Fälle zu

nehmen. Außerdem wird durch einen solchen Nachweis erreicht, daß sich der Dezernent mit dem Referendar vielleicht etwas mehr beschäftigt, als das sonst der Fall wäre. Es ist hier heute schon auf die Gefahr hingewiesen worden, daß der Dezernent, der Oberkreisdirektor, der Stadtdirektor sich nicht genügend Zeit nimmt, sich mit dem einzelnen Referendar zu beschäftigen.

4. In diesem Zusammenhang bestehen Anlaß und Berechtigung zu einer nach meiner Ansicht für die praktische Ausgestaltung der Ausbildung wesentlichen Anmerkung zur *Intensivierung der Ausbildung.* Es ist dringend erforderlich darauf einzuwirken, daß trotz Zeitmangels, trotz des Drucks durch die noch zu bewältigende Arbeit der Referendar nicht zu kurz kommt. Es ist, scheint mir, eine der wesentlichsten Aufgaben des Ausbildungsleiters, daß er sich mit dem Ausbilder in Verbindung setzt, um ihn immer wieder darum zu bitten und dazu anzuregen, sich mit dem Referendar zu unterhalten, ihm nicht nur über's Fach eine Akte zuzuschicken oder ihm gar über den Inspektor eine Akte zukommen zu lassen, sondern sich mit ihm über das Ergebnis des Entwurfs auch zu unterhalten. Das kann man nicht mit Hausverfügungen oder mit allgemeinen Vorträgen erreichen, sondern das bedarf der Einwirkung auf den einzelnen, und zwar auch und insbesondere in der Kommunalverwaltung, in den Gemeinden, Städten und Kreisen. Es ist notwendig, sich die Zeit zu nehmen, mit den einzelnen ausbildenden Herren zu sprechen und sie zu bitten, auf diesen oder jenen Mangel bei der Ausbildung des Referendars zu achten. Die Arbeitsgemeinschaft ist insoweit auch eine Auffangstation für die in der praktischen Ausbildung auftretenden Mängel. Es hat sich bei mir eingebürgert, daß Fragen, die im Dezernat unklar geblieben sind, in der Arbeitsgemeinschaft besprochen werden. Von Zeit zu Zeit wird eine Stunde ausgeklammert, in der in Diskussionsform Fragen erörtert werden, die sich auf nicht geklärte oder zweifelhaft gebliebene praktische Fälle in den einzelnen Dezernaten und sonstigen Ausbildungsstellen beziehen. Das ist im übrigen ein Verfahren, das außerordentlich zur Lebendigkeit der Arbeitsgemeinschaft beiträgt.

5. Ich bin damit in meinen Ausführungen, deren Systemlosigkeit ich mir im Interesse der Anschaulichkeit nachzusehen bitte, bereits bei Gedanken zur Arbeitsmethodik. Ich stelle sie besonders in den Vordergrund, weil ich der Meinung bin, daß wir niemals damit zum Ziele kommen werden, in ganz gleich ob 9 oder 12 oder noch mehr Monaten dem Referendar ein optimales Quantum an Wissen zu vermitteln. Wir müssen vielmehr von vornherein darauf abstellen, unter Vermitteln und Vertreten eines gewissen praktikablen und präsenten Mindeststatus von Wissen den Referendar in die *typische verwaltungsmäßige Arbeitsmethodik* einzuführen. Wir sollten ihm klarmachen, daß es sich bei der justizellen und der Verwaltungsausbildung nicht um ein aliud handelt,

soweit die Grundlagen der juristischen Arbeitsmethodik in Frage stehen. Die Exaktheit der Subsumtion auf Grund ebenso gründlicher Sachverhaltsfeststellung ist in der Verwaltung erstes Qualitätsmerkmal juristischer Arbeit wie in der Justiz auch.

Allerdings ein Arbeitsmodus, der je nach dem Grad der konkreten Normierung unterschiedliche Aspekte haben kann. Man denke an die unbestimmten Begriffe. Aber auch bei ihren weitesten Formen bis zur Abwägung öffentlichen und privaten Interesses handelt es sich um einen präzis zu gestaltenden Subsumtionsvorgang wie in der Justiz. Daß die Vorschrift unter Umständen nicht im einzelnen im Gesetzbuch steht, sondern dem allgemeinen Verwaltungsrecht zu entnehmen ist, darf den Bearbeiter nicht stören. An diese Eigenverantwortlichkeit wird man ihn gewöhnen müssen. Er wird sich auch klar darüber zu werden haben, daß das Ermessen als Wahl des Maßstabes zur Rechtswertverwirklichung auf Grund der subsumtiv erkannten Rechtslage zwar etwas grundsätzlich anderes ist, daß die Entscheidung aber einer genauso präzisen Begründung bedarf, einer „Subsumtion" unter erweiterte Maßstäbe, etwa des Verfassungsrechts, wie wir sie von den anderen Gebieten her auch gewöhnt sind. Wir müssen auf der subsumtiven Arbeitsmethodik, die der Referendar in dem justiziellen Teil gelernt hat, *aufbauen,* müssen hieran anknüpfen. Man kann das in der Arbeitsgemeinschaft so systematisieren, daß man zunächst Kombinationsfälle aus BGB und öffentlichem Recht gibt, mehr und mehr ins öffentliche Recht übergeht und die Fälle schließlich inhaltlich so gestaltet, daß der Referendar auch tatsächlich in der Lage ist, sich eine gesicherte Vorstellung von dem Bereich zu machen, der bei der Verwaltung mit einem gewissen Odium des „Ausbrechens aus der Rechtsstaatlichkeit" versehen ist, nämlich dem Ermessen. Man empfindet es dann geradezu als Dank für solche Bemühungen, wenn der Referendar am Schluß der Ausbildung in der Abschlußbesprechung feststellt, die Verwaltung mache sich ja eigentlich viel mehr Gedanken über Rechtsstaatlichkeit, Ermessen u. a., als er ursprünglich angenommen habe; und so leicht anzuwenden, wie er sich das anfangs vorstellte, sei das Verwaltungsrecht offensichtlich auch nicht. Wenn man dem Referendar dieses Bewußtsein etwas deutlicher gemacht hat, auch durch entsprechende Klausuren, dann ist man, glaube ich, schon ein ganzes Stück weitergekommen in dem Erarbeiten dessen, was wir als typische verwaltungstechnische Arbeitsmethodik bezeichnen können. Nur, und das ist der Nachteil dabei, diese Arbeit kostet unendlich viel Zeit. Die Verschulungstendenz aller Ausbildungseinrichtungen kommt doch wohl in erster Linie daher, daß es viel leichter ist, in Form eines Monologs Begriffe zu deduzieren als im induktiven Wege an Hand von praktischen Fällen aus einer Mehrzahl von Fällen einen Begriff zu entwickeln und plastisch in der Arbeitsgemeinschaft vor Augen zu stellen. Das verlangt ein Mehr an Arbeit von dem Diskussionsleiter, dem Ausbildungsleiter, ein Mehr an Heranziehung des einzelnen Teilnehmers und auch ein erhebliches Mehr an Materialsammlung, um sich nicht etwa mit ein paar Standardfällen zu begnügen und diese dann in einer repetitorenähnlichen Routine zu wiederholen.

Ich komme zu dem Ergebnis, daß ich in der Ausbildung zwischen Justiz und Verwaltung in den arbeitsmethodischen Ausgangspunkten keinen grundsätzlichen Unterschied sehe, sondern daß ich aufbauend auf den erworbenen juristischen Anwendungsfertigkeiten in der Justiz die typische Arbeitsmethodik der Verwaltung zu entwickeln versuche, den Referendar unter Beibehaltung seiner bisher erlernten rechtsstaatlich spezifizierten Subsumtionsmethodik zu den teilweise rechtstechnisch freieren Rechtsanwendungsmethodiken in der Verwaltung zu führen suche. Das ist etwas mühevoll, aber ein Weg, der dem Referendar am ehesten das Typische der Verwaltung zu vermitteln vermag.

Ausgestaltungsfehler in den Arbeitsgemeinschaften können hierbei den Erfolg in Frage stellen. Dies ist z. B. dort der Fall, wo es dem Arbeitsgemeinschaftsleiter nicht gelingt, nach Inhalt und Arbeitsmethodik eine Beziehung zwischen dem Berufs- und Prüfungsziel auf der einen Seite und den tatsächlichen Gegebenheiten in der Verwaltung auf der anderen herzustellen. Er erreicht keine gesunde und harmonische Aufteilung im Rahmen seiner zeitlichen und organisatorischen Möglichkeiten zwischen der Vermittlung fachlicher Kenntnisse, der Mobilisierung praktischer Rechtsanwendungsfähigkeit und persönlicher Betreuung durch individuelle Beratung des Referendars in der einzelnen Arbeit, wie dies schon der Beurteilung wegen notwendig wäre. Die Strukturbedingungen der Verwaltung sind diesen Zielen der Arbeitsgemeinschaft nicht immer sonderlich günstig. Es bedarf der stetigen Einwirkung des Arbeitsgemeinschaftsleiters oder des Ausbildungsleiters, um einen Intensivierungsprozeß mindestens zu beginnen.

6. Die Intensivierung der Verwaltungsausbildung hängt neben verstärkter Mobilisierung der Information in den praktischen Ausbildungsstellen vor allem von einer *klaren Zielsetzung* in den Arbeitsgemeinschaften ab. Hier muß insbesondere versucht werden, den Wissensstand des Referendars über die Verwaltung als solche, das Wissen vom Sein und Funktionieren der Verwaltung mehr als bisher zu steigern. Nur auf diese Weise werden wir in der Lage sein, den Referendar davon abzubringen, sich zwei oder drei Dutzend verwaltungsrechtlicher Grundbegriffe anzueignen und nun überzeugt zu sein, daß er damit „verwalten" könne. Das, was am Vormittag als „Ausfaserungen der einzelnen Grundbegriffe" bezeichnet wurde, diese vielfältige Ausgestaltung in Verwaltungspraxis und Rechtsprechung, kann der Referendar nur an Hand von Einzelfällen überzeugend vor Augen geführt bekommen. Er muß die Verwaltungswirklichkeit in sich aufnehmen, um die vielfäl-

tigen Modifikationsmöglichkeiten des einzelnen Begriffs im öffentlichen Recht auch tatsächlich arbeitsmethodisch wirksam verwenden zu können. Es darf keine von der praktischen Ausbildung isolierte Arbeitsgemeinschaft und keine Punktenbehandlung in der Arbeitsgemeinschaft geben, sondern es muß hier ein *thematisch geschlossener Rahmen*, zumindest in der Konzeption, aufrechterhalten werden. Wir müssen thematische Geschlossenheit des geistigen Systems, wie sie im BGB vorhanden ist, im öffentlichen Recht in Anknüpfung an ein durchschnittliches Hochschulwissen durch Verwertung von Lehre, Praxis und Rechtsprechung erst schaffen, also aus den häufig nur als Singularitäten verstandenen Grundbegriffen eine durch praktische Behandlung herbeigeführte Einheit bilden. Es muß also geplant, es muß ein Ausbildungsplan aufgestellt werden. Man darf nicht improvisieren. Die Regelmäßigkeit in der Durchführung dieser akademisch fundierten Besprechungen muß gesichert sein. Auch muß eine möglichst umfassende subjektive Ansprache des Referendars erfolgen, beispielsweise durch Kurzvorträge, durch Klausuren, durch Diskussionen auf praktischer Grundlage unter Einbeziehung des Grundlagenwissens, das der Referendar sich in *häuslicher Arbeit* anzueignen hat. Ich bin dazu nicht der Meinung, daß eine große Zahl von Teilnehmern die Durchführung einer Diskussion hindert. Das ist eine Frage der Ausgestaltung durch den einzelnen Arbeitsgemeinschaftsleiter, der in jedem Falle vermeiden sollte, in einen Vorlesungsstil zu verfallen. Man darf die Diskussion auch nicht den Teilnehmern überlassen, sondern muß hier sorgfältig dirigieren. Niemand darf sicher sein, im nächsten Augenblick nicht gefragt zu werden. Verfährt man anders, läßt es sich nicht ganz vermeiden, daß die subjektive Beteiligung sich immer nur auf einen ganz begrenzten Kreis beschränkt, der dann zum Reden kommt, während der andere Teil sich weise oder unweise zurückhält.

7. Bei mehreren Arbeitsgemeinschaften kann man *Ausbildungsstufen* einrichten, deren spätere auf den früheren aufbauen. Wir haben deshalb in der verhältnismäßig großen Regierung Hannover mit mehr als 80 Referendaren zur Zeit drei Arbeitsgemeinschaften. Die erste Arbeitsgemeinschaft beschäftigt sich 4 Monate hindurch mit Verwaltungslehre (Geschichte der Verwaltung, Organisation der Verwaltung, Organisationsprinzipien, Aufgaben der Verwaltung, Verwaltung—Verfassung, Verwaltung—Gesetzgebung u. a.). Diese Themen dienen der Bestimmung der staatsrechtlichen Stellung der Verwaltung und der Arbeitsmethodik. Sie werden immer mit Fällen verbunden. Nach 4 Monaten kommt der Referendar in die zweite Arbeitsgemeinschaft, die auch 4 Monate dauert. Ihr Thema ist das allgemeine Verwaltungsrecht, angefangen von der Rechtsquellenlehre bis zur staatlichen Ersatzleistung. In den letzten 4 Monaten der Verwaltungsausbildung gehört der Referendar zur dritten Arbeitsgemeinschaft. In ihr steht das Verfas-

sungsrecht an erster Stelle. Ihm folgen Kommunalrecht, Polizeirecht und weitere Gebiete des besonderen Verwaltungsrechts, die ich thematisch nicht festgelegt habe. Sie werden ad hoc je nach der gesetzlichen Entwicklung bestimmt. Den Abschluß wird dann nach der niedersächsischen Regelung eine vierte Arbeitsgemeinschaft für die Referendare bilden, die beim Verwaltungsgericht sind, aber auch vom Regierungspräsidenten betreut werden. Diese Arbeitsgemeinschaft wird ein seminarähnliches Gebilde sein, in dem alle Gebiete, die bisher besprochen worden sind, behandelt werden; also Verwaltungslehre, allgemeines und besonderes Verwaltungsrecht, Verfassungsrecht, und zwar ausschließlich an Hand von praktischen Fällen. Der Referendar wird in dieser Arbeitsgemeinschaft praktische Leistungen zu erarbeiten haben, möglichst auch in Kombinationsfällen aus den verschiedenen Rechtsgebieten. Ich möchte auf diese Weise in die 4 Arbeitsgemeinschaften einen Steigerungsvorgang hineinbringen und insbesondere erreichen, daß keine Arbeitsgemeinschaftsstunde sich für den einzelnen Referendar innerhalb der Verwaltungsausbildung wiederholt. Diese Entwicklung entspricht auch den Wünschen der Referendare.

8. Am Schluß meiner Ausführungen möchte ich das Ergebnis einer kleinen *statistischen Umfrage* bekanntgeben, die ich kurz vor dieser Tagung bei meinen Referendaren angestellt habe. Ich habe 66 Referendare befragt, und zwar so, daß ich die Ergebnisse des einzelnen nicht sehen konnte. Ich habe von einem dazu bestimmten Sprecher nur das zahlenmäßige Ergebnis bekommen. Es handelt sich um folgende Fragen:

a) Hielten Sie sich im Zeitpunkt der Referendarprüfung im öffentlichen Recht für hinreichend vorbereitet?
Ja: 47 %, Nein: 53 %.

b) Hatten Sie in diesem Zeitpunkt praktisch verwertbare Vorstellungen von der Verwaltungsorganisation?
Ja: 41 %, Nein: 59 %.

c) Hatten Sie praktisch verwertbare Vorstellungen von den Aufgaben der Verwaltung? Ja: 38%. Nein 62%.

d) Hatten Sie praktisch verwertbare Vorstellungen von der Arbeitsmethodik in der Verwaltung? Ja: 6,5%. Nein: 93,5%.

e) Halten Sie eine besondere Einführung in die Verwaltungslehre für erforderlich oder für entbehrlich?
Entbehrlich: 16 %. Erforderlich: 84 %.

f) Halten Sie eine Mitbehandlung der Theorie im geschlossenen Rahmen für erforderlich oder entbehrlich?
Entbehrlich: 20 %. Erforderlich: 80 %.

g) Halten Sie die Anfertigung von 3 Klausuren während des Vorbereitungsdienstes in der Verwaltung für ausreichend? Ja: 4,5 %. Nein: 95,5 %. Anschlußfrage: Wieviel halten Sie für erforderlich?

18 %: 6, 21 %: 8, 14 %: 10 und 27 %: 12; jedenfalls in allen Gruppen wesentlich mehr als drei, vier oder fünf.

h) Schließlich habe ich bei 44 fortgeschrittenen Referendaren, die also schon mindestens 6 Monate in der Verwaltung waren, folgendes gefragt: Welches Arbeitsgebiet würden Sie aus Gründen der rechtlichen Materie oder der Art der rechtlichen Arbeit vorziehen, Verwaltung oder Rechtsprechung? Ohne Stellungnahme: 11,5 %, Richter: 43,5 %, Verwaltung: 45 %. Wegen der rechtlichen Materie wollten die Verwaltung vorziehen 12 %, wegen der Arbeitsmethode 37 % und aus beiden Gründen 44 % dieser 45 %, die ich anfangs genannt hatte. Ohne Stellungnahme waren 7 %.

Ich glaube mit dieser kleinen Umfrage einige Überlegungen, die wir heute angestellt haben, bestätigt zu sehen.

9. Bevor ich meine Zusammenfassung gebe, möchte ich noch auf ein Problem kommen, das zwar nicht in vollem Umfang zu der Aufgabe des Arbeitsgemeinschaftsleiters gehört, wohl aber zu der eines Ausbildungsleiters: zur *Problematik der Beurteilungen.* Wir haben heute davon gesprochen, daß es im wesentlichen mit von der Gestaltung der Prüfungsbedingungen abhänge, ob der Referendar an der Verwaltung und an der Kenntnis des öffentlichen Rechts interessiert sei oder nicht. Ob hier durch eine andersartige Gestaltung der Prüfungsbestimmungen sich wesentliche Änderungen und diese in absehbarer Zeit abzeichnen werden, vermag ich nicht zu übersehen. Wir haben bis dahin aber einen anderen Weg gewählt, um hier doch gewisse Ergebnisse zu erreichen. Wir geben nach 12 Monaten eine Abschlußbeurteilung und äußern uns in dieser auch dazu, ob der Referendar für eine Tätigkeit in der Verwaltung geeignet ist oder nicht. Das muß naturgemäß sehr sorgfältig begründet werden, es handelt sich wohl um einen Verwaltungsakt. Es hat sich in der Praxis gezeigt, daß der Referendar dieser Feststellung eine erhebliche Bedeutung beimißt. Eine solche Beurteilung darf nicht am Ende der Ausbildung ad hoc gefertigt werden, sondern muß als Niederschlag einer permanenten Betreuung und Beobachtung während der gesamten Ausbildungszeit organisch wachsen.

10. Die Problematik der Beurteilungen liegt in der Tendenz zu einer *wohlwollenden Generalisierung.* Der ausbildende Beamte hat nicht selten das zutreffende Bewußtsein, sich nicht genügend mit dem Referendar beschäftigt zu haben, um ihn wirklich beurteilen zu können. Andererseits möchte er ihm, wenn er nicht eindeutig Negativa festgestellt hat, auch „nichts verbauen“. So weicht er in eine „unschädliche“ Note aus, die dann infolge ihrer häufigen Verwendung mehr und mehr an Aussagewert verliert. Dem ließe sich entgegenhalten, daß das deutsche Notensystem ohnehin recht grob gehalten sei, so daß die Differenzierung in der Bewertung von Fähigkeit und Leistung des zu Beurteilenden sich aus dem der Endnote vorangehenden Text ergeben müsse. Wer

viele Zeugnisse zu lesen hat, weiß aus der Erfahrung umfassender Vergleichsmöglichkeiten, daß das Erscheinungsbild eines durchschnittlichen Zeugnisses auch im Text oft einen nur geringen Aussagewert besitzt. Der Prozentsatz sich wiederholender uniformer Allgemeinfeststellungen ist erschreckend hoch. Darüber hinaus werden Selbstverständlichkeiten dienstlicher Haltung als Tugenden besonders hervorgehoben, Negativa lediglich durch Auslassung oder in Konditionalformen angedeutet und subjektiv differenzierende Merkmale des Persönlichkeitsbereichs nur bei deutlicher Schwarz-weiß-Tönung aufgenommen. Die erfreulichen Ausnahmen ändern an diesem Gesamtbild nicht viel.

IV. Zusammenfassung

Ich halte es für erforderlich, folgende 4 Grundsätze bei der Ausgestaltung des Vorbereitungsdienstes in der Verwaltung und insbesondere bei der der Arbeitsgemeinschaften zu berücksichtigen:

1. Der *Grundsatz der Kontinuität.* Eine Kontinuität einmal in technisch-organisatorischer Hinsicht, daß Arbeitsgemeinschaften nie improvisiert werden dürfen, sondern stets nach einem vorgefaßten Plan durchgeführt werden müssen. Der Referendar muß sich daran gewöhnen, und das tut er nach meinen Erfahrungen gern, jede Woche ein bestimmtes Thema behandelt zu wissen und sich in seiner häuslichen Vorbereitung darauf einstellen zu können. Kontinuität aber auch in sachlicher Hinsicht dahin, daß eine Einbeziehung der bisher in der justiziellen Ausbildung erlernten Fähigkeit zur Rechtsanwendung in den umfassenderen Bereich der Verwaltung zur Schaffung sicherer Arbeitsmethodik mit dem Ziel der Verwirklichung der Rechts- und Sozialordnung in der Verwaltung erreicht wird.

2. Der *Grundsatz der Effektivität* soll besagen, daß das Wissen zwar Voraussetzung der Arbeit ist, aber niemals Ziel für die Arbeitsgemeinschaft sein kann. Ziel darf nur das Können sein. Der Referendar zeigt normalerweise eine gewisse Entwicklung. Ihr Ausmaß innerhalb dieser Zeit sollte der wesentlichste Beurteilungsfaktor für uns sein.

3. Der *Grundsatz der Realität.* Wir dürfen in den Arbeitsgemeinschaften nicht Theorie betreiben, erforderlich ist vielmehr praktische Verwaltungsarbeit in einem geistig anspruchsvollen Niveau. Der möglichst kennzeichnende „Standardfall" gehört in die Studentenzeit. Hier geht es um Material, das nach Inhalt und Form praktisch sein muß. Dieser Akzent, der in den Ausbildungsstellen besteht oder bestehen sollte, darf in der Arbeitsgemeinschaft nicht verlorengehen. Eine wichtige Voraussetzung dafür ist die möglichst häufige Beteiligung des Referendars durch eigene Vorträge, Klausuren, Beteiligung in Diskussionsform und

durch möglichst frühzeitige Heranführung an die Kenntnis von den Gegebenheiten der Verwaltung selbst, also an die Verwaltungslehre.

4. Der *Grundsatz der Personalität* verlangt die Einzelausbildung und Einzelbetreuung des Referendars. Es darf nicht dazu kommen, daß der Referendar bei der Fülle von Referendaren, die in der Verwaltung auszubilden sind, und bei der Verstreutheit auf die einzelnen Ausbildungsstellen sich nicht genügend betreut vorkommt. Das ist eine recht umfangreiche und auch schwierige Arbeit für den Ausbildungsleiter. Er hat dafür zu sorgen, daß die Leiter der einzelnen Ausbildungsstellen den Referendar nicht „durchlaufen" lassen, sondern auch persönlich betreuen, überwachen, anleiten, einführen, anregen und beurteilen. Diese Atmosphäre muß in besonders deutlicher Ausprägung in der Arbeitsgemeinschaft bestehen. Sie sollte eine persönliche und geistige Heimstatt, fester Punkt in der Folge der Zuweisungen zu den einzelnen praktischen Ausbildungsstellen sein. Sie sollte — wie es in Niedersachsen geschieht — durch Ausbau angemessen ausgestatteter Ausbildungsbüchereien eine tägliche „Arbeits"-Gemeinschaft sein, für deren räumliche Unterbringung zweckmäßige und würdige Voraussetzungen zu bieten durchaus nicht die letzte der anzumeldenden Forderungen sein darf.

Aussprache

Verwaltungsgerichtsrat Dr. Stich

Da ich sowohl als Lehrbeauftragter an der Hochschule für Verwaltungswissenschaften Speyer wie auch dienstlich mit der Ausbildung von Referendaren befaßt bin, möchte ich versuchen, einige Gedanken zu unserem Thema beizutragen. Beitragen muß man nicht zuletzt deshalb sagen, weil wir — wie vor allem das Referat von Herrn Professor *Mayer* gezeigt hat — im wesentlichen noch dabei sind, Material zu sammeln. Ich möchte eine kleine Bestandsaufnahme machen und nach den Werkzeugen — gemeint sind die menschlichen Werkzeuge — fragen, die uns für die Verwaltungsausbildung der Referendare zur Verfügung stehen.

Zu nennen sind zunächst die *Verwaltungsbeamten* — oder organisatorisch gesehen: die Verwaltungsbehörden; dann sind die *Arbeitsgemeinschaften* zu erwähnen und schließlich die *Verwaltungsgerichte*. Gerichte und Arbeitsgemeinschaften findet man auch bei der Justiz, und wir müssen deshalb fragen, worin die Rechtfertigung zu sehen ist, daß man besondere Verwaltungsarbeitsgemeinschaften begründet und die Referendare auch bei den Verwaltungsgerichten ausbildet. Die Antwort ist in den Besonderheiten zu suchen, die das Wesen der Verwaltung von dem der Justiz unterscheiden. In der Verwaltung treffen wir über das Recht hinaus auf etwas Zusätzliches, das die Ausbildung ganz besonders erschwert und in der Justiz keine Parallele hat. Es ist die Aufgabe, dem Referendar nicht nur das Verwaltungsrecht, die Lehre vom Verwaltungsakt beizubringen, auch nicht nur die theoretischen Abgrenzungen zwischen dem Ermessen und dem unbestimmten Gesetzesbegriff, sondern das *Gespür für die praktischen Notwendigkeiten der Verwaltung,* für das, was an sich noch Recht wäre, aber aus verwaltungspolitischen Gründen nicht mehr getan werden darf, und für das, was zwar schon rechtlich zweifelhaft ist, aber aus Gründen des Gemeinwohls doch wenigstens einmal bis zur Klärung der Rechtslage versucht werden muß. Nur der Verwaltungsbeamte vermag dieses Verständnis für das besondere Wesen der Verwaltung an den Referendar heranzubringen; Verwaltungsarbeitsgemeinschaft und Verwaltungsgericht können ihn dabei allerdings wirksam unterstützen.

Was den *Verwaltungsbeamten als Ausbilder* angeht, ist bis jetzt noch nicht genügend herausgearbeitet worden, wo personell der wichtigste

Unterschied zur Justiz liegt: Selbst in einem kleineren Amtsgericht finden sich drei oder vier Zimmertüren mit den Namen von Richtern, und in den nicht allzu zahlreichen anderen Zimmern sitzt im wesentlichen das Hilfspersonal dieser Richter. Gehen wir dagegen in ein nicht einmal kleines Landratsamt, so stoßen wir bei den vierzig oder siebzig oder gar hundert Zimmertüren vielleicht auf zwei oder drei Schilder mit Namen, unter denen „Landrat", „Kreisrechtsrat", „Regierungsrat" oder „Regierungsassessor" steht. Von wem wird in einem solchen Landratsamt die Masse der Verwaltungsarbeit bewältigt? Doch vom *gehobenen Dienst,* so daß man ohne eine abwertende Bedeutung von der „Inspektorenverwaltung" sprechen kann. Selbstverständlich sollte jeder höhere Beamte in der Lage sein, die Arbeit seiner Inspektoren zu durchschauen, sie erforderlichenfalls zu korrigieren und dem gehobenen Dienst vor allem bei den schwierigen Fragen der Rechtsauslegung weiterzuhelfen. Es bleibt aber die Tatsache, daß der gehobene Dienst wenn auch nicht die Hauptverantwortung, so doch die Hauptlast der Verwaltung trägt. Das darf man nicht übersehen, wenn man das Mißverhältnis zwischen der Zahl der höheren Verwaltungsbeamten und der Referendare beklagt. Man muß sich erst einmal fragen, ob es nicht möglich ist, daß sich der höhere Beamte, dem der Referendar zugewiesen ist, entlastet und damit zugleich dem Referendar nützt, indem er ihm etwa sagt: „Setzen Sie sich zu dem Inspektor auf das Wasserrechtsreferat, dort wird morgen mit dem Bürgermeister und dem Oberinspektor der Gemeinde X die geplante Kläranlage durchgesprochen." Denn bevor überhaupt etwas entschieden wird, erörtern doch in der Regel die Beamten des gehobenen Dienstes eingehend alle Gesichtspunkte der Recht- und Zweckmäßigkeit mit den Gemeinden oder Antragstellern. Dies gilt auch für die Bauplanunterlagen und die Bebauungspläne, die dem Referendar bei den Bauämtern der mittleren und höheren Verwaltungsbehörden zu Gesicht kommen und die ebensosehr Plan und Zeichnung gewordene Rechtsprobleme wie verwaltungs- und kommunalpolitische Probleme darstellen. Das Verständnis für diese Zusammenhänge ist es doch eigentlich, das den Referendaren als Verwaltungskenntnis im Sinne einer Spur von Verwaltungslehre vermittelt werden muß.

Trotz dieser Ausbildungsmöglichkeiten kommt es nicht selten vor — Herr Professor *Ule* hat gerade gesagt, daß wir auch das negative Material sammeln und auswerten wollen —, daß die Referendare von den Verwaltungsbehörden als *„Justitiare"* verwendet werden. Ja, ich habe sogar schon wiederholt von Referendaren gehört, daß sie mit umfangreichen Disziplinarsachen befaßt worden sind; und dies trotz dem ausdrücklichen Verbot in den rheinland-pfälzischen Vorschriften über die Referendarausbildung. Daß der Referendar bei der Staatsanwaltschaft gelernt hat, Anklageschriften abzufassen, darf jedenfalls nicht als Rechtfertigung dafür angesehen werden, ihn bei der Verwaltung mit dem Entwurf von Einleitungsverfügungen in Disziplinarsachen zu beauftragen. Anderenfalls verkennt man das Ziel der Verwaltungsausbildung grundlegend.

Bei der Erfüllung der spezifischen Aufgabe der Verwaltungsausbildung spielt — ich habe es schon angedeutet — die *praktische Anschauung* eine wichtige Rolle. Solange man Rechtsprobleme bildlich erläutern kann, wie beispielsweise die Rechtsfragen des Baurechts durch Flächennutzungs-, Bebauungs-, Umlegungs- und Erschließungspläne, sollte man darauf niemals verzichten. Der Mensch ist eben in gleicher Weise Augen- wie Ohrenmensch. Deshalb sollte man auch nicht unterlassen, die modernen technischen Hilfsmittel wie Funk, Fernsehen und Projektionsapparate für Lichtbilder zum Einsatz zu bringen.

In den *Arbeitsgemeinschaften,* in denen man mehrere Referendare beisammen hat, sollte man die Verwaltungspraxis durch den Vortrag eines Landesplaners über wichtige Probleme der Raumordnung und des Städtebaues, eines Wasserbautechnikers über den Bau und die Unterhaltung von Rheindämmen, eines Straßenbautechnikers über die Planung und den Bau einer Umgehungsstraße zur Geltung kommen lassen und mit diesen Darlegungen nach Möglichkeit eine Erörterung der rechtlichen und praktischen Probleme an Ort und Stelle verbinden. Gerade die *Exkursionen* der Arbeitsgemeinschaften haben — das kann ich aus meiner eigenen Erfahrung bestätigen — einen wichtigen Platz in der Vermittlung der praktischen Anschauung, ohne die das Wesen der Verwaltung nicht zu erfassen ist. Diese gemeinsamen Ausflüge knüpfen nicht nur die persönlichen Beziehungen zwischen dem Arbeitsgemeinschaftsleiter und den Referendaren enger, sie weiten auch den Blick des jungen, gerade von der Universität gekommenen Menschen für die vielfältigen Lebensbereiche, die er als Jurist später rechtlich beurteilen soll. Auch der Besuch einer Stadtratssitzung mit einer reichhaltigen Tagesordnung sollte nicht versäumt werden.

Lassen Sie mich schließlich noch einige Worte über die Ausbildung der Referendare bei den *Verwaltungsgerichten* sagen. Ich wende mich vor allem dagegen, daß man den Wert der Ausbildung bei den Verwaltungsgerichten durch die unüberlegte Floskel herabzumindern versucht, dort kämen doch nur „kranke" Fälle zur Entscheidung. Gilt dieser Ausdruck schon für die Ziviljustiz nur mit Einschränkungen (man denke an die freiwillige Gerichtsbarkeit!), so hält er für den Bereich der Verwaltungsgerichtsbarkeit einer Nachprüfung überhaupt nicht stand. Ist eine Straßenanliegerbeitragssache etwa deshalb „krank", weil von hundert Anliegern, die Beitragsbescheide erhalten haben, einer den Verwaltungsrechtsweg beschritten hat? Oder ist der Fall vielleicht so lange „krank", bis rechtskräftig ausgesprochen ist, daß der angefochtene Bescheid keine Rechtsmängel aufweist? Aber auch wenn sich ein

Verwaltungsakt als rechtswidrig herausstellt oder wenn der Klage einer Gemeinde gegen den Landkreis wegen Beteiligung an den Kanalisationskosten stattgegeben werden muß, gibt gerade der Verwaltungsprozeß dem Referendar die Gelegenheit, nicht nur das Verwaltungsrecht, sondern auch die Verwaltungspraxis von ihren vielen Seiten her und in ihrer Entwicklung kennen und verstehen zu lernen. Gerade an Hand der Akten und sonstigen Unterlagen, die das Verwaltungsgericht auf Grund des Untersuchungsprinzips vollständig zusammentragen muß, kann der Referendar den Verwaltungsfall vom ersten Antrag bis zu seiner Entscheidung in der Verwaltungs-, Widerspruchs- und Gerichtsinstanz verfolgen und feststellen, wie in der Verwaltung gearbeitet wird. Wenn der Referendar dann noch zum Ortstermin in einer Bausache, einer Kommunalstreitigkeit oder einer Abwassergebührenangelegenheit mitgenommen wird und er als Protokollführer noch einmal den ihm bereits bekannten Prozeßstoff in der Wirklichkeit und aus dem Munde der Beteiligten entstehen sieht und hört, erhält er einen nachhaltigen Eindruck vom Wesen der Verwaltung wie auch von den Aufgeben der Verwaltungsgerichtsbarkeit. Deshalb möchte ich mich *im Interesse der Referendare* dafür einsetzen, daß ihnen am Ende ihrer Verwaltungsausbildung die Möglichkeit geboten wird, das bei den Verwaltungsbehörden und an der Hochschule für Verwaltungswissenschaften erworbene Wissen und Verständnis während einer mehrmonatigen Tätigkeit bei den Verwaltungsgerichten zu festigen und zu vertiefen. Denn alle Referendare, die bisher durch die Ausbildung bei den Verwaltungsgerichten gegangen sind, bestätigen übereinstimmend den Gewinn, den ihnen diese Zeit gebracht hat.

Regierungsrat Dr. Scheerbarth

Mir als Arbeitsgemeinschaftsleiter haben die Ausführungen von Herrn Kollegen *Pestenhofer* und von Herrn Oberregierungsrat *Less* imponiert. Besonders was Herr *Pestenhofer* in seiner Arbeitsgemeinschaft durchführt, scheint mir für Referendare rechtspädagogisch hervorragend geeignet zu sein: Er stellt jeden Fall in einen größeren Rahmen und zeigt die Zusammenhänge. So bringt er einen Nachbarrechtsfall aus dem Ordnungsrecht mit der nachbarrechtlichen Stellung im Wasserrecht oder im Gewerberecht in Zusammenhang. Ich halte diese Methode für überzeugend und gut. Aber ich glaube, die Methode können nur solche Arbeitsgemeinschaftsleiter anwenden, die Enzyklopädisten sind. Und die meisten sind das nicht. Es fehlt auch die Zeit, statt dessen für jede Fallbesprechung eingehende Vorbereitungen zu treffen, da die meisten Herren nicht im Hauptamt, sondern nur nebenbei Arbeitsgemeinschaftsleiter sein können.

Zu Einzelheiten in den Vorträgen möchte ich folgendes sagen: Das *Erste* ist etwas, was vielleicht zunächst am Rande zu liegen scheint, was aber doch auf die Arbeitsgemeinschaft einen wesentlichen Einfluß hat: die *Einhaltung* der Arbeitszeit oder einer gewissen *Dienstzeit* bei den Verwaltungsbehörden. Herr Kollege *Pestenhofer* meinte hier, daß es durchaus genüge, daß der Referendar zwei- bis dreimal in der Woche sich einmal bei seinem Landrat vorstelle. Ich halte das für durchaus nicht richtig. Herr Dr. *Pestenhofer* begründet es mit dem Selbstverantwortungsgrundsatz in der Referendarausbildung. Dieser Grundsatz läßt sich durchführen in Rechtsmaterien, in denen der Referendar geprüft wird. Soweit es keine Prüfungsgebiete sind, wird die Selbstverantwortung des Referendars erfahrungsgemäß nicht ausreichen. Von dem, was man in der Verwaltungsstation lernen kann, wird aber das wenigste geprüft. Ich meine deshalb, mit Herrn Ministerialdirektor Dr. *Geib* betonen zu müssen, daß der Staat ein Recht hat, von dem Referendar eine gewisse Verwaltungskenntnis zu verlangen. Deshalb kann die Dienstzeit bei den einzelnen Behörden nicht vollkommen in das Verantwortungsbewußtsein eines Referendars gestellt werden. Ich habe selbst von Kollegen und jetzt von Referendaren immer nur die Meinung gehört: „Wenn alle Referendare die Dienstzeit einhalten müssen, dann ist mir das recht; wenn aber nur ich die Dienstzeit einhalten soll, dann werden die anderen einen Vorsprung auf zivilistischen und strafrechtlichem Gebiet erhalten, besonders deshalb, weil sie dann den Repetitor fleißig aufsuchen können. Das kann ich mir nicht leisten." Mir scheint also, wenn die Einhaltung der Dienstzeit einheitlich gefordert würde, wäre das nur ein Vorteil für alle.

Der *zweite* und *Hauptpunkt* ist folgender: Wir haben uns heute morgen mit der Abgrenzung der Ausbildung im Justizrecht und der Ausbildung in der Verwaltung beschäftigt. Innerhalb der Verwaltungsausbildung hat wohl am schärfsten Herr Professor Dr. *Zeidler* unterschieden zwischen der Aneignung von öffentlich-rechtlichen Kenntnissen einerseits und der Einführung in die Verwaltung andererseits. Diese Unterscheidung, die mir heute morgen so wichtig zu sein schien, ist in den Vorträgen heute nachmittag m. E. nicht genügend zum Ausdruck gekommen. Wenn Dr. *Pestenhofer* heute nachmittag dartat, daß also öffentlich-rechtliche Kenntnisse im Gewerberecht, im Schulrecht, im Wasserrecht, im Bundesozialhilfegesetz, in der Jugendhilfe usw. vermittelt werden sollten, dann gehört das doch alles nur zu dem ersten Komplex, nämlich zur Vermittlung von Kenntnissen öffentlich-rechtlicher Art (wobei ich „öffentlich-rechtlich" beschränke auf Verwaltungsrecht und Staatsrecht). Es ist das, was heute morgen Herr Professor Dr. *Mayer* meinte mit „scientia legis".

Richtig ist, daß sich die weiteren Kenntnisse und Fähigkeiten, die ein Verwaltungsbeamter braucht, nur schwer in Arbeitsgemeinschaften vermitteln lassen. Hierher gehört neben Verhandlungsgeschick besonders die Fähigkeit, sofort zu reagieren. Dies ist, glaube ich, etwas Typisches in der Verwaltung, sofort und schnell zu entscheiden, wenigstens vorläufig etwas zu tun. Durch Liegenlassen verlieren viele Maßnahmen ihre Effektivität. Der Richter ist demgegenüber normalerweise vorbereitet auf den Parteivortrag, oder er kann sich vorbereiten. Sehr wesentlich ist ferner etwa die Führungsaufgabe der leitenden Beamten. Diese Führungsaufgabe beginnt nicht beim Regierungspräsidenten oder vergleichbaren Ämtern. Schon der kleine Polizeiamtsleiter hat diese Aufgabe, da er überwiegend mit Personalangelegenheiten befaßt ist. Aber nicht nur der Leiter einer Behörde, sondern jeder Dezernent, der nicht gerade Justitiar oder Prozeßdezernent bei einer Behörde ist, hat sich wesentlich auseinanderzusetzen mit seinem Verhältnis zu seinen Mitarbeitern, besonders den Beamten des gehobenen Dienstes. Herr Verwaltungsgerichtsrat Dr. *Stich* betonte soeben völlig zu Recht, daß sie in der Kreisverwaltung durchaus das Schwergewicht der Tagesarbeit tragen. Sie erledigen die Masse der laufenden Arbeit darüber hinaus in fast allen Behörden der Verwaltung. Und dieses Verhältnis zu den Mitarbeitern ist eine reine Führungsaufgabe, eine Organisations- und Einsatzaufgabe. Wer die Referendare auf sie vorbereiten will, muß heute soziale und psychologische Einsichten vermitteln. Man denke nur an die Gruppenprobleme. Diese Aufgabe wird nun überhaupt nicht angesprochen, wenn wir nur öffentlich-rechtliche Fälle bringen.

Die Kenntnis des öffentlichen Rechts hilft auch nur wenig weiter, wenn Fragen auftauchen wie die folgenden: Soll ein Kreis ein eigenes Krankenhaus gründen? Wie ist ein neues Dezernat zu organisieren? Das sind keine Fragen des Ermessens, bei denen ich, wie Herr Oberregierungsrat Dr. *Less* betonte, erst einen Sachverhalt feststelle und ihn dann unter einen rechtlichen Tatbestand subsumiere; einen solchen Tatbestand gibt es hier nicht. Freie gestaltende Verwaltung kann mit der Methode „Behandlung öffentlich-rechtlicher Fälle“ nicht erlernt oder auch nur gelehrt werden.

Übertragen auf die Arbeitsgemeinschaft hat das Gesagte folgende Bedeutung: In der Arbeitsgemeinschaft wird, da kommen wir nicht dran vorbei, die Vermittlung öffentlich-rechtlicher Kenntnisse im Vordergrund stehen; denn sonst weichen die Referendare auf den Repetitor aus. Sie brauchen das Wissen für die Prüfung. Wir können auch deshalb schon gar nicht davon abgehen, weil sonst für den Referendar der Zusammenhang mit seiner gesamten Referendarausbildung verlorenginge. Wie die Herren Referenten Dres. *Pestenhofer* und *Less* zeigten, kann man diese Kenntnisse methodisch verschieden vermitteln. Die Persönlichkeit des Dozenten wird entscheiden. Ich für meinen Teil bevorzuge Aktenvorträge und Kurzreferate bis zu 10 Minuten Dauer mit

Diskussion und Besprechung des einschlägigen Rechtsgebietes im engsten Sinn, dazu Aufsichtsarbeiten, um öffentlich-rechtliche Kenntnisse zu vermitteln.

Auf keinen Fall kann man jedoch durch die Fallmethode jene anderen Kenntnisse und Fähigkeiten vermitteln, deren der Verwaltungsbeamte bedarf. Das kann man wohl nur durch ganz andere Methoden erreichen: Vielleicht überhaupt nicht in der Arbeitsgemeinschaft, sondern durch die Zuteilung des Referendars an einen Behördenleiter einer kleineren Behörde oder an sehr fähige Dezernenten. Ich meine, man könnte es in der Arbeitsgemeinschaft nur unterstützen, hier aber durch andere Methoden als durch Fallbearbeitung, etwa durch besonders gesuchte Vorträge mit Diskussion und Planspiele.

Bei Referaten dieser Art denke ich an Themen folgender Art: „Wie verhält sich der junge Regierungsassessor, der ein Referat von einem Oberregierungsrat übernimmt, der völlig die Zügel hat schleifen lassen?" Oder: „Von wo bezieht der junge Regierungsrat die Grundlage für eine anstehende Beurteilung eines Oberinspektors in einem von ihm neu übernommenen Referat oder Dezernat?" Meistens wird es so gemacht, daß dann eben die letzten Beurteilungen inhaltlich übernommen werden. Aber daß frühere Beurteilungen nicht die richtige Informationsquelle für eine neue Beurteilung sind, sollte wohl auch auf der Hand liegen. Bei der Ausgabe von Themen dieser Art sind Hinweise auf soziologische Literatur angebracht.

Zu den Planspielen ist zu sagen: Ich habe selbst zur Förderung des Verhandlungsgeschickes einen Enteignungstermin durchgespielt, indem ich ein Aktenstück von 45 Blatt vervielfältigt und jedem Referendar gegeben habe und die Rollen verteilte, ein andermal eine Sitzung des Personalrats. Es ist meistens zu scharfen Auseinandersetzungen zwischen den Referendaren gekommen, und wir kamen mit der Zeit einer Übung — 3 Stunden — nicht aus. Man kann m. E. mit demselben Erfolg auch ein Verwaltungsgerichtsverfahren durchspielen, besonders wenn der Arbeitsgemeinschaftsleiter ein Verwaltungsrichter ist. Die Hauptsache ist, daß der Referendar nicht allein übt, den Fall zu behandeln, sondern ganz wesentlich auch eine Verhandlung zu leiten und ad hoc etwas zu sagen, ohne daß er sich darauf vorbereitet hat. Die Schulung des Referendars zu Ad-hoc-Entscheidungen scheint mir auch gut durch folgende Methode erlernt zu werden: Es wird ein Kurzreferat von etwa 6 Minuten ausgegeben, und dann wird irgendeiner der Herren bestimmt, zu diesem Kurzreferat Stellung zu nehmen. Er muß sich jetzt sowohl gut und schnell ausdrücken können als auch irgend etwas Neues dazu sagen. Das setzt allerdings voraus, daß er das Thema vorher gekannt hat. Dieses wird deshalb mit dem Termin seiner Behandlung bekanntgegeben. Wenn natürlich alle Referendare so fleißig wären, sich zu jedem Referat jedes Mitreferendars ein kurzes Korreferat auszudenken, dann wäre es für den Korreferenten einfach. Aber diese Gefahr besteht nicht.

Ich möchte deshalb auch nicht ohne weiteres Herrn Dr. *Pestenhofer* zustimmen, daß ein Verwaltungsgerichtsrat jederzeit die Verwaltungsarbeitsgemeinschaft ebenso führen könne wie ein Herr aus der Verwaltung. Herr Dr. *Pestenhofer* meint selbst, daß das Miterleben der Verwaltungspraxis unbedingte Voraussetzung für einen Arbeitsgemeinschaftsleiter sei. Gerade daran fehlt es jedoch manchmal, ohne natürlich gegen einzelne Herren etwas einwenden zu wollen, die oft auch Verwaltungserfahrung haben. Abschließend darf ich sagen: Wenn wir auch diese Dinge in der Verwaltungsarbeitsgemeinschaft durchführen wollen, dann brauchen wir mehr Zeit, und ich kann insofern nur Herrn Regierungsrat Dr. *Pestenhofer* unterstützen, der forderte, es müßte die Stundenzahl noch erhöht werden. Ich meine nicht, daß die Gefahr der Verschulung, wenn man es auch auf dieses Gebiet ausdehnt, bestehen würde.

Regierungsrat Dr. Kraemer

Ich habe erst vor sehr kurzer Zeit die Arbeitsgemeinschaft der Gerichtsreferendare bei der Bezirksregierung in Neustadt übernommen, und ich muß sagen, nachdem ich der Tagung bis jetzt mit Aufmerksamkeit folgte, könnte mir eigentlich vor der Arbeit, in der ich nun stehe, angst und bange werden. Hinzu kommt, daß bei den Referendaren, und das konnte ich schon feststellen, die eigenartige Ansicht herrscht, daß zwar die ordentliche Gerichtsbarkeit eine gute Ausbildung gebe und sie auch im Mittelpunkt der ganzen juristischen Arbeit stehe, während die öffentliche Verwaltung mit Begriffen wie „Ermessen" und „Treu und Glauben" abgetan werden könne. Ich glaube, meine Damen und Herren, dies liegt weder an den Referendaren noch an den Beamten oder Richtern, sondern hier steht eigentlich und letztlich eine Staatskonzeption dahinter, die wir in der Vergangenheit seit Schaffung des Grundgesetzes in der Staatswirklichkeit handhabten und deren Kulminationspunkt, so hoffe ich, inzwischen doch wohl überschritten sein dürfte.

Nun, meine Damen und Herren, ich möchte hier nur zwei praktische Anregungen geben: Einmal würde man gut daran tun, zunächst die Referendare etwas länger bei den unteren Verwaltungsbehörden und etwas weniger bei den Bezirksregierungen zu beschäftigen, weil die Beschäftigung bei der Bezirksregierung im großen und ganzen doch mit Justitiartätigkeit endet; mit dem Entwurf von verwaltungsgerichtlichen Urteilen beim Verwaltungsgericht oder dem Entwurf, wie Herr Dr. *Stich* sagte, von Einleitungsverfügungen ist uns ja praktisch nicht gedient, während die untere Instanz blutvolles Leben und Berührung mit dem Publikum bringt, wo der Referendar Anpassungsfähigkeit und Wendigkeit lernen kann, die er als Verwaltungsmann später haben sollte. Das wäre meine eine Anregung.

Die andere wäre die: Man könnte für das ganze Land Rheinland-Pfalz, besonders was die Verwaltungsausbildung angeht, einen gewissen straffen Rahmenplan für die Ausbildung in der Verwaltung erstreben und sollte hierbei die einzelnen Sachgebiete in einer bestimmten Reihenfolge festlegen, so daß sie dann ungefähr gleichzeitig bei den einzelnen Arbeitsgemeinschaften behandelt würden. Das hätte den Vorteil, daß der Prüfer im zweiten Examen genau weiß, welche öffentlich-rechtlichen Gebiete im Lande behandelt wurden, während der Referendar seinerseits nicht das Gefühl hätte, in der Fülle des besonderen Verwaltungsrechts zu versinken.

Ich darf vielleicht noch die Anregung geben, daß man während der Ausbildung der Referendare in der Verwaltung ein etwas stärkeres Gewicht auf die wirtschaftlichen Zusammenhänge legen könnte. Unsere Gegenwart ist durch wirtschaftliche Sachbezüge derart wesentlich mitgestaltet, die internationalen und supranationalen wirtschaftlichen Institutionen erlangen mehr und mehr eine solche Bedeutung auch für den Verwaltungsbeamten, der sich ja in diesem Raum einmal bewegen muß, daß man hier durchaus die Gewichte etwas stärker betonen könnte. Wirtschaftliche Zusammenhänge und rechtliche Zusammenhänge gehören zweifelsohne zu dem, was man zum Begreifen eines Staatswesens von einem Referendar verlangen könnte.

Ministerialrat Dr. Gelbert

Es ist als nicht unerwünscht bezeichnet worden, daß auch Gäste der Justizverwaltung zu den angeschnittenen Fragen Stellung nehmen. Und weil ich aus einem Land komme, das die Gleichwertigkeit von Justiz und Verwaltung seit ungefähr 130 Jahren kennt, glaube ich, daß ich als „Treuhänder“ von Justiz und Verwaltung in besonderem Maß zu den Fragen der Arbeitsgemeinschaften der inneren Verwaltung Stellung nehmen darf. Ich habe mich sehr gefreut, daß die beiden Herren, die aus ganz verschiedenen Ländern kommen, Herr Dr. *Pestenhofer* und Herr Dr. *Less*, so ziemlich die gleichen Auffassungen vertreten haben. Ich habe nur einige wenige technische Vorschläge zu machen. Ich könnte mir vorstellen, daß bei den Landratsämtern die jungen Regierungsräte in der Lage seien, einige Sachbereiche wie Wasserrecht, Baurecht, Gemeinderecht in kleinen Arbeitsgemeinschaften an Hand praktischer Fälle zu behandeln. Dann wären die Referendare bei der Regierung leichter in der Lage, in die Verwaltungspraxis aktiv eingeschaltet zu werden; es würde sich also nicht um eine weitere „Verschulung", sondern um ein Freimachen für die praktische Tätigkeit handeln. Das war der eine Vorschlag. Der zweite wäre, ob in den Klausuren nicht eigens von den Arbeitsgemeinschaftsleitern gestellte Arbeiten wechseln sollten mit den früher in Staatsprüfungen gestellten Aufgaben. In Bayern werden alle Klausuren der zweiten Prüfung mit einer überarbeiteten Lösungsskizze den Arbeitsgemeinschaftsleitern zugeleitet. Ich würde es auch sehr gern sehen, wenn die Arbeitsgemeinschaftsleiter eigene Arbeiten stellten, man könnte, mindestens in jedem Land, vielleicht sogar auf einer weiteren Ebene: durch Austausch unter den Ländern, diese Arbeiten, vielleicht auch manche Examensarbeiten, unter die Arbeitsgemeinschaftsleiter der anderen Bezirke des Landes oder der anderen Länder verteilen.

Beigeordneter Dr. Krebsbach

Die Tatsache, daß im Verlaufe der heutigen Diskussion verschiedentlich darauf hingewiesen worden ist, wie bedeutungsvoll die Ausbildung in der Kommunalverwaltung für den Verwaltungsjuristen ist, erfüllt mich mit besonderer Freude. Ich habe aber auch ebenso die Kritik vernommen, die im Zusammenhang mit der Ausbildung in der Kommunalverwaltung geäußert wurde, und ich möchte nicht verschweigen, daß mir die erhobenen Beanstandungen zu einem Teil durchaus bekannt sind. Wir wollen uns gemeinsam mit den Ländern bemühen, bessere Voraussetzungen zu schaffen. Aber nun speziell zum Thema Arbeitsgemeinschaft: Was hier als Idealprogramm für die Arbeitsgemeinschaft vorgetragen wurde, setzt als Ausbildungsleiter ein „Universalgenie" voraus. Dieses „Universalgenie" soll einmal die theoretischen Kenntnisse auf dem Gebiete des öffentlichen Rechts vertiefen, gleichzeitig mit den verschiedensten Mitteln dafür sorgen, daß der Referendar auch mit der Verwaltungspraxis unmittelbar stärker in Berührung kommt, vor allem die Problematik des Verwaltungshandelns und der Verwaltungskunst erkennen kann. Ich meine, wenn man schon besonderen Wert auf die Ausbildung in der kommunalen Selbstverwaltung legt, dann sollte man dafür Sorge tragen, daß diese kommunale Selbstverwaltung auch in irgendeiner Weise in den Arbeitsgemeinschaften mitwirken kann. Der Grund für die beobachteten Mängel ist doch darin zu suchen, daß der Dezernent oder sonstige höhere Beamte in der Kommunalverwaltung so stark mit seinen eigentlichen Aufgaben befaßt ist, daß es ihm nicht möglich ist, über die praktische Unterrichtung hinaus den Referendar noch mit den Problemen und Besonderheiten der kommunalen Aufgabenerledigung bekanntzumachen. Wenn aber andererseits als Ausbildungsleiter ausschließlich Beamte der Staatsverwaltung bestellt werden, dann führt das leicht dazu, daß der staatlichen Verwaltung ein stärkeres Gewicht beigelegt wird. Ich will mit dieser Bemerkung keine unterschiedliche Bewertung der Aufgabenträger und ihrer Beamten heraufbeschwören, sondern betone stets die grundsätzliche Einheit der öffentlichen Verwaltung und des öffentlichen Dienstes. Deshalb möchte ich mich auch nicht etwa für besondere kommunale Arbeitsgemeinschaftsleiter einsetzen. Ich meine aber, daß die Ausbildungsleiter in den einzelnen Stagen der Verwaltung oder andere geeignete Beamte aus der Verwaltung irgendwie mit in die Tätigkeit der Arbeitsgemeinschaft eingeschaltet werden sollten, damit es dort — wozu es in der Verwaltung selbst kaum Gelegenheit gibt — in dieser Arbeitsgemeinschaft zu dem notwendigen persönlichen Kontakt auf breiterer Basis mit allen Referendaren kommt. Es gibt sicher eine Reihe von kleineren und auch größeren Kommunalverwaltungen, die bereit wären, einen Beamten für diese Mitarbeit in der Arbeitsgemeinschaft zur Verfügung zu stellen. Damit möchte ich gleichzeitig wieder erreichen, daß nun auch in der einzelnen ausbildenden Verwaltung dieser Beamte, der zu der Arbeitsgemeinschaft zugezogen wird, sich noch mehr verantwortlich fühlt für die Gesamtausbildung und nicht nur für die Unterrichtung oder Unterweisung in einem Fachgebiet. Meine Anregung geht also dahin, daß die Arbeitsgemeinschaftsleiter gebeten werden, für bestimmte Einzelfragen oder für bestimmte Verwaltungszweige zu ihrer Unterstützung geeignete Beamte aus der kommunalen Praxis in der Arbeitsgemeinschaft mitwirken zu lassen.

Was ich hier sage, braucht nicht nur für die Kommunalverwaltung zu gelten. Denken Sie bitte daran, daß zum Bereich der Verwaltung in weiterem Sinne zahlreiche Verbände der Wirtschaft, Banken und Versicherungen usw. zu rechnen sind, deren Wirken in weitem Umfange auf Gebieten des öffentlichen Rechts liegt. Auch diese Spezialgebiete müssen irgendwie in der Arbeitsgemeinschaft zu Worte kommen. Also deshalb auch hier die Bitte an die Ausbildungsleiter, besondere Sachverständige auf diesen Sondergebieten zur Unterstützung ihrer Arbeit heranzuziehen. Vielfalt und Lebendigkeit brauchen die Gründlichkeit der Arbeit in der Arbeitsgemeinschaft nicht zu beeinträchtigen.

Professor Dr. Zeidler †

Die Legitimation, mich noch einmal zu Worte zu melden, leite ich aus einer nahezu fünfjährigen Tätigkeit als Arbeitsgemeinschaftsleiter ab. Die beiden Referate haben uns ein Bild gezeichnet, das mir einer gewissen Ergänzung bedürftig zu sein scheint, und damit bin ich auch bei dem Wasser, das vielleicht in die Referate gegossen werden muß, um uns davor zu bewahren, daß wir mit Idealvorstellungen dieses Problem hier erörtern. Ich stimme vor allem mit Herrn *Less* ganz darin überein, daß es sich um Arbeits*gemeinschaften* handelt, wobei die Betonung auch auf Gemeinschaft liegt, und würde (vielleicht habe ich Herrn *Pestenhofer* mißverstanden) die mehr dozierende Art ablehnen. Ich bin der Auffassung, daß in den Arbeitsgemeinschaften, etwa in der Art, wie sie uns Herr *Less* gezeigt hat, aktiv von allen Mitgliedern, den Referendaren, mitgearbeitet werden muß in Form von Vorträgen, Aktenvorträgen, wie man das auch tut. Ich habe es immer so gemacht, daß die von Herrn *Pestenhofer* hier sicher richtig gesehene Verbindung zwischen Systematik und praktischem Fall aufgegriffen wurde, und habe z. B. einen Kurzbericht über ein neues Gesetz von einem Referendar mit Korreferat, je nach Umfang des Gesetzes, halten lassen. Das hat sich als sehr nützlich erwiesen, und nur damit allein veranlaßt man eine größere Teilnehmerzahl zur Mitarbeit, daß man vorher Aufgaben verteilt. Das würde ich auch in den Fällen empfehlen, wo der Arbeitsgemeinschaftsleiter immer einen oder zwei vorbereitete Gesprächspartner bereits in seiner Crew hat, sonst besteht leicht die Gefahr, daß er sich in Monologen dozierender Art ergeht, weil die Bewältigung und die Bewegung der Teilnehmer oft auf große Schwierigkeiten stößt. Das scheint mir für die technische Seite sehr wichtig zu sein, und damit steht natürlich auch die Größe der Arbeitsgemeinschaft in engem Zusammenhang. Ich glaube, wir sind uns einig darüber, daß bei 25 Teilnehmern so etwa die optimale Größe liegt. Das läßt sich leichter postulieren als durchführen, weil damit der entscheidende Punkt, den ich hier vortragen möchte, angesprochen wird, nämlich das Personalproblem. Sowohl Herr *Ule* als auch die beiden Referenten haben meiner Ansicht nach in etwas zu knapper Weise darauf hingewiesen, daß die Ausgestaltung dieser Arbeitsgemeinschaften im einzelnen letztlich von der Person des Arbeitsgemeinschaftsleiters abhängt. Alles andere verfehlt die Wirklichkeit. Aber wo soll man solche idealen Arbeitsgemeinschaftsleiter herbekommen? Hauptamtlich, das scheint mir der am wenigsten praktikable Weg zu sein, weil — es hat mich sehr interessiert, was Sie von Ihrer Person gesagt haben, Herr *Less* — mit der Zeit einfach die Berührung zur Front, so möchte ich sagen, verlorengeht, wenn man das hauptamtlich betreibt. Es müssen ehrenamtliche, nebenamtliche Arbeitsgemeinschaftsleiter sein, die daneben ihr volles Referat zu erfüllen haben mit der damit natürlich auch wieder sofort in den Vordergrund tretenden Schwierigkeit: entweder wird auf dem einen Sektor volle Arbeit geleistet oder auf dem anderen Sektor; denn nach meiner Erfahrung ist eine Arbeitsgemeinschaft von zwei bis drei Stunden nur zu bewältigen, wenn man mindestens die gleiche Zeit der Vorbereitung, ich glaube etwas mehr, darauf verwendet. Da scheinen mir zunächst einige unlösbare Schwierigkeiten zu bestehen.

Einige Anregungen — mehr als Frage gedacht —, denn meine Erfahrungen liegen drei Jahre zurück, vielleicht haben sich die Dinge inzwischen grundlegend geändert, mehr als Frage denn als feste Meinung zu diesen Lösungen möchte ich aufzeigen: Ich finde es, oder empfand es, als nahezu unerträglichen Mangel, daß sich die Aktivität der Leitung der Verwaltung bezüglich der Arbeitsgemeinschaften darauf beschränkt, den Ernennungsakt des Arbeitsgemeinschaftsleiters vorzunehmen, und dann soll der Mann schwimmen. Das muß zwangsläufig zu Zufälligkeiten führen, die etwa nur in dem Stichwort angedeutet seien: „Na, ich habe Glück gehabt in meiner Ausbildung, ich hatte einen guten Arbeitsgemeinschaftsleiter." Die innere Verwaltung als die federführende für dieses Gebiet müßte sich dringend der Aufgabe unterziehen, so eine Art Marschroute, möchte ich grob sagen, aufzustellen...

Regierungsrat Dr. Pestenhofer

Dr. *Stich* führte aus, daß es in der Arbeitsgemeinschaft besonders auf die Anschaulichkeit ankomme, ein Grundsatz, den ich auch in meinem Referat herauszustellen versuchte und der nicht oft genug betont werden kann. Ich bin ferner seiner Meinung, wenn er ausführt, daß der Referendar im Rahmen der Verwaltungsausbildung mit Erfolg auch am Verwaltungsgericht ausgebildet werden kann.

Dr. *Scheerbarth* berichtete darüber, daß er in seiner Arbeitsgemeinschaft die Planspiele durchführe. Prof. *Ule* hat heute diesen Gedanken vertieft*. Diese Ausbildungsmethode hat mich beeindruckt. Ich bin überzeugt, daß mit ihr ausgezeichnete Erfolge erzielt werden können. Ich glaube aber, daß diese Methode überall dort schwer durchführbar ist, wo die Teilnehmerzahl in der Arbeitsgemeinschaft 50 oder 60 Referendare beträgt, also eine Zahl erreicht, mit der ich es zu tun habe. Ich bin überzeugt, daß die Arbeitsmethode in der Arbeitsgemeinschaft weitgehend von der Teilnehmerzahl bestimmt wird, und gerade in diesem Punkt scheinen ja die Arbeitsgemeinschaften in den einzelnen Bundesländern z. T. erheblich voneinander abzuweichen. Deshalb sind auch die Methoden unterschiedlich. Aber gerade im Hinblick auf diese unterschiedlichen Arbeitsmethoden sehe ich den großen Wert dieser Tagung darin, gehört zu haben, wie die Kollegen in anderen Bundesländern die Ausbildung der Referendare durchführen. Diesen Erfahrungsaustausch fortzuführen, möchte ich anregen. Er trägt dazu bei, die eigene Arbeitsgemeinschaft zu verbessern, zu vervollständigen und zu intensivieren.

---

* Die Schlußworte der beiden Referenten wurden nach dem Vortrag von Professor Dr. Ule gehalten.

Dr. *Gelbert* regte an, an Landratsämtern kleinere Arbeitsgemeinschaften einzurichten. Ich darf berichten, daß wir an einigen größeren Landratsämtern bereits Aussprachekreise für Referendare eingerichtet haben, die sich bewähren.

Dr. *Krebsbach* führte aus, man möge doch die Selbstverwaltung innerhalb der Ausbildung mehr zu Wort kommen lassen. Hierzu möchte ich ergänzend zu meinem Referat ausführen, daß in größeren Städten, so z. B. in München, kommunale Ausbildungsleiter bestellt sind, die die Referendare während der viermonatigen Ausbildung bei der Stadt gerade auf die besondere Stellung der Gemeinde im allgemeinen Staatsgefüge hinweisen.

Abschließend möchte ich noch einmal unterstreichen, was auch der Korreferent Dr. *Less* betont hat: Nicht nur Wissen zu vermitteln ist das Ziel der Arbeitsgemeinschaft, sondern das Verständnis für die Verwaltung zu wecken, das Verwaltungskönnen zu heben, soll das Bestreben des Arbeitsgemeinschaftsleiters sein. Die Arbeitsgemeinschaft kann niemals die praktische Ausbildung ersetzen. Sie ist die notwendige Ergänzung zur Ausbildung bei der Verwaltungsbehörde und beim Verwaltungsgericht.

Oberregierungsrat Dr. Less

Ich werde versuchen, die zehn vorgesehenen Punkte im Telegrammstil abzuhandeln.

Die angeregte Mitwirkung des Dezernenten aus der Staats- und Kommunalverwaltung, um die Arbeitsgemeinschaften anschaulicher zu machen, ist begrüßenswert. Ihr Erfolg hängt aber von der sorgfältigen Auswahl des Vortragenden ab, und zwar sowohl hinsichtlich des Gebiets des Vortrages wie auch hinsichtlich der Person des Vortragenden. Man wird also Schwerpunkte auswählen müssen und auch Vortragende auszuwählen haben, die in der Lage sind, ihre Gebiete in angemessener Zeit instruktiv, kurz und übersichtlich zu bringen.

Eine Arbeitsgemeinschaft in den unteren Verwaltungsbehörden, insbesondere eine Arbeitsgemeinschaft in Kommunalverwaltungen, ist in Niedersachsen unbekannt und in diesem Ausbildungssystem auch nicht erforderlich.

Daß der Referendar nach Möglichkeit länger bei der unteren als bei einer Oberbehörde arbeiten sollte, ist zu bestätigen. Der Referendar soll möglichst nahe an den Fall, an die faktische Verwaltungsgestaltung in der Ortsebene herangeführt werden. In der Mittelinstanz vollzieht sich die Entscheidung bereits in rechtlich übergeordneter Betrachtung, teilweise sogar in einem Gruppendenken, wie es bei Normierungsaufgaben, z. B. der Prüfung einer Satzung, der Fall ist. Bei der Ortsstufe bedarf es jedoch sorgfältiger Auswahl der Ausbildungsstelle, namentlich unter dem Gesichtspunkt, ob der Leiter der Ortsverwaltung auch ohne akademische juristische Vorbildung geeignet erscheint, den Referendar wirklich auszubilden und in seiner Arbeit sachlich zu kritisieren und zu beurteilen. Zum Punkt Klausuren schließe ich mich der Meinung an, daß sie ein besonders wichtiges Übungsmittel sind. Auch scheint mir zutreffend, daß man sich weder auf die Bearbeitung von Aktenauszügen aus den Vorgängen der praktischen Verwaltung noch auf die Verwendung theoretisch angereicherter Textklausuren festlegen sollte, sondern daß es vielmehr Aufgabe des Ausbildungsleiters ist, hier die Auswahl zu treffen. Bei mehreren nebeneinander bestehenden, aber inhaltlich differenzierten Arbeitsgemeinschaften ist die Möglichkeit gegeben, auch bei den Klausuren einen Steigerungsvorgang zu schaffen, indem man die Aufgabe nach Inhalt und Schwierigkeitsgrad von der Anfänger- bis zur Examensklausur variiert. Dabei sollte auch auf die Verwendung von Spezialgesetzen nicht verzichtet werden. Es ist manchmal erstaunlich festzustellen, wie wenig Routine darin besteht, eine große Gesetzessammlung mit eigenen geistigen Mitteln in angemessener Zeit auf die darin vorhandenen und für den konkreten Fall in Betracht kommenden Normen durchzuarbeiten. Es gibt Bearbeiter, die gar nicht auf die Idee kommen, zuerst das Inhaltsverzeichnis durchzuprüfen. Der Einwand, daß die Klausur zu speziell sei, wird sich im Regelfall dann als unberechtigt herausstellen, wenn im Anschluß an dieses Spezialproblem noch Fragen aus dem allgemeinen Verwaltungsrecht oder dem Verfassungsrecht enthalten sind, die mindestens dasselbe, wenn nicht ein erhöhtes Gewicht besitzen.

Es wurde die Frage der Residenzpflicht angesprochen. Ich glaube die Residenzpflicht ist notwendig. Wir haben sie in Niedersachsen von 9 bis 13 Uhr und haben außerdem im Wege der Hausverfügung angeordnet, daß der Referendar nach Anordnung des Dezernenten je nach Bedarf auch einmal am Nachmittag zur Verfügung zu stehen habe. Das setzt allerdings gewisse organisatorische Gegebenheiten voraus: vor allem das Vorhandensein eines entsprechenden Raums, entweder eines größeren Gemeinschaftsraums, in dem sich die Referendare aufhalten, oder aber eines Raumes, der in der praktischen Ausbildungsstelle zur Verfügung steht.

Ich bin dann darauf aufmerksam gemacht worden, daß ich gestern bei meinen Formulierungen über die Subsumtion, insbesondere die juristische Bearbeitung der unbestimmten Gesetzesbegriffe, mich insofern mißverständlich ausgedrückt hätte, als der Eindruck entstanden sein könne, in der Justiz sei diese Art der Rechtsanwendung nur minder bedeutsam. Natürlich gibt es in der Justiz eine Unmenge solcher Begriffe. Ich glaube aber nach wie vor sagen zu sollen, daß die praktische, arbeitsmethodische Verwendung der Begriffe in der Verwaltung ein erhöhtes Gewicht besitzt und auch einen erhöhten Schwierigkeitsgrad aufweist, da häufig eine konkrete Normierung fehlt, wie wir sie von den Justizgesetzen im Regelfall gewöhnt sind.

Daß der Referendar auch Normierungsaufgaben bearbeiten sollte, scheint mir richtig zu sein. Der Referendar muß, wie der Kommunal- oder der Polizeidezernent, in der Lage sein, eine Polizeiverordnung oder eine kommunale Satzung zu prüfen. Es ist ein ausgesprochener Mangel der Ausbildung, wenn diese Dinge nicht miteinbezogen werden. Der spätere Dezernent muß mit Sicherheit eine Polizeiverordnung auf ihre einzelnen Strukturmerkmale untersuchen können und darf diese Dinge nicht etwa in der Hauptsache von seinem Inspektor bearbeiten lassen.

Das Planspiel als eine Methode der praktischen Information scheint mir wertvoll zu sein. Dies gilt in der Arbeitsgemeinschaft aber, glaube ich, unter zwei Voraussetzungen: Erstens muß das Planspiel sorgfältig vorbereitet sein. Ob in der Arbeitsgemeinschaft bei dem ohnehin de facto meist überlasteten Arbeitsgemeinschaftsleiter die Möglichkeit besteht, ein Planspiel sorgfältig vorzubereiten, halte ich für fraglich. Zweitens muß das Planspiel dem Thema nach so ausgestaltet werden, daß es informativer, interessanter, konzentrierter ist als die Arbeit in einer praktischen Ausbildungsstelle, in einem Dezernat. Wir werden also sehr sorgfältig die Themen auswählen und auch die Methodik so überlegen müssen, daß das Planspiel nicht einen „Spiel"charakter bekommt, sondern Ernstlichkeitswert erhält. Das ist sicherlich eine recht schwierige Aufgabe und eine Frage der Einzelvorbereitung, deren Erfolg von der Persönlichkeit des Arbeitsgemeinschaftsleiters abhängt; wie dies im übrigen auch bei der angeregten enzyklopädischen Behandlung einer Aufgabe der Fall ist, die man nur begrüßen kann.

Eine Übungsarbeit, wie sie hier in Speyer gegeben wird, scheint mir sehr förderlich zu sein. Wir machen das in Niedersachsen bei den Inspektorenanwärtern, um sie möglichst schnell kennenzulernen. Ich glaube, daß wir zu überlegen hätten, ob wir bei länger dauernder Verwaltungsausbildung im Rahmen der Verwaltungslehre (z. B. in den ersten vier der 12 Monate in Niedersachsen) nicht auch davon Gebrauch machen sollten, derartige allgemeine Arbeiten zu geben.

Es wurde gestern dann davon gesprochen, daß man bei dem Referendar versuchen solle, auch das „Gespür" für die Richtigkeit einer Zweckmäßigkeitsentscheidung, einer Ermessensentscheidung stärker zu entwickeln. Ich habe den Eindruck, ich bitte mir diese Formulierung abzunehmen, als ob hier etwas viel von uns verlangt wird. Sicherlich ist die hier mehrfach hervorgehobene Feststellung berechtigt, daß die Verwaltung — wie Herr Professor *Bachof* formulierte — „mit den Referendaren nicht genug anfängt", und daß sie die Ausbildung intensivieren muß. Wir haben ein gewisses Mindestmaß von Wissen, zumindest thematisch, zu berücksichtigen. Wir haben insbesondere die Arbeitsmethodik in der verwaltungsrechtlichen Arbeit zu fördern. Ob wir aber, da wir in 12 Monaten nur ein sehr begrenztes Quantum an Verwaltungserfahrung zu vermitteln vermögen, es erreichen können, dies Gespür so zu mobilisieren, daß es praktisch in Erscheinung tritt, scheint mir doch zweifelhaft zu sein. Ich meine, ultra posse nemo obligatur. Wir laufen Gefahr, etwas Unmögliches anzustreben, und damit das Mögliche nicht in dem adäquaten Umfang zu erreichen.

Ich darf mit einer persönlichen Bemerkung abschließen, die das Gefühl der Dankbarkeit zum Ausdruck bringen soll, derart viele Anregungen durch die Diskussion und durch die Vorträge erhalten zu haben. Ich habe den Eindruck, als ob wir gerade als Ausbildungsleiter, die wir häufig nach den gegebenen Verhältnissen im Einzelfall von uns aus die Anregungen für die Ausgestaltung der Arbeitsgemeinschaft zu finden haben, außerordentlich viele Anregungen aus einer solchen Tagung mitnehmen. Die Ausbildung wird ja nicht nur von dem Vermitteln-Können des Wissens und von dem Formen-Können in der arbeitsmethodischen Tätigkeit bestimmt. Das Arbeitsmotiv des Ausbildungsleiters muß das menschliche Bedürfnis und Bestreben sein, dem Referendar durch Kritik und Anregung helfen zu wollen. Die Methoden, zu diesem Ziel zu kommen, sind so vielfältig, so subjektiv bestimmt, daß es nicht genug Anregungen geben kann, um uns in diesem Ziel im Einzelfall zu unterstützen. Deshalb würde es, das wird aus berufenerem Munde sicher überzeugender klingen, als ich das hier als meinen persönlichen Eindruck wiedergebe, wohl nicht nur von mir begrüßt werden, wenn es möglich wäre, diese Aussprachen fortzusetzen, wie das mein verehrter Herr Vorredner auch schon gesagt hat.

Die verwaltungswissenschaftliche Ausbildung an der Hochschule für Verwaltungswissenschaften Speyer

Von Carl Hermann Ule

Die Darstellung der verwaltungswissenschaftlichen Ausbildung an der Hochschule für Verwaltungswissenschaften Speyer, die mir im Rahmen dieser Arbeitstagung aufgetragen ist, muß von der gegenwärtigen Stellung unserer Hochschule im Zusammenhang des juristischen Ausbildungswesens ausgehen. Nicht was die Hochschule einmal war oder was sie sein könnte, wenn die einheitliche Ausbildung für Justiz und Verwaltung aufgegeben und die frühere Sonderausbildung für den höheren Verwaltungsdienst wiederhergestellt würde, kann die Grundlage unserer Betrachtungen sein, sondern nur das, was sie nach ihrer Organisation, ihrer Zusammensetzung und der ihr gestellten Aufgabe jetzt ist. Diese Beschränkung auf den gegenwärtigen Stand der Hochschule schließt es allerdings nicht aus, sondern macht es geradezu erforderlich, mit wenigen Worten auf die Entstehung und die frühere Stellung der Hochschule einzugehen, da nur auf diesem geschichtlichen Hintergrund die jetzige Stellung der Hochschule im System unseres Ausbildungswesens voll verständlich wird.

Im ersten Teil meiner Ausführungen werde ich also über die Organisation, die Zusammensetzung und die Aufgabe unserer Hochschule zu berichten haben. Aber schon in diesem Bericht wird sich die Frage stellen, mit welchem Recht sich die Hochschule als eine Hochschule für Verwaltungswissenschaften bezeichnet und was denn eigentlich unter diesem Begriff der Verwaltungswissenschaften zu verstehen ist. Trotz der Schwierigkeiten, die sich einer Erörterung dieser Frage im Rahmen eines kurzen Referats entgegenstellen, muß ich daher im zweiten Teil dieses Vortrages den Versuch machen, den Begriff der Verwaltungswissenschaften näher zu bestimmen, weil nur so die Voraussetzungen für eine fruchtbare Behandlung des mir gestellten Themas gegeben sind. Ich hoffe, dadurch auch Mißverständnisse ausräumen zu können, denen die Arbeit der Hochschule gelegentlich ausgesetzt ist.

Schließlich werde ich im dritten Teil meiner Ausführungen über die verwaltungswissenschaftliche Ausbildung an der Hochschule selbst sprechen, wobei ich zwar für den Lehrplan und die Lehrmethoden im allgemeinen ein objektives Bild geben kann, für die Lehrmethoden im besonderen aber auf meine persönlichen Erfahrungen zurückgreifen muß. Diese Einschränkung ergibt sich aus dem Charakter unserer Hochschule als einer wissenschaftlichen Hochschule, die das einzelne Mitglied des Lehrkörpers in der Gestaltung seiner Lehrveranstaltungen weder in der Wahl des Gegenstandes noch der Methode mehr Beschränkungen unterwirft, als durch die der Hochschule gestellte Aufgabe geboten sind. Soweit also diese Darstellung insoweit keinen Anspruch auf Allgemeingültigkeit erheben kann, besteht gewiß in der Diskussion Gelegenheit zu ihrer Ergänzung.

I.

Die Hochschule für Verwaltungswissenschaften ist im Jahre 1947 für die Länder Rheinland-Pfalz, Baden und Württemberg-Hohenzollern als „Staatliche Akademie für Verwaltungswissenschaften" gegründet worden. Sie hatte damals die Aufgabe, Anwärter für den höheren Verwaltungsdienst in einem viersemestrigen Lehrgang, der mit einer 18monatigen Tätigkeit bei Gemeindeverwaltungen, Landratsämtern und Bezirksregierungen verbunden war, auszubilden und auch die Prüfung für den höheren Verwaltungsdienst abzunehmen. Auf der Grundlage „fachlicher Fähigkeiten, völliger Hingabe an das Amt und strengen Pflichtbewußtseins" sollte sie der „Neubildung einer Beamtenschaft" dienen, die „zur Wiedergeburt des demokratischen Geistes" beitragen sollte. Unter dieser Zielsetzung hat die Hochschule in den Jahren 1947 bis 1951 eine größere Anzahl von Regierungsreferendaren und Aufstiegsbeamten aus den drei Ländern der früheren französischen Besatzungszone ausgebildet. Diese mußten sich vor ihrer Aufnahme in die Akademie einem Colloquium oder einer Aufnahmeprüfung unterziehen, von deren Ergebnis die Aufnahme abhing; im Sommersemester 1947 sind z. B. nur 50 von 190 Bewerbern zur Ausbildung angenommen worden. Insgesamt haben in den Jahren 1947 bis 1951 über 100 Kandidaten, zum größten Teil Regierungsreferendare, die große Staatsprüfung für den höheren Verwaltungsdienst an der Hochschule abgelegt.

Wie schon aus diesen Andeutungen hervorgeht, hat bei der ursprünglichen Gestaltung der Hochschule die im Jahre 1945 gegründete Ecole Nationale d'Administration in Paris Pate gestanden, obwohl diese von Anfang an nicht auf die Ausbildung für den höheren Verwaltungsdienst im allgemeinen, sondern auf die Gewinnung von Spitzenkräften der Verwaltung zugeschnitten war. Jedoch hat sich der Gedanke einer besonderen Ausbildung für den höheren Verwaltungsdienst nach dem Vorbild der ENA auf die Dauer nicht festhalten lassen. Nach der Währungsreform war er durch die drei anfänglich beteiligten Länder, die zusammen nur etwa 5 1/2 Millionen Einwohner hatten, schon aus finanziellen Gründen nicht länger zu verwirklichen. Außerdem hatte inzwischen der Gedanke einer einheitlichen Ausbildung für Justiz und Verwaltung wieder erheblich an Boden gewonnen. In Norddeutschland, in der früheren britischen Besatzungszone, hatte das Zentraljustizamt in Hamburg schon im Jahre 1946 eine für die Länder Nordrhein-Westfalen, Niedersachsen, Schleswig-Holstein und Hamburg geltende gemeinsame Justizausbildungsordnung erlassen, die auf die weitere Entwicklung in diesem Raum von maßgeblichem Einfluß gewesen ist, und in Bayern hatte der Landtag im Jahre 1949 beschlossen, die Einheit der Ausbildung für Justiz und Verwaltung, die dort bis zur reichsgesetzlichen Einführung der Sonderausbildung für den höheren Verwaltungsdienst im Jahre 1937 bestanden hatte, wiederherzustellen. Aus beiden Gründen ergab sich die Notwendigkeit einer grundsätzlichen Neuordnung der Hochschule, die im Wintersemester 1949/50 und im Sommersemester 1950 durchgeführt worden ist. Damals sind die Länder Bayern, Niedersachsen, Schleswig-Holstein und Hessen dem Verwaltungsabkommen über die Hochschule beigetreten. Durch diese Ausdehnung ihres räumlichen Wirkungsbereichs war die Hochschule genötigt, sich in ihrer Zielsetzung den Ausbildungsplänen anzupassen, die in diesen Ländern der Bundesrepublik für die Ausbildung der höheren Verwaltungsbeamten bestanden. Diese Pläne kannten eine besondere Ausbildung für den höheren Verwaltungsdienst, die von der für den Justizdienst getrennt ist, nicht, wenn ich von der damals auslaufenden Ausbildung ehemaliger Regierungsreferendare (Assessoren K) absehe. Wie auch immer man damals — und heute! — über die Zweckmäßigkeit dieser Regelung denken mochte, die Hochschule jedenfalls konnte an der Tatsache dieser einheitlichen Ausbildung für Justiz und Verwaltung nicht vorübergehen und mußte ihr in der Zielsetzung und in der Gestaltung ihres Lehrplanes Rechnung tragen. Das hatte zur Folge, daß die Hochschule nicht mehr, wie in den ersten Jahren ihres Bestehens, die — für die Länder der französischen Besatzungszone — zentrale Ausbildungsstätte für den höheren Verwaltungsdienst darstellen konnte, an der sich die Ausbildung sämtlicher Verwaltungsbeamten konzentrierte, sondern daß sie eine sachlich engere, aber in ihrer räumlichen Wirkung breitere und deshalb vielleicht nicht minder wichtige Aufgabe übernehmen mußte, nämlich im Rahmen der einheitlichen Ausbildung für Justiz und Verwaltung denjenigen Referendaren ein zusätzliches Studium auf dem Gebiet der Verwaltungswissenschaften zu ermöglichen, die daran besonders interessiert sind, weil sie die Absicht haben, sich später dem Dienst in der Verwaltung zu widmen, oder weil sie als künftige Rechtsanwälte, Wirtschaftsjuristen oder Verwaltungsrichter besondere Vertrautheit mit der Verwaltung und dem Verwaltungsrecht für erforderlich halten.

Dieser Aufgabe hat sich die Hochschule seit 1950 in immer stärkerem Umfange angenommen. Nachdem, wie ich schon erwähnte, in den Jahren 1949/50 Bayern, Niedersachsen, Schleswig-Holstein und Hessen der Hochschule beigetreten sind, haben sich ihr von 1952 bis 1957 die übrigen Länder der Bundesrepublik angeschlossen, so daß heute der Bund und sämtliche Länder an der Hochschule beteiligt sind. Die darin zum Ausdruck kommende Konsolidierung der Hochschule zeigte sich vor allem in einem ständigen Anwachsen der Hörerzahl, die von 75 im Sommersemester 1950 und 85 im Wintersemester 1950/51 auf 274 im Sommersemester 1962 angestiegen ist und im Durchschnitt der letzten 10 Semester 202 betragen hat. Sie sollte nach unseren Vorstellungen auch künftig 250 nicht übersteigen, weil auch das neue Hochschulgebäude auf diese Zahl eingerichtet ist und weil der bisherige Ausbildungsstil in verhältnismäßig kleinen Arbeitsgemeinschaften, Übungen und Seminaren nur bei einer solchen Beschränkung der Hörerzahl gewahrt werden kann. Natürlich hat das Anwachsen der Hörerzahl auch eine erhebliche Erweiterung des Lehrkörpers notwendig gemacht. Im Wintersemester 1962/63 wird er aus 8 Ordinarien, davon 4 für das öffentliche Recht, 1 für vergleichende Verwaltungswissenschaft und öffentliches Recht, 1 für Rechts- und Staatsphilosophie und Soziologie, 1 für wirtschaftliche Staatswissenschaften und 1 für neuere politische Geschichte, 4 Honorarprofessoren, 18 Lehrbeauftragten, 3 Lektoren und 4 wissenschaftlichen Assistenten bestehen. Die Honorarprofessoren und Lehrbeauftragten sind meist führende Praktiker aus Verwaltung und Gerichtsbarkeit.

Die Auswahl der an die Hochschule für ein Semester abzuordnenden Referendare erfolgt nicht mehr, wie in den ersten Jahren, durch die Hochschule selbst, sondern in den meisten Ländern durch die Innenministerien. Dabei wird auf ein besonderes Interesse der auszuwählenden Referendare an Verwaltung und Verwaltungsrecht Wert gelegt. Aus diesem Grunde ist der Besuch der Hochschule in fast allen Ländern fakultativ. Obligatorisch ist er nur für alle Referendare aus Rheinland-Pfalz. In Nordrhein-Westfalen können Referendare, die länger in der Verwaltung ausgebildet werden, durch den Innenminister, der auch während dieser Zeit ihre Ausbildung leitet, der Hochschule überwiesen werden. Auch für die Wirtschaftsreferendare, die ein Studium der Wirtschafts-, Finanz- oder Sozialwissenschaft absolviert haben, ist die Teilnahme an einem Semester in Speyer obligatorisch.

Für die Struktur der Hochschule ist es schließlich noch von Bedeutung, daß sie von Anfang an die Rektoratsverfassung einer wissenschaftlichen Hochschule gehabt hat. Der vom Senat gewählte Rektor vertritt die Hochschule nach außen und verwaltet sie nach den Beschlüssen des Senats und des Verwaltungsrats. Dieser hat nach Vorschlag der akademischen Behörden über den Haushalt, über die Berufung der ordentlichen und außerordentlichen Professoren und über den Lehrplan zu beschließen.

II.

Die Hochschule hat nach dem Rheinland-Pfälzischen Landesgesetz über die Errichtung der Hochschule für Verwaltungswissenschaften Speyer vom 30. August 1950 die Aufgabe, die verwaltungswissenschaftliche Ausbildung, Fortbildung und Forschung zu pflegen. Der Aufgabe der verwaltungswissenschaftlichen Fortbildung waren bisher 30 Staatswissenschaftliche Fortbildungskurse gewidmet, die seit 1947 fast regelmäßig im Frühjahr und im Herbst in Speyer abgehalten worden sind und die Hochschule in weiten Kreisen der deutschen Verwaltungsbeamten und Richter bekannt gemacht haben. Auf ihre Bedeutung für die verwaltungswissenschaftliche Fortbildung habe ich hier nicht einzugehen. Auch die Aufgabe der verwaltungswissenschaftlichen Forschung gehört nicht zum eigentlichen Thema meines Referats. Jedoch möchte ich die für die Hochschule wesentliche Verbindung von Lehre und Forschung, die sich in dieser Aufgabenstellung ausspricht, nachdrücklich unterstreichen. Gerade in der institutionellen Pflege der wissenschaftlichen Forschung hat die Hochschule in den letzten 5 Jahren erhebliche Fortschritte gemacht. Ich kann dabei auf die seit 1957 stattfindenden Verwaltungswissenschaftlichen Arbeitstagungen unter internationaler Beteiligung, durch die der weitgehend verlorengegangene Kontakt der deutschen Verwaltungswissenschaft mit dem Ausland wiederhergestellt worden ist, und auf die Errichtung eines Instituts für Forschung und Information, das in diesem Jahr seine Tätigkeit aufgenommen hat, verweisen.

Hier ist über die verwaltungswissenschaftliche Ausbildung an unserer Hochschule zu sprechen. Im Rahmen der einheitlichen Ausbildung für Justiz und Verwaltung, die seit 1950 den Rahmen ihrer Wirksamkeit darstellt und nach menschlichem Ermessen auch in Zukunft bilden wird, kommt der Hochschule die Aufgabe zu, den künftigen höheren Verwaltungsbeamten und den aus anderen Gründen daran besonders interessierten Referendaren ein ergänzendes einsemestriges Studium auf dem Gebiet der gesamten Verwaltungswissenschaften zu ermöglichen. Das Universitätsstudium kann den Studenten auf dem Gebiet des Verwaltungsrechts nur die Kenntnis der Grundlagen dieses im modernen Verwaltungsstaat so umfangreichen und wichtigen Rechtsgebiets geben. Wesentliche Einzelfragen des allgemeinen Verwaltungsrechts, die meisten Gebiete des besonderen Verwaltungsrechts, z. B. Beamtenrecht, Gemeinderecht, Sozialrecht, Steuerrecht, und das Verwaltungsprozeßrecht müssen auf der Universität mehr oder minder vernachlässigt werden. Verwaltungslehre und Verwaltungspolitik erscheinen in den Vorlesungsverzeichnissen der meisten deutschen Universitäten überhaupt nicht. Mehr noch als im Anwendungsbereich des Zivil- und des Strafrechts fehlt dem Studenten die praktische Anschauung von der Verwaltung, mit der er in seiner Studienzeit, wenn überhaupt, nur von außen her, als Antragsteller oder als Betroffener, in Berührung kommt. Organisation und innerer Betrieb der Verwaltung sind ihm genauso fremd wie die Kunst, mit der ein tüchtiger Verwaltungsbeamter schwierige Verwaltungsprobleme zu lösen versteht. Organisations- und Betriebslehre der Verwaltung sind daher für ihn von gleicher Wichtigkeit wie ein Eindringen in die Geheimnisse der Verwaltungskunst, zu dem ihm ein erfahrener Verwaltungsbeamter verhelfen kann.

Es ist also die Verwaltung als Ganzes, die den Gegenstand der verwaltungswissenschaftlichen Ausbildung an der Hochschule bildet, nicht nur das Recht der Verwaltung, so wichtig das Verwaltungsrecht für eine rechtsstaatliche Verwaltung auch ist. Die Hochschule für Verwaltungswissenschaften ist also keine Verwaltungsrechtsschule, auch wenn die Pflege des Verwaltungsrechts begreiflicherweise an ihr einen breiten Raum einnimmt, und noch weniger hat sie die Aufgabe, wie in Referendarkreisen manchmal angenommen zu werden scheint, im öffentlichen Recht und auf einigen damit zusammenhängenden Rechtsgebieten wie dem Arbeitsrecht und dem Recht der freiwilligen Gerichtsbarkeit auf die Zweite Juristische Staatsprüfung vorzubereiten. Man würde den Sinn der Hochschule durchaus verfehlen, wenn man sie als ein qualifiziertes oder, da die an ihr tätigen Dozenten nun einmal keine erfahrenen Repetitoren sind, nicht qualifiziertes Repetitorium des öffentlichen Rechts ansehen wollte. Natürlich kann die Hochschule an den Anforderungen, die in der Zweiten Juristischen Staatsprüfung an die Referendare gestellt werden, nicht vorübergehen, genausowenig wie die Universität die Anforderungen der Ersten Juristischen Staatsprüfung außer acht lassen kann. Aber das Ziel der Ausbildung an der Hochschule ist die Erweiterung und Vertiefung der verwaltungswissenschaftlichen Kenntnisse überhaupt, ganz unabhängig davon, ob diese Kenntnisse in der Staatsprüfung gefordert werden oder nicht. Deshalb kann es auch nicht die Aufgabe der Hochschule sein, ihren Hörern jeden, auch den speziellsten Teilbereich des Verwaltungsrechts nahezubringen, nur weil er etwa für das Examen von Bedeutung sein kann, sondern es ist ihr Ziel, ihre Hörer in die Grund- und Kernfragen der modernen Verwaltung einzuführen und sie in der Beherrschung der verwaltungswissenschaftlichen Methodik im allgemeinen und der verwaltungsrechtlichen im besonderen zu vervollkommnen. Von dieser Aufgabenstellung her ist es verständlich, daß die Hochschule in ihrem Lehrplan der neueren politischen Geschichte, der Rechts- und Staatsphilosophie und der Soziologie, den wirtschaftlichen Staatswissenschaften und der vergleichenden Verwaltungswissenschaft breiten Raum gibt, obwohl diese Fächer keinen Gegenstand der Zweiten Juristischen Staatsprüfung bilden. Zahlreiche Lehrveranstaltungen dieser Art, z. B.

über Probleme der Verwaltungslehre und der Verwaltungspolitik, über Fragen der Verwaltungsvergleichung, über internationales und europäisches Verwaltungs- und Wirtschaftsrecht, über Probleme der Finanz- und Währungspolitik, fallen durchaus aus dem Rahmen der Prüfungsfächer heraus.

Referendare, die nur auf die Hochschule kommen, um sich dadurch besser auf die Zweite Juristische Staatsprüfung vorzubereiten, gehen deshalb an den Ausbildungsmöglichkeiten, die ihnen die Hochschule zu bieten hat, weitgehend vorbei. Gewiß gibt die Hochschule ihren Hörern auch die Gelegenheit, ihr Examenswissen zu bereichern. Aber jeder Referendar, der für ein Semester nach Speyer geht, sollte sich sagen, daß er dieses Semester besser durch ein an der Aufgabe der Hochschule orientiertes verwaltungswissenschaftliches Studium als durch bloße Examensvorbereitung nutzen kann. Durch die Einrichtung der verwaltungswissenschaftlichen Arbeitsgemeinschaften und durch bestimmte Vorlesungen, Übungen und Colloquien, auf die ich noch zurückzukommen habe, ist außerdem dafür gesorgt, daß die prüfungsbezogene Ausbildung nicht zu kurz kommt. Erfreulicherweise haben die meisten Referendare, die nach Speyer abgeordnet werden, dafür Verständnis, wozu der Umstand nicht unwesentlich beiträgt, daß das Semester in Speyer etwa in die Mitte der ganzen Vorbereitungszeit fällt, so daß der Druck der Zweiten Juristischen Staatsprüfung noch nicht so auf den Referendaren lastet, als wenn sie zu einem späteren Zeitpunkt nach Speyer kommen würden.

Für den Charakter des Studiums an der Hochschule ist es von entscheidender Bedeutung, daß der Lehrbetrieb unter dem Gedanken der akademischen Freiheit steht, obwohl das Studium einen Teil des Vorbereitungsdienstes darstellt, den die Referendare als Beamte ihres Landes abzuleisten haben. Das bedeutet, daß die Hochschule ihren Hörern über die Auswahl der Vorlesungen, Übungen, Colloquien und Seminare, die sie besuchen sollen, grundsätzlich keine Vorschriften macht. In der Gestaltung ihres Studienprogramms sind die Referendare also, von einer gleich noch zu erläuternden Ausnahme abgesehen, frei. Diese akademische Freiheit folgt nicht nur aus dem Wesen und der Struktur der Hochschule, sondern ergibt sich m. E. zwangsläufig auch daraus, daß jeder einzelne Referendar einen ganz bestimmten Studien- und Ausbildungsgang hinter sich hat und deshalb selbst darüber entscheiden muß, in welchem Umfang und in welcher Weise er von den ihm gebotenen Möglichkeiten der Erweiterung und Vertiefung seiner Kenntnisse Gebrauch machen will. Deshalb sollten auch die für die Ausbildung verantwortlichen Stellen in den einzelnen Ländern in der Bestimmung von Pflichtveranstaltungen, die jeder Referendar zu besuchen hat, zurückhaltend sein. Die Hochschule selbst, die im Rahmen der gesamten Ausbildung für den geordneten Gang des an ihr durchzuführenden Studiums verantwortlich ist, legt ihren Hörern nur insofern gewisse Verpflichtungen auf, als sie ihnen die Teilnahme an mindestens 20 Wochenstunden der Lehrveranstaltungen (Vorlesungen, Arbeitsgemeinschaften, Colloquien, Übungen, Seminare, Sprachkurse) zwingend vorschreibt. Dabei ist allerdings die Teilnahme an einer Arbeitsgemeinschaft für Verwaltungslehre, Verwaltungsrecht und Verwaltungspolitik unerläßlich. Welche Bedeutung die Hochschule diesen Arbeitsgemeinschaften beimißt, geht daraus hervor, daß der notwendige Teilnehmerschein aus dieser Arbeitsgemeinschaft durch die Teilnahme an anderen Lehrveranstaltungen: Colloquien, Übungen oder Seminaren, nicht ersetzt werden kann. Im übrigen haben die Referendare den erfolgreichen Besuch der Arbeitsgemeinschaft und mindestens zweier Übungen, Colloquien oder Seminare am Ende des Semesters durch Vorlage der Scheine nachzuweisen. Mit der Auferlegung einer bestimmten Pflichtstundenzahl und der obligatorischen Teilnahme an einer verwaltungswissenschaftlichen Arbeitsgemeinschaft und an zwei Übungen, Colloquien oder Seminaren bei Freiheit der Wahl unter diesen Lehrveranstaltungen — mit Ausnahme der Arbeitsgemeinschaft — sieht die Hochschule den Ausgleich zwischen akademischer Freiheit und beamtenmäßiger Bindung, der den Hörern ein ausreichendes Maß von Freiheit in dieser Gebundenheit sichert.

Ausländische Gäste unserer Hochschule haben gelegentlich an dem Mißverhältnis zwischen der Zahl der eingeschriebenen Hörer und dem Besuch einzelner Vorlesungen, das sie beobachten konnten, Anstoß genommen und eine stärkere Inpflichtnahme der Hörer zu erwägen gegeben. Soweit diese Besucher aus Ländern kommen, in denen schon der Universitätsbetrieb stärker schulmäßige Züge trägt als bei uns, ist diese Einstellung begreiflich. Diese Besucher können nicht verstehen, daß man jungen, im Vorbereitungsdienst stehenden und vom Staat, wenn auch bescheiden, besoldeten Beamten ein solches Maß an Freiheit läßt. Der Senat unserer Hochschule hat sich mit dieser Frage wiederholt beschäftigt. Er überhört den Mißklang, der durch das Zusammentreffen der akademischen Freiheit mit dem Beamtenstatus der Referendare zu entstehen vermag, keineswegs. Aber er ist der Auffassung, daß sich dieser Mißklang nicht dadurch aus der Welt schaffen läßt, daß dem Studium an der Hochschule die akademische Freiheit genommen wird. Ein solcher Eingriff würde die jetzige Struktur der Hochschule als wissenschaftlicher Hochschule gefährden und wäre nur mit einer völligen Änderung ihres Wesens, die auch den Status ihrer Ordinarien antasten würde, vereinbar. Die Leere des Hörsaals als Folge der akademischen Freiheit ist wohl überall, nicht nur an unserer Hochschule, nicht durch die Aufhebung der akademischen Freiheit, sondern nur durch eine sachgemäßere Ausgestaltung des Lehrplans und der Lehrmethoden zu beseitigen.

Ich habe in diesen Ausführungen über die der Hochschule gestellte Aufgabe, die verwaltungswissenschaftliche Ausbildung zu pflegen, bewußt davon abgesehen, die eingangs gestellte Frage, mit welchem Recht sich die Hochschule als eine Hochschule für Verwaltungswissenschaften bezeichnet, in theoretischer Weise zu beantworten. Trotzdem glaube ich, Ihnen durch meine Darstellung gezeigt zu haben, was die Hochschule unter der verwaltungswissenschaftlichen Ausbildung versteht. Ich will versuchen, die Ergebnisse dieser Darstellung zusammenzufassen und sie dabei noch ein wenig genauer zu bestimmen.

Schon die Umgestaltung und Umbenennung der früheren öffentlichrechtlichen Arbeitsgemeinschaften in Arbeitsgemeinschaften für Verwaltungslehre, Verwaltungsrecht und Verwaltungspolitik im Sommersemester 1957 zeigt, wie sich die Hochschule die verwaltungswissenschaftliche Ausbildung der Referendare vorstellt. Sie läßt nämlich erkennen, daß der Begriff der Verwaltungswissenschaften von ihr in einem Sinn verstanden wird, der allein unserem rechtlich durchgeformten und durch eine rechtsstaatliche Verfassungsordnung bestimmten Verwaltungssystem entspricht. Darum wird und muß bei uns die wissenschaftliche Erfassung und Durchdringung des Verwaltungsrechts und des seinen Inhalt bestimmenden Verfassungsrechts den Kern der verwaltungswissenschaftlichen Bemühungen bilden und auch im Mittelpunkt der verwaltungswissenschaftlichen Ausbildung stehen. Aber unabhängig von den verfassungs- und verwaltungsrechtlichen Normen, durch die unser Verwaltungssystem bestimmt wird, folgt es einer eigenen, jedem Verwaltungssystem besonderen Gesetzlichkeit, an deren Erschließung vor allem die Soziologie und die Psychologie zu arbeiten haben. Erst durch die Einbeziehung dieser für die Wirksamkeit der Verwaltung wesentlichen Tatsachen und Zusammenhänge in die wissenschaftliche Behandlung der Verwaltung läßt sich die Einseitigkeit der nur juristischen Betrachtungsweise, die das Wesen der früheren Verwaltungsrechtswissenschaft bestimmte, überwinden. Auf ihrer Grundlage ist auch eine wissenschaftliche Erörterung der sachgerechteren und zweckmäßigeren Gestaltung der gegenwärtigen Verhältnisse in der Verwaltung möglich. Verwaltungslehre und Verwaltungspolitik haben daher ergänzend neben die Verwaltungsrechtswissenschaft zu treten. In den Arbeitsgemeinschaften für Verwaltungslehre, Verwaltungsrecht und Verwaltungspolitik sollen diese verschiedenen Zweige der Verwaltungswissenschaften gewissermaßen in einer Hand zusammengefaßt werden, womit zugleich ein Programm für die Ausgestaltung dieser Arbeitsgemeinschaften aufgestellt ist. Im übrigen tragen Vorlesungen, Übungen, Colloquien und Seminare aus den verschiedensten Bereichen der Verwaltungswissenschaften dazu bei, unseren Hörern ein möglichst abgerundetes Bild der Probleme zu geben, die für die Stellung der modernen Verwaltung in Staat und Gesellschaft kennzeichnend sind.

Durch besondere Vorlesungsreihen, wie z. B. im Wintersemester 1961/62 über Gründung, Planung und Aufbau der Sennestadt, machen wir den Versuch, diese Probleme den Referendaren so anschaulich und faßlich wie möglich nahezubringen. Wie schwierig das ist, hat gerade die Vorlesungsreihe über die Sennestadt, obwohl sie von hervorragenden Fachleuten bestritten wurde, gezeigt. Auch andere Lehrveranstaltungen, die mit nichtjuristischen Fragestellungen arbeiten und nichtjuristische Methoden anwenden, haben bestätigt, wie fremd vielen unserer Referendare diese seins- oder wirklichkeitswissenschaftliche Behandlung von Verwaltungsfragen und ihre Erörterung unter verwaltungs- und rechtspolitischen Gesichtspunkten ist.

III.

Wenn ich nun im letzten (dritten) Teil meiner Ausführungen versuche, die verwaltungswissenschaftliche Ausbildung an der Hochschule für Verwaltungswissenschaften Speyer im einzelnen darzustellen, so will ich mich darum bemühen, diese Darstellung so anschaulich wie möglich zu machen, um Ihnen ein lebendiges Bild von der hier geleisteten Ausbildungsarbeit zu geben.

Ich behandle zunächst den Lehrplan als solchen, wende mich dann den Lehrmethoden im allgemeinen zu und schildere Ihnen zum Abschluß den Ablauf der von mir geleiteten verwaltungswissenschaftlichen Arbeitsgemeinschaft.

1. Um meine Ausführungen über den Lehrplan und die Lehrmethoden im allgemeinen zu entlasten, habe ich Ihnen das Vorlesungsverzeichnis für das Wintersemester 1962/63 vorlegen lassen, an das ich in meiner Darstellung aknüpfen möchte. Aus ihm ergibt sich die thematische Weite der Lehrveranstaltungen, die den Staat und seine Verwaltung unter den verschiedensten Gesichtspunkten — beschreibender und vergleichender, wirtschaftlicher, historischer, politischer und nicht zuletzt rechtlicher Art — zu erfassen versuchen. Daß in diesem Programm die juristischen Vorlesungen, Colloquien und Übungen eine beherrschende Stellung einnehmen, kann bei der schon hervorgehobenen Bedeutung, die dem Verfassungsrecht und dem Verwaltungsrecht für eine rechtsstaatliche Verwaltung zukommt, nicht überraschen. Ist Verwaltungsrecht, wie der Präsident des Bundesverwaltungsgerichts, Professor Dr. Fritz *Werner*, es vor drei Jahren auf dem Deutschen Anwaltstag in Stuttgart formuliert hat, konkretisiertes Verfassungsrecht, dann müssen die Auswirkungen des Verfassungsrechts auf das Verwaltungsrecht ebenfalls zum ständigen Gegenstand unseres Unterrichts gehören. Der Senat der Hochschule hat deshalb vor einem Jahr eine Vorlesung eingerichtet, in der die rechtsstaatlichen Grundsätze des Verfassungs-

und Verwaltungsrechts behandelt werden. Auch die Vorlesung über die Grundrechte des Grundgesetzes unter Berücksichtigung der Rechtsprechung des Bundesverfassungsgerichts gehört in diesen Zusammenhang. Ich selbst veranstalte fast in jedem Semester ein Colloquium über Gegenwartsfragen aus Verfassung und Verwaltung, das mir Gelegenheit gibt, in der Staatspraxis auftretende verfassungsrechtliche und verwaltungsrechtliche Fragen mit den Hörern zu erörtern und sie dadurch zu einer kritischen Auseinandersetzung mit dem politischen Tagesgeschehen anzuhalten. So habe ich z. B. im letzten Semester über die verfassungsrechtlichen Voraussetzungen und die verfassungspolitische Erforderlichkeit der Notstandsgesetzgebung, über die verfassungsrechtliche Problematik der staatlichen Subventionierung politischer Parteien, über die verfassungsrechtlichen Fragen der Beamtenbesoldung, insbesondere des sogenannten Harmonisierungsgesetzes, über die verfassungsrechtlichen Probleme der gebührenpflichtigen Verwarnung, über die polizeirechtlichen Fragen der Schwabinger Krawallnächte und — im Zusammenhang mit dem FIBAG- und dem Kilb-Ausschuß — über Rechtsfragen der parlamentarischen Untersuchungsausschüsse gesprochen. Viele dieser verfassungs- und verwaltungsrechtlichen Fragen führen auf Probleme, die die Referendare bisher entweder überhaupt nicht kennenlernen konnten oder deren praktische Bedeutung ihnen doch mangels eines geeigneten Anschauungsmaterials verschlossen geblieben ist. Sie geben den Referendaren außerdem Gelegenheit, sich in der rechtlichen Beurteilung juristisch nicht aufbereiteter praktischer Fälle zu üben.

An dieser Stelle ist ein grundsätzliches Wort zu der thematischen Gestaltung des Lehrplans zu sagen. Sie finden in ihm fast keine Vorlesungen, die zu dem herkömmlichen Programm der Universitäten gehören. Es gibt an unserer Hochschule keine allgemeinen Vorlesungen über Staatslehre, Verfassungsgeschichte, Verfassungsrecht und allgemeines Verwaltungsrecht, wie sie an den Universitäten gehalten werden. Das ist keineswegs ein Zufall, sondern das Ergebnis einer gründlichen Überlegung und einer längeren Entwicklung. Der Senat der Hochschule ist der Auffassung, daß es nicht die Aufgabe der Hochschule ist, einen etwaigen Nachholbedarf der Referendare an öffentlich-rechtlichen Vorlesungen zu decken. Was zum Gegenstand des Lehrbetriebes an den Universitäten gehört, und was jeder Referendar daher während seines Universitätsstudiums hören könnte — und eigentlich müßte —, hat im Lehrplan unserer Hochschule keinen Platz. Dagegen gehört es zu den legitimen Aufgaben der Hochschule, solche Fragenkomplexe auch in Vorlesungen behandeln zu lassen, die auf der Universität nicht dargestellt werden oder dort nur am Rande des Lehrbetriebs stehen und deshalb begreiflicherweise keinen großen Zuspruch finden. Aus diesem Grunde finden Sie in unserem Vorlesungsverzeichnis Vorlesungen über europäisches Verwaltungsrecht, über allgemeine Verwaltung und kommunale Verwaltung, über ausgewählte Kapitel aus dem besonderen Teil des Verwaltungsrechts, über Enteignungs-, Bau- und Naturschutzrecht, über Grundfragen des Verwaltungsprozeßrechts, über Grundzüge des allgemeinen Steuerverwaltungsrechts und Bewertungsrechts, über Haushaltswesen und Besoldungswesen einschließlich des Tarifrechts, über die Rechtsprechung der Gerichte für Arbeitssachen. Auch die Vorlesungen über Verwaltungswissenschaft, über amerikanische Verwaltung und über ausgewählte Probleme der Rechts- und Sozialphilosophie und die Vorlesungen über geschichtliche Themen („Vom Deutschen Bund zum geteilten Deutschland" und „Der Ost-West-Gegensatz in der russischen Geschichte und im russischen Denken") sind hier zu nennen.

Wenn diese Vorlesungen und die mit ihnen in Verbindung stehenden Colloquien und Übungen dazu dienen, die verwaltungswissenschaftlichen Kenntnisse der Referendare zu erweitern, so besteht die Aufgabe der Seminare vornehmlich darin, diese Kenntnisse zu vertiefen und die Referendare zur wissenschaftlichen Behandlung eines verhältnismäßig eng begrenzten Teilproblems anzuleiten. Leider gibt das Ihnen vorliegende Vorlesungsverzeichnis nicht in allen Fällen das Thema an, das in den einzelnen Seminaren behandelt wird, jedoch können Sie sich wohl trotzdem ein Bild davon machen, womit man sich in diesen Seminaren beschäftigt. Geschichte der politischen Ideen („Rousseaus Beitrag zur Begründung der Demokratie"), politische Geschichte („Zur Innenpolitik des Bismarck-Reiches 1871—1933"), Verfassungs- und Verwaltungsgeschichte („Verfassungs- und Verwaltungsgeschichte der Weimarer Republik im Spiegel der Rechtsprechung"), Verfassungslehre („Rechtsstaat und Sozialstaat"), Verwaltungslehre („Einführung in die Bürokratie"), Verfassungs- und Verwaltungsrecht („Höchstrichterliche Rechtsprechung im öffentlichen Recht"), Völkerrecht („Staat und Staatengemeinschaft") sind hier vertreten; das Seminar über „Internationale Verwaltungshilfe" ist einer besonders aktuellen und wichtigen verwaltungswissenschaftlichen Frage gewidmet.

2. Schon einem flüchtigen Leser unseres Vorlesungsverzeichnisses wird auffallen, daß den Arbeitsgemeinschaften, Colloquien, Übungen und Seminaren in der Gesamtzahl der Lehrveranstaltungen besonders viel Platz eingeräumt ist. So sind im Wintersemester 1962/63 12 Arbeitsgemeinschaften für Verwaltungslehre, Verwaltungsrecht und Verwaltungspolitik eingerichtet, auf die sämtliche Hörer der Hochschule nach ihrer Zugehörigkeit zu den einzelnen Ländern verteilt werden. Bei einer Hörerzahl von rd. 250 entfallen also durchschnittlich 20 Teilnehmer auf eine Arbeitsgemeinschaft. Das entspricht nach unseren Erfahrungen der optimalen Größe solcher Arbeitsgemeinschaften, in der im Laufe des Semesters jeder Referendar irgendwie, durch einen Aktenvortrag oder durch ein Referat, zu Wort kommen soll. Da im Sommer-

semester nie mehr als 12 Wochen, im Wintersemester 14 Wochen zur Verfügung stehen, kommt man schon bei über 20 Teilnehmern in Schwierigkeiten, da etwa ein Viertel der zur Verfügung stehenden Zeit zur Einführung und für die Besprechung der Klausurarbeiten gebraucht wird und mehr als 2 Aktenvorträge oder Referate in einer Sitzung (d. h. also in 3 hintereinanderliegenden oder durch eine kurze Pause voneinander getrennten Kurzstunden) nicht gehalten werden können, wenn nicht die Aussprache der Referendare über den Vortrag und die Besprechung der Vorträge durch den Leiter der Arbeitsgemeinschaft darunter leiden sollen. Auf einen Versuch, die Aktivität der Teilnehmer auf andere Weise zu steigern, werde ich noch zurückkommen. Oft erwogen hat der Senat die von Referendaren immer wieder angeregte Verlängerung der Arbeitsgemeinschaften auf 4 oder sogar 6 Kurzstunden; jedoch läßt sich dieser Vorschlag mit Rücksicht auf den sonstigen Lehrplan und wegen der mit ihm verbundenen stärkeren Belastung der Arbeitsgemeinschaftsleiter nicht verwirklichen.

Neben die Arbeitsgemeinschaften für Verwaltungslehre, Verwaltungsrecht und Verwaltungspolitik treten die Arbeitsgemeinschaften im Justizrecht, über deren Berechtigung im Vorlesungsverzeichnis einer Hochschule für Verwaltungswissenschaften man vielleicht streiten kann, die sich aber seit vielen Jahren einen festen Platz in unserem Lehrplan gesichert haben und auf deren Fortführung die Hochschule aus verschiedenen hier im einzelnen nicht näher darzulegenden Gründen Wert legt.

Die Eigenart unseres Vorlesungsverzeichnisses zeigt sich aber vor allem an der großen Zahl von Colloquien, Übungen und Seminaren. Ihrer besonderen Betonung liegt die Entscheidung für eine bestimmte Methode zugrunde, die, wie wir meinen, dem Lehrbetrieb gerade an unserer Hochschule angemessen ist. Natürlich müssen auch bei uns systematische Vorlesungen gehalten werden, vor allem über solche Gebiete, auf denen den Hörern Tatsachen und Probleme nahegebracht werden sollen, deren Grundlagen und Zusammenhänge ihnen nicht bekannt sind. Aber es entspricht dem postuniversitären Charakter unserer Hochschule, daß sie dem Lehrgespräch einen breiteren Raum einräumen muß, als das an den Universitäten möglich ist. Das spricht sich schon darin aus, daß für einzelne Vorlesungen, z. B. die über rechtsstaatliche Grundprinzipien in Verfassung und Verwaltung, über allgemeine Verwaltung und Kommunalverwaltung, über Grundzüge des allgemeinen Steuerverwaltungsrechts und Bewertungsrechts usw. Colloquien angekündigt sind, in denen der Vorlesungsstoff mit den Teilnehmern der Vorlesung besprochen wird und dadurch gefestigt, erweitert und vertieft werden kann. Neben diesen die Vorlesung ergänzenden Colloquien steht aber eine größere Anzahl selbständiger Colloquien und Übungen, die den Teilnehmern Gelegenheit zur Diskussion, zu Referaten, z. T. auch zu schriftlichen Arbeiten geben. Hier sollen die Referendare auf der Grundlage der Kenntnisse und Erfahrungen, die sie im Universitätsstudium und im Vorbereitungsdienst bereits gewonnen haben, die Möglichkeit erhalten, Probleme aus allen Gebieten der Verwaltungswissenschaften unter der wissenschaftlichen Leitung eines Professors oder Lehrbeauftragten zu diskutieren.

Auf die Seminare habe ich schon in anderem Zusammenhang hingewiesen. Ihre Zahl ist so hoch bemessen, daß jeder Referendar ein Seminar besuchen kann, ohne daß die Teilnehmerzahl des einzelnen Seminars die gerade noch erträgliche Größe übersteigt. Für das Wintersemester 1962/63 sind z. B. 10 Seminare angekündigt, so daß bei einer Hörerzahl von 250 auf jedes Seminar durchschnittlich 25 Teilnehmer entfallen würden. Mit 20 bis 25 Teilnehmern ist das Arbeitsprogramm eines Seminars im Wintersemester gut zu bewältigen. Mehr als ein Seminar sollte jeder Referendar m. E. aber auch nicht besuchen, denn die von ihm verlangte wissenschaftliche Leistung in der Form eines Seminarvortrages nimmt seine Arbeitskraft neben den ihm sonst auferlegten Verpflichtungen (Teilnahme an einer Arbeitsgemeinschaft und an einer Übung oder einem Colloquium sowie an den von ihm selbst gewählten Vorlesungen) so in Anspruch, daß er für ein zweites Seminar kaum noch Zeit haben wird. Allenfalls könnte er einem zweiten Seminar noch als passives Mitglied angehören. An einer zahlenmäßigen Erweiterung der Seminare durch eine größere Anzahl von passiven Mitgliedern besteht aber kein Interesse, da ein Seminar seinen eigentlichen Charakter verliert, wenn der Teilnehmerkreis zu groß wird. Ich persönlich würde es daher begrüßen, wenn auf die nach Speyer kommenden Referendare dahin eingewirkt würde, sich bei der Anmeldung zu Seminaren nicht zu übernehmen, jedoch sind die Meinungen über diese Frage im Senat der Hochschule geteilt.

3. Zum Abschluß meiner Ausführungen möchte ich Ihnen die Anlage der von mir geleiteten verwaltungswissenschaftlichen Arbeitsgemeinschaft schildern. Ihre heutige Gestaltung ist das Ergebnis einer mehrjährigen Entwicklung. Sie beruht auf den Erfahrungen, die ich in 15 Semestern Lehrtätigkeit an dieser Hochschule gemacht habe, und auf vielen Anregungen, die mir aus dem Kreis meiner Hörer zugegangen sind. Jedoch ist auch ihre jetzige Form sicherlich noch verbesserungsbedürftig.

Auch die verwaltungswissenschaftliche Arbeitsgemeinschaft steht wie alle Lehrveranstaltungen an unserer Hochschule unter dem für die Hochschule verbindlichen Gesetz der Einheit von Forschung und Lehre. Das bedeutet, daß ich in der Arbeitsgemeinschaft die Referendare an den Problemen teilnehmen lasse, mit denen ich mich wissenschaftlich beschäftige. Das Programm meiner Arbeitsgemeinschaft zeigt daher trotz aller Übereinstimmung im formalen Aufbau in jedem Semester ein anderes Gesicht. Es wird, jedenfalls zu einem erheblichen Teil, durch die Fragen bestimmt, die mich gerade wissenschaftlich bewegen. Dabei bemühe ich mich allerdings darum, meine besonderen Steckenpferde, wie das Beamtenrecht, das Polizeirecht, das allgemeine Verwaltungsrecht und das Verwaltungsprozeßrecht, nicht ausschließlich zu reiten, was mir dann leichter fällt, wenn ich diesen Gebieten eigene Lehrveranstaltungen widmen kann. Im übrigen bin ich, was den Stoff anbelangt, darauf bedacht, wichtige Neuerungen in Verfassung und Verwaltung, insbesondere auf dem Gebiet der Verwaltungsgesetzgebung des Bundes und der Länder, zu behandeln, damit die Referendare lernen, schon während ihrer Ausbildungszeit den Gang der Gesetzgebung zu verfolgen und sich in neuen Gesetzen zurechtzufinden.

Eine wesentliche Aufgabe sehe ich darin, aus den 20 bis 25 Referendaren aus Niedersachsen und Schleswig-Holstein, die jedes Semester zu mir kommen, eine wirkliche Arbeitsgemeinschaft zu machen. Die Referendare sollen in dieser Arbeitsgemeinschaft arbeiten, aber nicht nur jeder für sich, sondern auch alle miteinander; jeder einzelne soll an allem, was in der Arbeitsgemeinschaft vor sich geht, tätigen Anteil nehmen. Das ist leichter gesagt als getan, und ich weiß genau, daß die Beteiligung bei manchen Teilnehmern der Arbeitsgemeinschaft nur sehr schwer zu erzielen ist. Sie wird aber nach meinen Erfahrungen nicht erreicht, wenn man z. B. jedem einzelnen Referendar die Aufgabe stellt, im Laufe des Semesters einen Aktenvortrag zu halten, der oft schon wegen seiner Form, meist aber auch wegen seines Inhalts die ja auf diese Frage gar nicht vorbereiteten Zuhörer nicht zu fesseln vermag. Der Aktenvortrag ist gewiß eine wichtige Leistungs- und Bewährungsprobe im Examen (jedenfalls im ehemals preußischen und im bad.-württ. Rechtsgebiet), auf die ich dort nicht verzichten möchte, und er sollte deshalb auch geübt werden; aber ich habe Zweifel, ob die verwaltungswissenschaftliche Arbeitsgemeinschaft der geeignete Übungsplatz ist, zumal nur ein kleinerer Teil der Referendare mit einem Aktenvortrag herankommen kann, wenn nicht die Arbeitsgemeinschaft nur aus Aktenvorträgen bestehen soll. Ich bin deshalb im Laufe der Jahre mehr und mehr davon abgekommen, möglichst viele Aktenvorträge zu verteilen, wenn ich auch gelegentlich besonders geeignete Aktenstücke ausgebe. Dafür erteile ich aber einzelnen befähigten Referendaren den Auftrag, über den Inhalt veröffentlichter oder nicht veröffentlichter Urteile zu referieren und zu der in dem Urteil vertretenen Rechtsauffassung kritisch Stellung zu nehmen. Bei der Durchsicht des mir zur Verfügung stehenden Entscheidungsmaterials habe ich es in der Hand, nur solche Fälle auszuwählen, in denen wirklich grundsätzliche und für die Verwaltungspraxis wichtige, zugleich aber auch problematische Fragen des Verfassungs- oder des Verwaltungsrechts behandelt werden. Ich habe mit dieser Übung gute, auch wissenschaftlich befriedigende Erfahrungen gemacht, weil der Referendar nicht nur das ihm übergebene Urteil in den Zusammenhang der Rechtsprechung und der Rechtslehre einordnen muß, sondern auch Gelegenheit zur Entwicklung selbständiger Gedanken hat. Befähigte Referendare — andere sollte man mit einer solchen Aufgabe nicht betrauen — haben in solcher Urteilskritik Ausgezeichnetes geleistet.

Als bestes Mittel, jeden einzelnen Referendar an der Arbeit seiner Kollegen zu beteiligen, habe ich seit einigen Jahren das Verwaltungs- und verwaltungsgerichtliche Planspiel erprobt. Eine Gruppe von Referendaren erhält zu Beginn des Semesters den Auftrag, einen nicht zu schwierigen, aber verwaltungsmäßig und verwaltungsrechtlich interessanten Fall, der sich in dieser oder ähnlicher Form in der Praxis zugetragen hat, im einzelnen durchzuspielen. Für die Durchführung einer solchen Aufgabe wird stets eine größere Zahl von Referendaren, im allgemeinen etwa die Hälfte aller Teilnehmer, benötigt. Die übrigen nehmen dann zwar nur als Hörer an der Arbeit ihrer Kollegen teil, folgen aber dieser Arbeit doch mit einem ungleich größeren Interesse, als wenn ein einzelner Referendar einen Vortrag hält. Die an dem Auftrag beteiligten Referendare müssen in der Rolle von Bürgern, Abgeordneten, Verwaltungsbeamten, Rechtsanwälten und Verwaltungsrichtern alle Überlegungen anstellen und alle Entscheidungen treffen, die auch in der Praxis anzustellen und zu treffen wären. Sie müssen z. B. eine Kreistagssitzung leiten, als Fraktionsvorsitzende Anträge stellen und begründen, Beschlüsse fassen, Beschlüsse ausführen, Klagschriften und Klagerwiderungen anfertigen, eine Gerichtsverhandlung leiten, vor dem Gericht plädieren, in der Beratung des Gerichts votieren, das Urteil mündlich begründen, das schriftliche Urteil ausarbeiten usw. An allen diesen Vorgängen, natürlich auch an der Beratung des Gerichts, nehmen die übrigen Referendare als Zuhörer teil. Ich selbst habe als einziger das Recht, in diese Verhandlungen einzugreifen, um etwa dringend erforderliche Korrekturen sofort anzubringen, weil dies wirkungsvoller ist, als wenn man das erst am Schluß der Sitzung tut; jedoch bin ich mit solchen Eingriffen, weil sie ja nun einmal den natürlichen Ablauf der Verhandlungen stören, sehr zurückhaltend. Am Schluß der Sitzung werden die Zuhörer zur Kritik aufgerufen; ich selbst fasse meine Eindrücke und mein Urteil über den Gang des Planspiels zusammen. Die wichtigsten schriftlichen Ausarbeitungen, etwa das vom Gericht erlassene Urteil, werden vervielfältigt, so daß sie allen Teilnehmern der Arbeitsgemeinschaft in die Hand gegeben werden können; sie werden dann meist Satz für Satz von mir in der Arbeitsgemeinschaft durchgesprochen.

Der zeitliche Aufwand für ein solches Planspiel ist nicht unbeträchtlich. Für eine Gerichtssitzung einschließlich Beratung und mündlicher Urteilsbegründung brauchen wir mindestens 3 Kurzstunden; die schriftliche Arbeit, z. B. die Anfertigung der Klageschrift, der Klageerwiderung und des Urteils, wird von den Referendaren außerhalb der eigentlichen Arbeitsgemeinschaft geleistet. Für die Besprechung des Urteils benötige ich dann meist noch eine Kurzstunde. Aber selbst wenn insgesamt zwei oder sogar drei Sitzungen der Arbeitsgemeinschaft auf ein solches Planspiel verwendet werden, lohnt sich dieser Aufwand. Nicht nur die am Planspiel selbst beteiligten Referendare haben wirklich etwas gelernt, sondern auch die Zuhörer, die den Verhandlungen ihrer Kollegen stets mit der größten Aufmerksamkeit folgen und jeden Verstoß gegen anerkannte Verfahrensregeln oder gegen den gesunden Menschenverstand sorgfältig registrieren. Die Absicht, alle Teilnehmer der Arbeitsgemeinschaft an der Erörterung einer Frage zu interessieren, läßt sich deshalb auf diese Weise wirklich erreichen.

Um allen Referendaren, auch den an dem Planspiel nicht beteiligten, Gelegenheit zu einer mündlichen Leistung zu geben, lasse ich außer den kritischen Berichten über grundsätzliche gerichtliche Entscheidungen auch Referate von 10, 20 oder 30 Minuten Dauer über verfassungs- oder verwaltungsrechtliche Probleme halten, die in dem betreffenden Semester gerade im Mittelpunkt der öffentlichen Erörterungen stehen. So habe ich in diesem Sommersemester eine Sitzung der verfassungsrechtlichen Problematik des Bundessozialhilfegesetzes und der Novelle zum Jugendwohlfahrtsgesetz gewidmet. In dieser Sitzung hat zunächst ein Referendar zur Einführung in die Probleme des Fürsorgerechts über die immer noch umstrittene Frage referiert, ob dem einzelnen Tuberkulosekranken nach der TbcVO 1942 ein subjektives öffentliches Recht auf Tuberkulosehilfe zusteht; zwei weitere Referendare haben über die allgemeine verfassungsrechtliche Problematik des Bundessozialhilfegesetzes und der Novelle zum Jugendwohlfahrtsgesetz und über die besondere Frage, ob diese Gesetze einen verfassungswidrigen Eingriff in die kommunale Selbstverwaltung darstellen, berichtet. Zur Vorbereitung einer Lehrfahrt nach Mannheim am Schluß des Semesters haben zwei Referendare in einer anderen Sitzung über die nicht nur verwaltungsrechtlichen Probleme der Städteerneuerung und über die verfassungsrechtliche Zulässigkeit eines Bundesstädtebaugesetzes gesprochen. In einer dritten Sitzung haben Referendare über die rechtlichen Möglichkeiten zur Gestaltung kommunaler Ballungsräume im allgemeinen und über die Gesetzentwürfe zur Bildung einer Stadtregion Hannover im besonderen referiert. Die Lehrfahrt selbst bildete den Abschluß der Semesterarbeit; auf ihr sprachen zu den Referendaren Oberbürgermeister Dr. *Reschke*, Mannheim, über die Verwaltungsprobleme im Ballungsraum des Rhein-Neckar-Gebietes aus der Sicht der Stadt Mannheim und der Geschäftsführer der Kommunalen Arbeitsgemeinschaft Rhein-Neckar, Landrat Dr. *Becker-Marx*, über die Planungsarbeit der Kommunalen Arbeitsgemeinschaft. Eingeleitet worden war diese Lehrfahrt durch einen halbstündigen Vortrag über die geschichtliche Entwicklung der Stadt Mannheim, den der Direktor des stadtgeschichtlichen Reiß-Museums an Ort und Stelle an Hand historischer Dokumente gehalten hat. Ihren Abschluß bildete eine Besichtigung der Mannheimer Kunsthalle unter sachkundiger Führung.

Ich erwähne diese Lehrfahrt im Rahmen meiner Arbeitsgemeinschaft vor allem deshalb, weil die Veranstaltung von Lehrfahrten allgemein zum Semesterprogramm unserer Hochschule gehört. Ich persönlich bin der Meinung, daß eine Lehrfahrt ihren eigentlichen Sinn und ihre Rechtfertigung erst dadurch erhält, daß sie an die Behandlung eines bestimmten Fragenkreises in Arbeitsgemeinschaften oder Seminaren anknüpft. Aus diesem Grunde halte ich z. B. die von unserer Hochschule regelmäßig veranstalteten Lehrfahrten nach Berlin für die Teilnehmer der Seminare über Rechtsfragen des geteilten Deutschlands, über die verfassungs- und verwaltungsrechtlichen Verhältnisse in der sowjetischen Besatzungszone und über ähnliche Themen ebenso gerechtfertigt wie Lehrfahrten nach Straßburg zum Europarat, nach Luxemburg zur Montan-Union oder nach Brüssel zur Europäischen Wirtschaftsgemeinschaft für die Teilnehmer von Seminaren über Probleme der europäischen Organisationen oder des europäischen Verwaltungs- und Wirtschaftsrechts.

Um das Bild von der Arbeit, die in den Arbeitsgemeinschaften geleistet wird, abzurunden, habe ich noch kurz auf die schriftlichen Arbeiten hinzuweisen, die in den Arbeitsgemeinschaften geschrieben werden. Seit längerer Zeit lasse ich in der Arbeitsgemeinschaft 3 Klausurarbeiten schreiben, für die den Referendaren jeweils 5 volle Stunden (am Sonnabendvormittag) zur Verfügung stehen. Früher habe ich auch eine Hausarbeit schreiben lassen; jedoch war die Beteiligung an dieser Hausarbeit immer nur sehr gering, so daß ich davon wieder abgekommen bin. Obwohl die Referendare oft darüber klagen, daß man ihnen im Vorbereitungsdienst nicht genug Gelegenheit gebe, sich im Klausurenschreiben zu üben, macht meist nur die Hälfte der Referendare von der Möglichkeit, 3 Klausuren zu schreiben, Gebrauch. Dabei spielt wohl die Besorgnis, durch eine schlechtere dritte Klausur das Gesamtergebnis in der Arbeitsgemeinschaft zu drücken, die Hauptrolle. Wir haben aber auch die Erfahrung gemacht, daß Klausurenkurse, die von den Assistenten der Hochschule eingerichtet worden sind, nicht den Zuspruch gehabt haben, der nach den oft ausgesprochenen Wünschen der Referendare eigentlich zu erwarten gewesen wäre.

Die Klausurarbeiten werden von mir durch die eingehende mündliche Erörterung eines praktischen Falles und durch die allgemeine Besprechung der klausurenmäßigen Behandlung verwaltungsrechtlicher Aktenfälle, die sich zusammen meist auf zwei volle Sitzungen erstreckt, vorbereitet. Wiederholt habe ich dafür einen verwaltungsrechtlich und verwaltungspraktisch gleich ergiebigen Fall verwendet, der sich vor einigen Jahren in Köln zugetragen hat und den ich auch schon einmal als Klausurarbeit ausgegeben habe. Ich habe Ihnen eine Abschrift des Aktenauszuges, der die Grundlage dieser Besprechung bildet, vorlegen lassen, damit Sie sich selbst einen Eindruck davon machen können, was für Fälle mir geeignet erscheinen. Es handelt sich übrigens um einen Fall, der nicht mit einem verwaltungsgerichtlichen Urteil, sondern mit der Entscheidung einer Verwaltungsbehörde abschließt und auch gewisse verwaltungspolitische Erwägungen für den Referendar erforderlich macht.

Die zur schriftlichen Bearbeitung gestellten Aufgaben sind fast ausnahmslos praktische Fälle, die in der Verwaltung oder in der Verwaltungsgerichtsbarkeit vorgekommen sind. Sie entsprechen in ihrem Schweregrad der öffentlich-rechtlichen Klausur in der Zweiten Juristischen Staatsprüfung (im ehemals preußischen Rechtsgebiet). Den Referendaren wird ein vervielfältigter Aktenauszug übergeben, auf dessen Grundlage sie die Entscheidung der Verwaltungsbehörde oder des Verwaltungsgerichts zu entwerfen haben. Die Arbeiten werden nach Vorkorrektur durch meinen Assistenten von mir durchgesehen und mit Randbemerkungen versehen. Ihre mündliche Besprechung nimmt meist eine ganze Sitzung der Arbeitsgemeinschaft, mindestens aber zwei Kurzstunden in Anspruch, weil ja nicht nur der Fall selbst entwickelt werden muß, sondern auch die wichtigsten Fehler zu besprechen sind, die in den Arbeiten gemacht wurden.

Um die Referendare gleich zu Beginn des Semesters besser kennenzulernen und einen Einblick in ihr fachliches Wissen und in ihren Interessenkreis zu gewinnen, lasse ich seit einigen Jahren schon wenige Tage nach Semesteranfang eine sogenannte Übungsarbeit schreiben. Sie besteht aus der Beantwortung eines Fragebogens mit 12 oder 15 Fragen, von denen die Referendare mindestens 8 oder 9 beantworten müssen. Sie haben also eine beschränkte Wahlmöglichkeit. Ich habe Ihnen den Fragebogen für die letzte Übungsarbeit in diesem Sommersemester vorlegen lassen. Sie ersehen daraus, daß es sich um Fragen aus den verschiedensten Wissensgebieten handelt: aus der politischen Geschichte, der Verfassungsgeschichte, dem Verfassungsrecht, dem Verwaltungsrecht, der Verwaltungslehre, der Verwaltungspolitik, ja sogar aus dem Bereich der allgemeinen Bildung, wie die beiden letzten Fragen: „Was halten Sie von dem Film ‚Das Urteil von Nürnberg‘?“ und „Welches Buch hat Sie im letzten Jahr am stärksten beeindruckt?“ zeigen. Die vorletzte Frage ist übrigens von den meisten Referendaren nicht beantwortet worden, weil sie den Film noch nicht gesehen hatten; die letzte ist von einem Teil der Referendare beanstandet worden, weil sie in ihr einen unzulässigen Einbruch in die sogenannte Intimsphäre sehen zu müssen meinten. Diesen Kritikern habe ich entgegengehalten, daß ja niemand verpflichtet gewesen sei, gerade diese Frage zu beantworten.

Schon die Auswahl der Fragen, die von den Referendaren beantwortet werden, noch mehr aber die Antworten geben interessante Aufschlüsse über den Wissensstand und die Interessen der Referendare und ermöglichen es mir, offensichtliche Bildungslücken, die sich aus der Beantwortung des Fragebogens ergeben, im Laufe des Semesters zu schließen. Es ist auffällig und vielleicht für den Bildungsstand der meisten Referendare charakteristisch, daß sich die eigentlich juristischen Fragen (z. B. die Nrn. VII, VIII, XI und XII) besonderer Beliebtheit erfreuen, während Fragen aus der politischen Geschichte und der Verfassungsgeschichte weniger gern beantwortet werden. Wie wenig die verfassungs- und verwaltungsrechtlichen Verhältnisse in Mitteldeutschland, überhaupt in den kommunistischen Staaten, in Referendarkreisen bekannt sind, beweist die Tatsache, daß im Sommersemester nur ein Referendar die Frage „Was bedeutet das Prinzip der doppelten Unterstellung?" beantwortet hat. Allen anderen Referendaren war, wie ich durch mündliche Befragung festgestellt habe, der Begriff und seine Bedeutung unbekannt. Die Hochschule sieht deshalb in der Beobachtung der staats- und verwaltungsrechtlichen Entwicklung in der sowjetischen Besatzungszone eine Aufgabe, der sie sich ständig, fast in jedem Semester durch entsprechende Seminare, anzunehmen hat.

IV.

Ich bin am Ende meiner Ausführungen. Es war meine Aufgabe, Sie über die verwaltungswissenschaftliche Ausbildung an der Hochschule für Verwaltungswissenschaften Speyer zu unterrichten. Ich hoffe, daß ich diesen Auftrag, soweit das im Rahmen eines solchen kurzen Referats möglich ist, einigermaßen vollständig erfüllt und mit diesem Bericht zugleich dazu beigetragen habe, manche vielleicht noch vorhandene unrichtige Vorstellung über unsere Hochschule zu beseitigen. Wenn ich in dem letzten Teil meines Referats nur meine persönlichen Ansichten über die Ausgestaltung der Arbeitsgemeinschaft vortragen konnte, so ergab sich diese Einschränkung aus der Natur der Sache. Ich würde es aber begrüßen, wenn gerade diese Ausführungen in der Aussprache ergänzt würden.

Lassen Sie mich diesen nüchternen Bericht mit einem Bekenntnis zu der Aufgabe abschließen, die dem juristischen Ausbildungswesen in unserer Zeit gestellt ist.

Unser deutsches Ausbildungssystem unterscheidet sich in sehr wesentlichen Zügen von den Methoden, mit denen in anderen Staaten der Nachwuchs für die höheren Verwaltungsbeamten und Richter gewonnen wird. Es mag sein, daß diese Methoden unserem Ausbildungssystem in mancher Hinsicht überlegen sind. Aber das deutsche Ausbildungswesen entspricht doch wohl so sehr unserer menschlichen Eigenart und den hergebrachten Grundsätzen, die unser Berufsbeamtentum geprägt haben, insbesondere dem mit dem Leistungsgrundsatz verbundenen Laufbahnprinzip, daß kein Anlaß besteht, es zugunsten anderer ausländischer Methoden preiszugeben. Es kann daher nur darauf ankommen, die an seinen Rahmen gebundene Ausbildung so wirksam wie möglich zu machen. Denn die beste — und das heißt doch wohl die wirksamste — Ausbildung ist für die Gewinnung einer qualifizierten Beamten- und Richterschaft gerade gut genug. Daß in dieser Beziehung noch vieles im argen liegt, wird kein Kenner unseres Ausbildungswesens bestreiten können. Möglichkeiten zur Verbesserung sehe ich weniger in einer Verlängerung der Ausbildungszeit als in einem Versuch, den Ausbildungserfolg zu steigern. Oder anders ausgedrückt: nicht eine weitere Vermehrung, sondern eine Intensivierung der vorhandenen Ausbildungsabschnitte muß das Ziel jeder Ausbildungsreform sein. Um dieses Ziel zu erreichen, bedarf es gewiß noch beträchtlicher Anstrengungen, auch bei der Ausbildungsarbeit, die an unserer Hochschule zu leisten ist. Wir alle, die wir mit Ausbildungsfragen befaßt sind, sollten deshalb — jeder an seiner Stelle — noch mehr als bisher die Verpflichtung empfinden, auf eine gründlichere und nachhaltigere Erfüllung des uns gegebenen Ausbildungsauftrages hinzuwirken. In dem Aufruf zu einer solchen selbstkritischen Besinnung sehe ich die eigentliche Bedeutung dieser Tagung.

Anlage 1: Klausurarbeit

Gewerkschaft der Polizei
Landesbezirk Nordrhein-Westfalen

Düsseldorf, den 14. Dezember 1955
Liebigstraße 22

An den
Herrn Polizeipräsidenten
in Köln

Die Gewerkschaft der Polizei, Landesbezirk Nordrhein-Westfalen, Düsseldorf, Liebigstraße 22, führt am 21. Dezember 1955 im Kölner Williamsbau eine Kundgebung durch.

Es ist beabsichtigt, vor der Veranstaltung einen Schweigemarsch zum Williamsbau durchzuführen.

Als Aufstellungsort wurde der Venloer Wall am Kölner West-Bahnhof festgelegt. Der Schweigemarsch soll durch folgende Straßen führen:

Venloer Straße
Friesenplatz — westliche Seite —
Limburger Straße
Hohenzollernring — westliche Seite —
Flandrische Straße
Aachener Straße — in westlicher Richtung —

Eintreffen der Kundgebungsteilnehmer am Aufstellungsort um 15.30 Uhr, Abmarsch gegen 16.00 Uhr.

In dem Schweigemarsch werden Transparente mitgeführt.

Leiter: Kriminal-Obersekretär i. R. Karl L., geb. . . ., wohnhaft in K. . . .

Teilnehmerzahl: Ca. 2000 Personen.

Es ist beabsichtigt, 20 Ordner einzusetzen.

Die mündliche Mitteilung erfolgte an Ihre Abteilung M, Polizei-Oberinspektor R., bereits am 12. 12. 1955 durch unser Vorstandsmitglied T.

(Siegel)

Hochachtungsvoll
Der Vorstand
i. A.
gez.: P.
Geschäftsführer

Beglaubigt
Unterschrift
Reg.-Angest.

Der Polizeipräsident

Köln, den 16. Dezember 1955
Kattenbug 5—11

An
den Vorstand der Gewerkschaft der Polizei
— Landesbezirk Nordrhein-Westfalen —
Düsseldorf
Liebigstraße 22

L. St.
Gewerkschaft der Polizei
Landesbezirk Nordrhein-Westfalen
Westfalen
Eingeg.: 16. Dezember 1955
Gö. 15.45 Uhr M.

Betrifft: Kundgebung am 21. 12. 1955
Bezug: Dortiges Schreiben vom 14. 12. 1955

Ich bestätige das Bezugsschreiben, das hier am 16. Dezember — 8.00 Uhr — eingegangen ist.

Auf Grund des § 15 Abs. 1 des Vers.Ges. vom 24. 7. 1953 verbiete ich den am 21. 12. 1955 — 16.00 Uhr — beabsichtigten „Schweigemarsch" zum Williamsbau.

Dieser Schweigemarsch gefährdet unmittelbar die öffentliche Ordnung im Sinne des erwähnten § 15 Vers.Ges., weil ein Umzug uniformierter Polizeibeamter, durch den von der Regierung Maßnahmen erzwungen werden sollen, die Einsatzbereitschaft der zur Aufrechterhaltung der öffentlichen Ordnung berufenen Organe entscheidend schwächt.

Außerdem hat der Vorstand der GdP in dem Schreiben an den Herrn Innenminister vom 9. 12. 1955 selbst zum Ausdruck gebracht, daß sich der Polizeibeamtenschaft eine Unruhe bemächtigt habe, die kaum noch zu steuern sei. Die Untergliederungen forderten in Entschließungen und Schreiben zu ernsten Maßnahmen auf. Es ist deshalb zu erwarten, daß es zu Gewalttätigkeiten kommt und dadurch die öffentliche Ordnung und Sicherheit gestört wird.

Zugleich verbiete ich jede Ersatzveranstaltung, gleich an welchem Ort und zu welchem Zeitpunkt sie stattfinden soll.

Ich verweise im übrigen auf § 23 Vers.Ges.

Gegen diese Verfügung ist die Beschwerde innerhalb eines Monats nach Zustellung zulässig. Falls Sie von dem Recht der Beschwerde Gebrauch machen, ist sie bei mir in Köln, Kattenbug 5—11, oder beim Herrn Regierungspräsidenten in Köln, Zeughausstraße 4, einzulegen. Zwecks Zeit- und Kostenersparnis soll die Beschwerde nach Möglichkeit zweifach eingereicht werden.

gez. H.

Gewerkschaft der Polizei
Landesbezirk Nordrhein-Westfalen

Düsseldorf, den 16. 12. 1955
Liebigstraße 22

Herrn
Polizeipräsidenten
Köln

Betr.: Schweigemarsch am 21. 12. 1955
Bezug: Verfügung vom 16. 12. 1955

Gegen den oben bezeichneten Verwaltungsakt, der uns etwa gleichzeitig mit der fernmündlichen Übermittlung seines Inhalts zuging, erheben wir das Rechtsmittel der Beschwerde.

Gründe:

Zur Aktivlegitimation für diese Beschwerde ist zunächst zu bemerken, daß die Gewerkschaft der Polizei, Landesbezirk NRW, Veranstalter im Sinne des § 7 des Versammlungsgesetzes vom 24. 7. 1953 ist und daß der Veranstalter im vorliegenden Falle nicht identisch ist mit ihrem Leiter, der vorsorglich ebenfalls Beschwerde erheben wird.

Nach § 1 a. a. O. hat jedermann das Recht, öffentliche Versammlungen und Aufzüge zu veranstalten. Dieses Recht ist ein Grundrecht und steht somit auch uns als Beschwerdeführer zu. Richtig ist, daß dieses Recht im § 15 unter der Voraussetzung eine Einschränkung erfährt, daß den Umständen nach die öffentliche Ordnung und Sicherheit durch die geplante Veranstaltung gefährdet sein könnte. Die angefochtene Verfügung unterstellt diese Voraussetzung zu Unrecht.

Zunächst einmal ist die Behauptung unzutreffend, daß durch den geplanten Schweigemarsch „von der Regierung Maßnahmen erzwungen werden sollen". Die Protestkundgebung und der Schweigemarsch sollen der Öffentlichkeit dartun, daß die Polizeibediensteten ihre derzeitige soziale Lage als unbefriedigend empfinden. Ein solches Bekunden der Meinung durch einen Berufsverband in Form einer Versammlung oder eines Aufzugs ist gesetzlich zulässig. Dieses Recht kann weder Einzelpersonen noch einem Berufsverband mit der nicht haltbaren Begründung genommen werden, daß diese Kritik auf das Erzwingen gesetzlicher Maßnahmen der Regierung hinauslaufe. Die Behauptung, daß im Rahmen dieser Protestaktion irgend etwas *erzwungen* werden soll, läßt sich also nicht halten.

Ebensowenig läßt sich die Befürchtung halten, daß es im Rahmen dieser Aktion zur Gewalttätigkeit kommen würde. Hierfür liegen keine Anhaltspunkte vor. Im Gegenteil, die Treue der Polizeibediensteten seit dem Zusammenbruch hat bewiesen, daß gerade die Polizei nicht nur eines der wertvollsten Instrumente zur Erhaltung der Demokratie ist, sondern daß die Polizeibediensteten auch persönlich die Gewähr dafür bieten, sich für den Bestand der Demokratie und für die zu ihrer Erhaltung erforderliche Sicherheit und Ordnung einzusetzen bestrebt sind. Auch dieses Argument ist also nicht geeignet, den angefochtenen Verwaltungsakt zu stützen.

Nur am Rande sei bemerkt, daß sich die von dieser Kundgebung beabsichtigte Kritik nicht primär gegen die Regelung in Nordrhein-Westfalen richtet. Letzter Anlaß für den Entschluß zu derartigen Protestkundgebungen, die im ganzen Bundesgebiet veranstaltet werden, ist die vom Bund vorbereitete Neuregelung der Besoldung, die zugegebenerweise schlechter sein würde als die im Lande Nordrhein-Westfalen. Es ist aber nicht richtig, wenn man behaupten wollte, daß diese bundesrechtliche Regelung keinerlei Rückwirkungen auf die Besoldung in Nordrhein-Westfalen haben würde. Das ergibt sich schon aus der Kompetenz des Bundes bezüglich der Rahmengesetzgebung auf diesem Gebiet. Mit diesem Hinweis soll allerdings nicht der Eindruck hervorgerufen werden, als ob die Polizeibediensteten im Lande Nordrhein-Westfalen der Meinung wären, ihre wirtschaftliche Sicherung sei — gemessen an den immer mehr steigenden Lebenshaltungskosten — befriedigend.

Vorsorglich weisen wir darauf hin, daß diese Beschwerde nach der MRVO Nr. 165 aufschiebende Wirkung hat und daß somit der Schweigemarsch kraft gesetzlicher Bestimmung stattfinden darf, sofern bis zum Kundgebungstage nicht rechtskräftig über dieses und noch folgende Rechtsmittel entschieden ist. Sollte die Absicht bestehen, die Vollziehung anzuordnen, so würde die Behörde die Pflicht haben, dies rechtzeitig genug zu tun, um dem Beschwerten die Möglichkeit zu geben, die Aussetzung der Vollziehung beim Landesverwaltungsgericht in Köln zu erwirken. Würde etwa die Vollziehung in einem Zeitpunkt angeordnet werden, in dem die Möglichkeit einer gerichtlichen Entscheidung über die Aussetzung der Vollziehung aus Zeitmangel nicht mehr möglich sein würde, so würden die Folgen für diese dann schwer zu übersehende Situation die Behörde zu verantworten haben.

Der Vorstand
I. A.
gez. Unterschriften

1. Wie ist die Rechtslage?
2. Welche Maßnahmen hat der Polizeipräsident zu treffen?
3. Was müßte er vom Boden der in seinem Schreiben vom 16. Dez. 1955 vertretenen Auffassung aus tun?

Der Fall ist nach dem jetzt in Hamburg und Hannover geltenden Recht zu bearbeiten.

Anlage 2: Übungsarbeit in der verwaltungswissenschaftlichen Arbeitsgemeinschaft

I. Welche Bedeutung hat Speyer in der deutschen Verfassungsgeschichte?
II. Worin liegt die Bedeutung des preußischen Verfassungskonflikts?
III. Was versteht man unter der „Osterbotschaft"?
IV. Worin liegt die politische Bedeutung des Rapallo-Vertrages?
V. Was versteht man unter dem Dreiklassenwahlrecht?
VI. Worin liegen die Probleme der sog. Ballungsräume?
VII. Sind die Länder der Bundesrepublik verfassungsrechtlich in gleicher Weise gewährleistet wie die Bundesstaaten im Kaiserreich?
VIII. Welche Bedeutung hat das Gewohnheitsrecht im Verwaltungsrecht der Bundesrepublik?
IX. Soll ein Staatsanwalt ein politischer Beamter sein?
X. Halten Sie eine juristische Ausbildung der höheren Verwaltungsbeamten für erforderlich?
XI. Kann das Gericht einer Gerichtsbarkeit ein von dem Gericht einer anderen Gerichtsbarkeit verwiesenes Verfahren zurückverweisen oder weiterverweisen?
XII. Unter welchen Voraussetzungen kann in der Bundesrepublik ein begünstigender Verwaltungsakt mit Wirkung ex nunc zurückgenommen werden?
XIII. Was bedeutet das Prinzip der doppelten Unterstellung?
XIV. Was halten Sie von dem Film „Das Urteil von Nürnberg"?
XV. Welches Buch hat Sie im letzten Jahr am stärksten beeindruckt?

Von den 15 Fragen sind mindestens 9 zu beantworten.

Aussprache

Professor Dr. Bachof

Zum Referat habe ich nichts Grundsätzliches auszuführen, sondern nur einige Randbemerkungen anzubringen, weshalb ich eigentlich nicht als erster Diskussionsredner auftreten wollte.

Als erstes eine Anregung, die möglicherweise in Speyer offene Türen einrennt: Es ist mir während meiner Tätigkeit als Verwaltungsbeamter immer wieder aufgefallen, welche außerordentlichen Schwierigkeiten nicht nur der Anfänger, sondern auch mancher erfahrene und tüchtige Verwaltungsbeamte hat, wenn es sich darum handelt, irgendwelche Rechts- oder Verwaltungsvorschriften auszuarbeiten. Es gibt Verwaltungsbeamte, die ausgezeichnete Juristen sind, Rechtsvorschriften vorzüglich interpretieren können, auch ein hohes Maß an Verwaltungskunst aufweisen, die aber völlig versagen, wenn es sich darum handelt, die einfachste Polizeiverordnung zu entwerfen. Gewiß ist das zunächst eine Sache der Begabung, aber man kann das bis zu einem gewissen Grade auch lernen. Man benötigt zur Konzeption einer Rechtsnorm Vorstellungsgabe und Phantasie; denn man muß sich vorstellen können, welche Möglichkeiten — auch solche, die persönlich noch nicht erfahren wurden — durch die zu erlassende Norm eingefangen werden müssen. Aber außerdem gehört dazu ein erhebliches Maß an Gesetzgebungstechnik und an Kenntnis bestimmter Kunstregeln, die dem Juristen und dem Verwaltungsbeamten heute nirgends beigebracht werden, obwohl diese Regeln durchaus erlernbar sind. Dabei gibt es in älteren Verwaltungsinstruktionen sehr gute Regeln, die aber weitgehend in Vergessenheit geraten sind; so z. B. in der württembergischen Dienstordnung der Staatsbehörden[1].

Das sind freilich Dinge, die wir auf der Universität kaum betreiben können. Ich habe es einmal in meiner Privatdozentenzeit in Heidelberg versucht. Ich habe damals — das Problem betrifft ja nicht nur das Entwerfen von Rechtsnormen, vielmehr liegt es beim Entwerfen von Verträgen ganz ähnlich; wie viele Juristen können wirklich einen schwierigen Vertrag formulieren? — ich habe damals also in einer kleinen Übung mit ganz einfachen Entwürfen angefangen. Zum Beispiel habe ich die Aufgabe gestellt, sich in die Lage der Gründer eines Gesangvereins zu versetzen und nun eine Vereinssatzung zu entwerfen.

---

[1] Vom 19. 7. 1928 (RegBl. S. 241), dort im 5. Abschnitt (§§ 120 ff.): „Ausarbeitung der Gesetze, Verordnungen, Satzungen u. dergl.“

Beim nächsten Mal habe ich gesagt: Jetzt wollen wir einmal eine Polizeiverordnung formulieren, die dies oder jenes regeln soll; oder: die Hauptsatzung einer Gemeinde, die Satzung eines Zweckverbandes, und dgl. mehr. Ich weiß nicht, ob solche Dinge hier in Speyer betrieben werden; ich meine aber, das wäre eine legitime Aufgabe dieser Hochschule. Es geht mir, wie wohl allen Universitätslehrern, so, daß wir neben dem vielen durch die Prüfungsordnung obligatorisch gemachten Stoff nicht mehr viel Zeit haben, noch fakultative Veranstaltungen durchzuführen. Auch sind unsere Studenten so durch den allzu vielen Prüfungsstoff — den ja leider nicht wir bestimmen, sondern die Justizverwaltung — so ausgelastet, daß wir ihnen kaum Zusätzliches zumuten können. Sie kämen wahrscheinlich auch nicht in derartige Veranstaltungen, weil sie in dem dort gebotenen Stoff ja nicht geprüft werden. Deshalb meine ich, dies sei eine Aufgabe, die man hier in Speyer in Angriff nehmen sollte. Dies also nur als Anregung, falls es nicht ohnehin schon geschieht.

Eine andere Frage, die sich mir beim Referat von Herrn *Ule* wieder einmal gestellt hat, geht wohl mehr die Universitätslehrer an sowie diejenigen Praktiker unter Ihnen, die Lehraufträge an Universitäten haben. Herr *Ule* hat mit Recht gesagt, es sei nicht die Aufgabe der Speyerer Hochschule — jedenfalls nicht in erster Linie —, auf das zweite Staatsexamen vorzubereiten. An den Universitäten sind wir in einer etwas anderen Situation. Wir *müssen* auf das (erste) Examen vorbereiten. Herr *Ule* hat erwähnt, daß man das verwaltungsrechtliche Denken an einem *neuen* Gesetz, etwa dem Bundesbaugesetz, üben könne. Das ist sehr richtig, und das ist genau die Methode, die auch ich in meinen verwaltungsrechtlichen Übungen anwende. Aber die Ansichten über diese Methode gehen unter den Universitätslehrern auseinander. Bei den Übungen etwa im Bürgerlichen Recht oder im Strafrecht sind die Studenten gewohnt, mit kodifizierten Gesetzen zu arbeiten, die ihnen im allgemeinen bekannt sind; ob man diese Gesetze richtig anwenden kann, das ist weitgehend eine Sache des Fleißes. Die Studenten sind auf diesen Gebieten gewohnt, mit Gesetzen zu arbeiten, bei denen es zu jedem Paragraphen ungezählte Seiten Kommentarliteratur gibt; man kann sie nachschlagen und ihren Extrakt bis zu einem gewissen Grade „lernen". Nun liegt aber die Schwierigkeit der Rechtsanwendung für den Verwaltungsbeamten oft gerade darin, daß er *nicht* mit solchen altbekannten Kodifikationen, sondern mit neuen oder weniger bekannten und oft recht abgelegenen Gesetzen zu tun hat. Sie alle zu kennen, ist unmöglich, und ihren Inhalt zu lehren, kann ganz gewiß weder das Ziel der Universitätsausbildung noch das Ziel in Speyer sein. Deswegen *soll* man m. E. ganz bewußt Fälle aus abgelegenen Rechtsgebieten geben, bei denen man vom Bearbeiter selbstverständlich nicht erwartet, daß er das spezielle Gesetz kennt, sondern an dessen Bearbeitung man gerade feststellen will, ob der Bearbeiter juristisch *denken* kann. Ist er in der juristischen Interpretationsmethode geschult, so muß er auch mit einem Gesetz arbeiten können, das er vorher noch nie in der Hand gehabt hat. Aber die Meinungen darüber, ob man schon dem Studenten unbekannte Gesetze zumuten kann, gehen, wie gesagt, auseinander. Ich habe die Frage kürzlich mit einem Fakultätskollegen erörtert, der es ebenso macht wie ich. Aber unsere Übungen und Prüfungen sind deshalb bei den Studenten wenig beliebt. Es geht das Gerücht, die Studenten würden über spezielle Fragen des Wasserrechts usw. befragt, obwohl es uns niemals darum geht, spezielle *Gesetzeskenntnisse* in solchen Materien zu prüfen, sondern die Fähigkeit zum richtigen *Erfassen* bei dem Arbeiten mit einem unbekannten Gesetz festzustellen. Ich weiß indessen, daß an manchen anderen Fakultäten ein anderes Prinzip herrscht. Mancherorts geht man so vor, daß in den Übungen nacheinander die wichtigsten gängigen Gebiete des Verwaltungsrechts bearbeitet werden: einmal ein Fall aus dem Polizeirecht, dann aus der Gemeindeordnung, dann aus dem Landesverwaltungsgesetz, usw., so daß man im Turnus von ein oder zwei Jahren — viele Studenten pflegen ja die gleiche Übung mehrmals zu besuchen — gewissermaßen einmal quer durch das Verwaltungsrecht marschiert. Die Studenten gewinnen dadurch den Eindruck, die wichtigsten Materien stofflich zu beherrschen und nun gegen Überraschungen gefeit zu sein, während sie bei uns diesen Eindruck nicht haben; denn sie werden ja bei uns dauernd mit Dingen „belästigt", die sie rein wissensmäßig nicht beherrschen und auch gar nicht zu beherrschen brauchen. Wir haben uns deshalb in Tübingen überlegt, welche Methode richtiger sei; wir sind vorläufig bei unserer bisherigen geblieben. Es ist dies aber eine Frage, zu der mich — wenn nicht in der Diskussion, dann vielleicht im privaten Gespräch — die Ansicht meiner Kollegen von anderen Hochschulen wie auch der als Lehrbeauftragte tätigen Praktiker interessieren würde. Das systematische Durcharbeiten einer Materie lernen die Studenten am Zivilrecht und am Strafrecht. Da die Schwierigkeiten für den in der Praxis tätigen Verwaltungsjuristen zum Teil darin bestehen, daß er mit Gesetzen arbeiten muß, zu denen es nichts ähnliches wie den „Staudinger" oder den „Palandt" gibt, so meine ich, daß wir nicht frühzeitig genug damit beginnen können, schon den Studenten in der Arbeit mit einem ihm unbekannten Gesetzestext zu schulen.

Mit einer dritten Bemerkung darf ich schließen. Wir haben an der Universität ganz andere Erfahrungen mit den *Klausurenkursen* gemacht als Sie hier in Speyer. Den Studenten können wir gar nicht genug Klausurenkurse vorsetzen! Vor allem die neben den regulären Übungen auf Examensniveau durchgeführten Klausurenkurse, für die kein Scheinzwang besteht, die also völlig freiwillig besucht werden, erfreuen sich besonderer Beliebtheit. Wir werden immer wieder gebeten, noch mehr solcher Kurse einzurichten. Fast ist das schon eine Epidemie geworden; in der Regel werden auch *alle* gebotenen Klausuren eifrig mitgeschrieben, und es gibt Studenten, die drei- oder viermal, Semester nach Semester, am gleichen Klausurenkurs teilnehmen. In den *Übungen* (mit Scheinzwang) habe ich freilich die gleiche Erfahrung gemacht wie Herr *Ule:* es ist in der Tat so, daß ein Student seinen Teilnahmeschein ungern dadurch verschlechtert, daß er noch Arbeiten mitschreibt, wenn er bereits die für seinen Schein notwendigen Leistungen mit einigermaßen guten Benotungen erbracht hat. Deshalb handhabe ich es so — und viele Kollegen verfahren gleich —, daß ich nur die jeweils besten Arbeiten in derjenigen Zahl, die für den Schein benötigt wird, in diesen aufnehme — es sei denn, der Student wünsche seinen Fleiß dadurch dokumentiert zu sehen, daß *alle* Arbeiten im Schein aufgeführt werden. Denn warum soll ich denjenigen, der die beiden für den Schein erforderlichen Arbeiten mit guter Benotung geschrieben hat und dennoch das Risiko eingeht, alle weiteren Arbeiten mitzuschreiben und dabei möglicherwiese schlechter abzuschneiden, für dieses Risiko „bestrafen", indem ich seinen Schein durch die Aufnahme der zusätzlich geschriebenen und schlechter benoteten Arbeiten verunziere? Ich glaube, diese Handhabung ist geeignet, die Studenten dazu zu veranlassen, ohne Befürchtungen auch noch an den weiteren Klausuren teilzunehmen.

Ministerialrat Dr. Terstegen †

Ich bitte, zwei Erfahrungen aus meiner Tätigkeit als Ausbildungsleiter beitragen zu dürfen.

Ebenso wie Herr Professor *Ule* habe ich zu meiner eigenen Überraschung ausgezeichnete Erfahrungen mit Planspielen gemacht. Insbesondere war ich erstaunt, wie lebensecht die Planspiele abgelaufen sind. Aber sie haben den Nachteil, daß diejenigen, die mitspielen, keine objektive Anschauung von dem haben, was vorgegangen ist, eben weil sie selbst Akteure sind. Und es hat sich immer wieder gezeigt, daß die Erinnerung an das, was nun während des Planspiels sich abgespielt hat, auch bei den nur zuschauenden Kritikern nicht einheitlich war. Um diese beiden Mängel zu beseitigen, haben wir solche Verhandlungen auf Tonband aufgenommen und sie nachher vorgespielt. Dadurch haben wir den Akteuren selbst ein Bild von dem gegeben, was sie produziert haben; meist waren sie überrascht darüber, wie sie sich verhalten haben. Insbesondere konnte man dabei sehr schön die technischen Mängel ihres Verhaltens demonstrieren. Zum zweiten hatte man einen objektiven Sachverhalt für die Kritik. Wenn etwas streitig wurde, konnte man das Tonband vorspielen und damit die Frage klären.

Bezüglich der Klausuren habe ich folgende Erfahrungen gemacht. Ich habe nach der Besprechung der Klausur denen, die daran interessiert waren, angeboten, sie möchten ihre Klausur als Hausarbeit unter Verwendung des Besprechungsergebnisses noch einmal machen und ich würde sie dann nochmals nachsehen. Dabei hat sich gezeigt, daß davon ein großer Lehreffekt ausgeht, daß aber auch ich selbst in nicht wenig Fällen noch nicht klar genug gewesen war.

Das waren die beiden Punkte, die ich ursprünglich vortragen wollte. Gestatten Sie mir noch zwei Bemerkungen zu dem, was Herr Professor *Bachof* gesagt hat:

Die Lehrmethode wird bei den Studenten in dem Maße beliebt sein, wie die Prüfung sich der Lehrmethode anpaßt. Wenn aber jemand, der bei Herrn Professor *Bachof* Verständnis gelernt hat, nur auf Wissen geprüft wird, dann wird er reinfallen. Es stellt sich also das noch nicht genügend behandelte Problem, eine Korrespondenz zwischen Lehrstoff und Lehrmethode einerseits und zwischen Prüfungsstoff und Prüfungsmethode andererseits herzustellen.

Weiter habe ich gewisse Erfahrungen gemacht mit der Übung in der Aufstellung von Verordnungen. Von einer neuesten und den Referendaren noch nicht bekannten Verordnung ausgehend haben wir als Klausur gegeben, eben diese Verordnung aufzustellen. Die Klausur-Verordnung war dann später mit der wirklichen Verordnung leicht zu vergleichen. Darin lag sowohl eine Förderung des Verständnisses für die ministerielle Verordnung wie gleichzeitig auch eine Übung darin, selbst einen solchen Text aufzustellen. Und nicht zuletzt ergab sich daraus eine sehr heilsame Erziehung zur Bescheidenheit gegenüber der Leistung des Ministeriums, das zu kritisieren nachgeordnete Stellen ja immer leicht geneigt sind.

Wiss. Assistent Assessor Dr. Rudolf

Ich möchte von den Planspielen ausgehen, die uns Herr Professor *Ule* geschildert hat. Solche Planspiele machen wir auch schon an der Universität mit den ersten Semestern in den Arbeitsgemeinschaften. Das Dilemma ist nur: hierbei handelt es sich um ein Spiel, und die Referendare sind halt keine Kinder mehr. Vielleicht — das soll eine Anregung sein — ist es möglich, aus diesem Spiel auch einmal Ernst werden zu lassen und die Referendare hier oder dort mit wirklicher eigener Verantwortung zu betrauen, damit sie das Gefühl haben, daß sie etwas Nützliches tun. Ich selbst weiß aus eigener Erfahrung, daß ich gern bei der Staatsanwaltschaft plädiert habe; in Bremen wurden wir übrigens bei der Staatsanwaltschaft nicht mit Weisungen ausgestattet. Man stand also mutterseelenallein dort und mußte sehen, wie man mit der Sache fertig wurde.

Das Problem liegt auch gar nicht bei den Arbeitsgemeinschaften; jedenfalls im süddeutschen Bereich sind, wie mir Referendare gesagt haben, dort keine Anstände vorhanden. Die Schwierigkeiten liegen bei der praktischen Ausbildung, und zwar hier nun nicht nur in der Verwaltung, sondern gleichermaßen in der Justiz. Die Erfahrungen, die zahlreiche Referendare gemacht haben, sind alles andere als gut. Wir haben Leute, gute Leute, in den praktischen Vorbereitungsdienst entlassen, die nach drei Wochen ernsthaft überlegt haben, ob sie nicht den Beruf wechseln sollten. Das Problem scheint mir — das ist gestern schon angeklungen — ein personales zu sein. Es ist gestern gesagt worden, es gäbe Referendare, die wüßten nicht, was Art. 12 GG bestimmt. Vielleicht würde man auch manchen Richter, Rechtsanwalt oder Verwaltungsbeamten, der Referendare ausbildet, vergeblich danach fragen. Die ganze praktische Ausbildung ist in vielen Fällen geradezu mittelalterlich: jeder Richter und jeder höhere Verwaltungsbeamte kann Referendare ausbilden, ohne daß nach seiner pädagogischen Qualifikation gefragt wird. Wenn die Industrie mit ihrem Nachwuchs so verfahren würde, dann würden wir greuliche Ergebnisse feststellen müssen. Bei der Industrie ist es inzwischen selbstverständlich, daß nur qualifizierte Leute in besonderen Lehrwerkstätten die Lehrlinge ausbilden. Man müßte vielleicht versuchen, sowohl in der Justiz als auch in der Verwaltung, bestimmte Ausbildungsschwerpunkte zu schaffen, damit die Ausbildung sinnvoller und effektvoller gestaltet wird, und wir von dieser zünftisch-mittelalterlichen Form der Ausbildung wegkommen.

Zweitens: Es ist bemängelt worden, daß dieser Drang zu den Groß- und den Universitätsstädten bestehe; insbesondere ist München genannt worden. Nun, das ist doch selbstverständlich, daß Leute, die geistig nicht ganz träge sind, versuchen, aus der Provinz wegzukommen, eben weil sie in der Provinz möglicherweise keine geistigen Anregungen kriegen. Wenn sie nun nach München kommen, dann halte ich es für ausgesprochen gut, da sie da ja auch noch juristisch gut ausgebildet werden.

Nun noch ein letztes zur Residenzpflicht: unter den jetzigen Voraussetzungen halte ich die Residenzpflicht für sehr bedenklich; denn wenn jemand nur dasitzen muß und im Grunde genommen nicht weiß, was er richtig mit sich anfangen soll — solche Fälle gibt es, obschon das nicht die Regel sein mag —, dann ist unter diesen Umständen die Residenzpflicht nicht vertretbar. Es ist doch besser, wenn jemand in der Zeit, in der er einer Behörde oder einem Gericht zugeteilt ist, wo er nichts Vernünftiges zu tun hat, dann lieber seine Doktorarbeit macht oder Italienisch lernt oder sich sonst irgendwie sinnvoll beschäftigt.

Ministerialdirektor Professor Dr. Erdsiek

Nur einige kleine ergänzende Bemerkungen zu den Äußerungen der Herren Vorredner, und zwar in erster Linie zur Frage der Gesetzgebungstechnik. Der Verwaltungsbeamte ist ja im allgemeinen nicht mit Abfassen von Gesetzen beschäftigt; er schafft auch Normen in Polizeiverordnungen usw., und er ist nicht davor gefeit, daß er einmal im Laufe seines Lebens in ein Ministerium berufen wird. Ich kann nur aus eigener Erfahrung sagen, als ich nach 30jähriger Praxis als Richter ins Bundesjustizministerium berufen wurde und nun plötzlich erstmalig mit Gesetzgebungstechnik befaßt war, habe ich einen großen Respekt vor dieser ganz neuen Aufgabe bekommen, und das Bewußtsein, daß das eine Wissenschaft für sich ist. Darin liegen ganz bestimmte Gefahren. Wir haben ja heute eine Inflation von Ministerien. Wir haben 20 Ministerien, darunter sind einige klassische Ministerien, darunter das Bundesjustizministerium, die in einer alten Tradition der Gesetzgebungstechnik stehen. Für die neuen Ministerien ist es natürlich sehr viel schwerer; sie sind auch gar nicht immer mit den Kräften besetzt, die über die notwendige Gesetzgebungstechnikerfahrung verfügen. Nun hat das Bundesjustizministerium ja die Aufgabe, alle Vorlagen von allen Ministerien noch einmal zu überprüfen, so daß man da eine gewisse Erfahrung sammeln kann, und man war zuweilen erschreckt, wenn Gesetzgebungsvorlagen von anderen Ministerien, von jungen Ministerien, kamen, die völliger Umarbeitung bedurften. Wir wissen alle, wie wenig populär das Juristendeutsch ist. Aber die Laienkritik am Juristendeutsch ist oft unberechtigt. Denken Sie an die berühmte Definition des Reichsgerichts, was eine Eisenbahn ist. Darüber hat man sich häufig mokiert und lustig gemacht. Sie ist eigentlich wunderbar. Es steht alles drin, was man braucht, und die Gesetze sind ja keine schöne Literatur, und die Tendenz, nun aus sprachlichem Ehrgeiz neue und schönere Begriffe zu formen, ist ungeheuer gefährlich.

Einwurf aus dem Saal: Troubadoure der Gesetzgebung!

Troubadoure der Gesetzgebung, sehr richtig. Was das für Folgen hat, das muß man mal erlebt haben. Man will dann, weil es sprachlich schöner ist, einen ganz neuen Begriff formen, und ahnt nicht, welchen Theorienstreit man damit neu eröffnet, welche Schwierigkeiten für die Rechtsprechung und für die Auslegung; wenn z. B. im BGB von Vorsatz und Fahrlässigkeit gesprochen wird, und dann kommt jemand und bringt in seinem Gesetz ganz neue Begriffe mit leichtfertig oder, was weiß ich, unvorsichtig, dann stehen Rechtslehre und Praxis vor ganz Neuem und sagen, was soll das nun heißen, warum diese Abweichung? Und darum ist die erste Forderung: Verzicht auf sprachlichen Ehrgeiz, ehe man an herkömmliche Begriffe herangeht. Wenn man etwa in grundlegenden Gesetzen, wie im BGB, ein Steinchen loslöst, gehen Lawinen los. Da ist äußerste Behutsamkeit geboten, und ich möchte an dieser Stelle ganz besonders die Übereinstimmung mit anderen bisher schon bestehenden Gesetzen empfehlen. Ehe man ein neues Gesetz formt, muß man im Grunde alles prüfen, was auf diesem Gebiete in anderen Gesetzen jemals gesagt worden ist. Vergleichen wir das große Gebiet der Haftungsgesetze, die untereinander völlig verschieden sind, so daß wir jetzt im Bundesjustizministerium mit kaltem Schweiß beschäftigt sind, d. h. ich bin ja jetzt ausgeschieden, aber wir waren in meiner Abteilung damit beschäftigt, hier etwas Ordnung und Einheit zu schaffen. Das möge sich jeder vor Augen halten, der neue Normen schafft.

Und dann noch ein ganz kurzes Wort zur Prüfungsmethode. Ich habe ja zehn Jahre lang in beiden juristischen Staatsexamen geprüft und bin ein absoluter Feind der Wissensprüfung. Wir hatten ja früher die berüchtigte Zettelprüfung, die habe ich einfach nicht zugelassen, die kam in meinen Prüfungen nicht vor, das gab es nicht, damit man auch den Repetitoren die Freude an den Protokollen verdirbt. Und dann noch eins: Ich glaube, es ist Aufgabe des Vorsitzenden, die Tendenz zur Wissensprüfung zu vermindern, das kann er. Ich habe keinen Anstand genommen, bei Fragen auf abgelegenen Gebieten, die reine Wissensfragen waren, zu sagen, Herr Kollege, die Frage könnte ich auch nicht beantworten. Also, ich glaube, der Vorsitzende kann in freundschaftlicher und kollegialer Weise die Prüfung so lenken, daß es eine Verständnisprüfung wird und keine Wissensprüfung.

Präsident Kohleiß

Ich darf zunächst als einer von den Teilnehmern, die zum erstenmal in dieser Hochschule weilen und bei einer solchen Tagung zugegen sind, einige Worte zu dem Referat und zu den bisherigen Diskussionsbeiträgen sagen.

Herr Professor Dr. *Ule* hat m. E. uns ein so umfassendes Bild der Ausbildungsmöglichkeiten, die hier geboten sind, und der Methode, in der sich diese Ausbildung vollzieht, vor allem in dem Bereich, den er selbst gestaltet, vorgetragen, daß ich, und ich nehme an, das wird auch bei vielen anderen so sein, außerordentlich beeindruckt bin. Ich kann nur sagen, wie froh wären viele gewesen in der Zeit, in der ich studierte und in der ich Referendar war, wenn sie eine solche vielfältige Ausbildungsmöglichkeit gehabt hätten, und zwar sage ich das auch als ein sogenannter Justizjurist, denn ich glaube, daß es auch für denjenigen, der sich später entscheidet, nun nicht zum Bereich der höheren Verwaltung zu gehen, sicher keine verlorene Zeit ist, die er hier zubringt, wie übrigens die Erfahrung zeigt und wie manche Referendare, die dann den anderen Weg gewählt haben, mir gegenüber selbst zum Ausdruck gebracht haben. Wenn ich hier nur einen Punkt noch berühren darf; Herr Professor Dr. *Ule* hat uns gesagt, daß 1947 in der ersten Form, in der diese jetzige Hochschule damals aufgebaut wurde, ein strenges Ausleseprinzip gehandhabt worden sei. Ich möchte doch anregen — das ist eine Anregung an die Innenministerien —, dieses Ausleseprinzip wieder grundsätzlich zum Maßstab zu machen für die Auswahl der Teilnehmer. Ich meine, es wäre besser, als daß man Bewerbungen beliebiger Art berücksichtigt, bei denen doch nachher der Erfolg manchmal zeigt, daß es vielleicht etwas zuviel Mühe war für einen einzelnen Referendar, der wohl nicht ganz hierher gepaßt hat. Wir sind übrigens dabei, auch eine gewisse Statistik zu erstellen — alle Vorbehalte sind ja bekannt gegen statistische Ergebnisse, hier in diesem Kreis hat die Statistik, wie wir gestern gesehen haben, ja eine feste Heimstatt — wir sind also dabei, die Zeugnisse, die von hier erteilt werden, zu überprüfen an Hand der Prüfungsergebnisse im öffentlichen Recht und an Hand des Gesamtergebnisses. Ich möchte dazu im einzelnen jetzt noch nichts sagen, weil die Vergleichsbreite noch eine sehr geringe ist, aber vielleicht zu einem späteren Zeitpunkt kann man sich darüber unterhalten.

Nun war ein weiterer Punkt, der auch in den Diskussionsbeiträgen angeschnitten wurde, woher es komme, daß die Teilnahme an den Klausurenkursen auch hier nicht so sei, wie sie z. B. an den juristischen Fakultäten ist und wie man es eigentlich erwarten müßte, zumal ja manche Referendare darüber klagen würden, daß noch zu wenig Klausuren geschrieben werden. Ich glaube, das ist zum Teil ein psychologischer Grund. Ich darf mal aus dem Bereich unseres Landes sprechen. Wir haben die Bestimmung in unserer Prüfungsordnung, daß bei der Bildung der sogenannten Gesamtnote, das ist die Möglichkeit der Veränderung des mathematischen Ergebnisses — wir haben hier ja ein anderes System als das sogenannte norddeutsche System, es werden zuerst die Noten der schriftlichen Arbeiten und der mündlichen Prüfung zusammengezählt — nach dem Gesamteindruck, nach den Leistungen im Vorbereitungsdienst, nach den sogenannten Vorlagearbeiten, dieses Ergebnis verbessert oder auch verschlechtert oder bestätigt wird. Das wissen die Referendare. Sie haben eine ausgesprochene Scheu, auch in den justiziellen Arbeitsgemeinschaften Klausuren zu schreiben. Das läßt sich ihnen auch schwer ausreden, weil sie immer der Meinung sind, daß die Einzelnote, die in einer Klausur erzielt worden ist, irgendwie sich widerspiegeln werde in dem einstigen Gesamtzeugnis, das sie in der zweiten Prüfung erhalten. Das ist wohl einer der Gründe. Ich habe mit großen Interesse aus dem Referat von Herrn Professor *Ule* entnommen, daß die Planspiele hier gepflegt werden; sie sind ja mehrfach auch gestern angesprochen worden. Ich darf dazu sagen, daß wir im justiziellen Bereich das auch in unserem Lande pflegen und auch sehr empfehlen. Es ist doch so — das gilt ja für den Bereich der Verwaltung vice versa ebenso —, die juristische Ausbildung bietet ja dem Referendar keine Möglichkeit, sich z. B. in der Funktion des Vorsitzenden eines Gerichts zu erproben, weil eben vor allem auch das deutsche Richtergesetz alle Möglichkeiten, die noch vorhanden waren, zu einer eigenverantwortlichen Tätigkeit des Referendars, leider zugunsten des Grundsatzes der Reinerhaltung des richterlichen Amtes sehr beschnitten hat. Daher muß man solche Ersatzmöglichkeiten bieten und pflegen, und deshalb möchte ich das sehr unterstreichen, was hierzu Herr Professor Dr. *Ule* gesagt hat.

Herr Dr. *Rudolf* hat als Petitum hier eingeführt in die Diskussion, und da folge ich ihm vollkommen, die Eigenverantwortlichkeit des Referendars zu stärken, ihm Gelegenheit zu selbständiger Tätigkeit zu geben. Er hat mit Recht gesagt, das bietet z. B. die Staatsanwaltschaft im justiziellen Bereich; im Bereich der inneren Verwaltung ist, wie ich weiß, sehr viel mehr Raum wohl geboten, um diese Eigenverantwortlichkeit zu stärken, indem man eine gewisse Zeichnungsberechtigung bei der Ausbildungsstation in der inneren Verwaltung, soweit es vertretbar ist, dem Referendar zubilligt. Nun gestatten Sie mir noch zwei Punkte zu berühren: Die Lehrfahrten — hier hat Herr Professor Dr. *Ule* mit Recht — und ich werde mir das als eine Lehre für meinen Bereich auch mitnehmen — die Forderung aufgestellt, sie sollen gezielt sein. Wir wissen alle, daß die Neigung unserer Referendare, Lehrfahrten auszuführen, eine unbegrenzte ist. Es kommen Anträge aller Art, sie häufen sich ständig, dabei ist natürlich Brüssel, ist Straßburg, ist Luxemburg, ist — sehr verständlich und zu fördern — Berlin; hier halte ich es für vollkommen richtig, wenn man sagt, es muß eine solche Lehrfahrt vorbereitet sein, Sie haben hier die Möglichkeit, sie vorzüglich vorzubereiten, wir müssen also sehen, wie wir etwa im Rahmen der Arbeitsgemeinschaften in Verwaltung und justiziellem Bereich diesen Gedanken verwirklichen.

Ein allerletztes Wort zu den Bemerkungen von Herrn Dr. *Rudolf*. Er hat es z. T. so formuliert, er habe einen Referendar gehört, der nach drei Wochen erklärt hätte, er hätte den Beruf verfehlt, und es sei also geradezu furchtbar, wie sehr der Vorbereitungsdienst im argen liegt. Das bezog sich vor allem auf den justiziellen Bereich. Ich bin vollkommen damit einverstanden, und das haben wir ja auch berührt in diesem Kreis und in anderen, daß der Vorbereitungsdienst reformiert werden soll, daß größeres Gewicht darauf gelegt werden muß, die richtigen Ausbilder auszuwählen. Wir sind dabei, die Verwaltung und die Justiz. Ich darf aus meinem eigenen Bereich sagen, daß die Frage, ob ein Referendar einem Richter oder einem Staatsanwalt anvertraut wird, immer wieder den Landgerichtspräsidenten, den Oberstaatsanwälten ans Herz gelegt wird bei den jährlichen Präsidenten- und Oberstaatsanwaltskonferenzen. Sie wollen aber bitte berücksichtigen, und das bitte ich auch Herrn Dr. *Rudolf* zu berücksichtigen, im Zeitalter der Überfüllung des Vorbereitungsdienstes sind die Wahlmöglichkeiten für die Bestellung von Ausbildern natürlich gering. Ich glaube, das ist in beiden Bereichen dasselbe. Es ist einfach unmöglich, einem vorzüglichen Ausbilder etwa fünf Referendare zu geben, nur deshalb, weil vielleicht nur Ausbilder mittlerer Art und Güte neben ihm vorhanden sind. Also hier müssen wir hoffen auf ruhigere Zeiten, also die Zeit, in der wieder die Zahl der Referendare eine angemessene sein wird. Aber es gibt noch einen anderen Grund, und das bitte ich, doch auch Herrn Dr. *Rudolf* sagen zu dürfen. Wenn der Student nach der ersten juristischen Staatsprüfung in den Vorbereitungsdienst tritt, dann kommt er sozusagen, darf ich es mal so nennen, aus dem Olymp; er kommt aus einer Zeit, in der er einen Höchstgrad der wissenschaftlichen Ausbildung erreicht hat, mindestens erreicht haben sollte, und das ist gut so. Und nun stürzt er, so ist es doch wohl gemeint, was Herr Dr. *Rudolf* gesagt hat, auf die Erde und bedauert natürlich unendlich, daß er nicht dort im Olymp bleiben konnte. Das ist sehr verständlich, aber der Referendar möge doch bedenken, daß die Zielsetzung des Vorbereitungsdienstes eine völlig andere ist als die der Ausbildung an der Universität. Daraus ergibt sich m. E. von selbst alles, was dazu zu sagen ist. Ich möchte aber noch beifügen, ich glaube, es steht unseren Referendaren nicht schlecht an, wenn sie in diesen neuen Ausbildungsabschnitt zunächst mit einer gewissen Bescheidenheit eintreten und sich aufgeschlossen zeigen für das Neue, das an sie herangetragen wird, und nicht ihre Hauptaufgabe darin sehen, nun nur nach Mängeln in der Qualität der Ausbildung zu suchen. Wir sehen es immer wieder — die Referendarverbände bringen durch ihre Vertreter das häufig auch zum Ausdruck — sie sagen, wir lernen da und da nichts, wir lernen bei den Stationen und bei den Ausbildern nichts. Hört man die andere Seite, so heißt es, die Referendare waren auch gar nicht bereit, sich von uns irgendwie leiten zu lassen; es liegt also wahrscheinlich, wie sehr häufig, doch an beiden Seiten, und ehe man scharfe Urteile nach der einen Seite fällt, meine ich, könnte man die Gesichtspunkte berücksichtigen, die ich hier anzudeuten mir erlaubt habe.

Kammergerichtsrat Gripp

Ich werde diese Tagung in der zermürbenden Erkenntnis verlassen, daß ich dank meiner unzulänglichen Ausbildung, die ich als Justizreferendar mit nur sechs Monaten Verwaltung erfahren habe, eigentlich gar nicht legitimiert bin, mich hier zu Wort zu melden, und ich hätte das auch nicht getan, wenn nicht Herr Professor *Mayer* mich darum gebeten hätte. Die Diskussion bezieht sich ja auf das Referat von Herrn Professor *Ule*, und ich bin nach meinen einleitenden Worten nicht so vermessen, Herr Professor, der Hochschule Anregungen geben zu wollen für eine Verbesserung der fachlichen Ausbildung; ich glaube auch, daß da die Dinge im wesentlichen wohl in Ordnung sind, soweit ich das sehe. Ich bin wie Herr *Kohleiss* zum ersten Male auf dieser Hochschule und bin sehr beeindruckt von dem, was hier geleistet wird. Die Erörterungen haben sich bisher auf die fachliche Ausbildung der Referendare, und das ist ganz natürlich, bezogen. Das ist ja die erste Aufgabe, die wir im Vorbereitungsdienst zu erfüllen haben. Ich möchte nur auf eine Gefahr hinweisen — und das ist eine Bitte und eine Anregung, die nicht nur an die Hochschule (auch an die Hochschule, aber nicht nur), sondern praktisch an alle gerichtet ist — auf die Gefahr hinweisen, daß wir ausschließlich die fachliche Ausbildung betreiben und die Aufgabe vernachlässigen, den politischen Blick der Referendare zu weiten und sie auf die politischen Aufgaben, die uns insbesondere in der Ost-West-Auseinandersetzung erwachsen, hinzuweisen, sie eingehend mit der Problematik und der Aufgabe, die ihnen daraus erwachsen wird, wenn sie Verwaltungsbeamte, Richter — u. U. in leitenden Stellungen — sind, bekannt zu machen. In diesem Zusammenhang würde ich es begrüßen, wenn die Hochschule bei ihren Lehrveranstaltungen Übungen einbeziehen würde, die die Sowjetideologie, eine Unterrichtung der Referendare über ihre wesentlichen Zusammenhänge, die Entwicklung der Ideologie und außerdem eine Einführung in die Dialektik des Marxismus zum Gegenstand haben. Wir haben in Berlin — ich komme aus Berlin — ständig wieder die Erfahrung gemacht, gerade auch mit Studiengruppen von westdeutschen Referendaren, die erfreulicherweise sehr häufig zu uns kommen und ungefähr eine Woche in Berlin sind, daß sie uns nach einem Besuch des Sowjetsektors, wo sie manchmal Kontakt zu amtlichen Stellen gesucht haben, berichten, in der Auseinandersetzung mit Herren z. B. von der Humboldt-Universität völlig unterlegen gewesen zu sein und selber wohl kaum ein Wort haben sagen können, sondern nur haben entgegennehmen müssen, was ihnen dort gesagt wurde, ohne daß sie entgegnen konnten. Das scheint mir ein entscheidender Mangel zu sein, denn diese Frage der politischen Vorbereitung unserer Referendare auf ihre Aufgabe ist ja — im Sprachgebrauch des Marxismus — der „Überbau" alles dessen, was wir hier treiben. Was nützt uns die beste fachliche Ausbildung der Referendare, wenn sie der politischen Auseinandersetzung, den politischen Aufgaben, die uns allen in der derzeitigen Situation Deutschlands gestellt sind, nicht gewachsen sind. Ich meine also, daß das in der Hochschule im Rahmen der Übungen vielleicht mit einbezogen werden könnte. Alle Berliner Stellen sind auch gerne bereit, soweit Sie Studienfahrten nach Berlin von der Hochschule aus veranstalten, Sie dabei zu unterstützen. Ich hörte, daß die Programme oft etwas schematisch abgelaufen sind und nicht ganz den Vorstellungen entsprachen, die damit verbunden gewesen sind. Das läßt sich wohl ohne weiteres beseitigen.

Professor Dr. Ule

Ich bin sehr dankbar dafür, daß ich noch die Möglichkeit habe, etwas ausführlicher zu dem Stellung zu nehmen, was im Laufe der Diskussion an Anregungen für unsere Arbeit hier in Speyer gegeben worden ist. Sie werden verstehen, daß ich nicht besonders auf die zustimmenden Äußerungen eingehe, die zum Gegenstand und zur Methode unserer Lehrveranstaltungen gesagt worden sind. Ich brauche auch nicht einzugehen auf die Ausführungen, wenn ich so sagen darf, eines „zornigen jungen Mannes", weil Herr Präsident *Kohleiss* sich schon sehr ausgiebig damit auseinandergesetzt hat und ich selbst unmittelbar nicht angesprochen war. Ich möchte nur persönlich bemerken, daß mir für den, der ein ernsthaftes wissenschaftliches Studium betreiben will, die größten Universitäten nicht am besten geeignet zu sein scheinen. Wir waren schon vor 30 Jahren der Meinung, daß man nicht unbedingt das ganze Studium in Berlin oder in München verbringen müsse, sondern daß es sehr viel richtiger sei, am Anfang und zum Schluß eine kleinere Universität zu besuchen — damals gab es ja noch viele Universitäten von zwei- bis dreitausend Studenten — und nur in der Zwischenzeit einmal auch das besondere Air der Großstadt zu genießen. Das Thema ist doch wohl nicht von der Tragweite, die ihm Herr Dr. *Rudolf* hat beimessen wollen.

Ich darf mich zunächst mit dem, was der letzte Herr Diskussionsredner, Herr Kammergerichtsrat *Gripp*, gesagt hat, beschäftigen. Wir bemühen uns an dieser Hochschule ganz besonders, unseren Referendaren einen gewissen Einblick, soweit das möglich ist, in die Verhältnisse der Sowjetzone zu geben. Wie schwer das ist, weiß jeder, der sich mit diesen Dingen näher beschäftigt hat. Es ist heute leichter, sich etwa über das Verfassungs- und Verwaltungsrecht von Portugal Kenntnisse zu verschaffen als über die Sowjetzone. Wir sind ja zum großen Teil auf Berichte aus zweiter Hand angewiesen, wenn uns auch gewisses Material aus erster Hand zur Verfügung steht.

Ich habe es bei der Vorbereitung dieses Referates sehr bedauert, daß unser Vorlesungsverzeichnis gerade für das Wintersemester in diesem Punkte keinen sehr repräsentativen Eindruck macht. Ich kann eigentlich nur auf die Vorlesungen von Herrn Professor *Smolka* über den Ost-West-Gegensatz in der russischen Geschichte und im russischen Denken verweisen. Herr Professor *Smolka* ist ein Spezialist der Rußland-Geschichte und wird von unseren Hörern, die an diesen Dingen interessiert sind, sehr gern als sachkundiger Leiter von Übungen und Seminaren in Anspruch genommen. Aber wenn Sie etwa frühere Vorlesungsverzeichnisse in die Hand nehmen, dann werden Sie feststellen, daß wir eigentlich regelmäßig jedes Semester irgendwelche — meist seminaristische — Veranstaltungen über sowjetzonale Fragen abhalten, sei es über das Problem der Rechtslage Deutschlands im allgemeinen, sei es über die Verfassungs- und Verwaltungsentwicklung in der Sowjetzone. Wir haben meist — ich habe diese Seminare beinahe jedes Jahr einmal gehalten — Referendare unter unseren Hörern, die längere Zeit drüben gelebt haben, die erst vor wenigen Jahren aus der Sowjetzone nach Westdeutschland gekommen sind und die die Verhältnisse dort unter Umständen sehr genau selbst beobachtet haben und deshalb aus eigener Kenntnis zu ihrer Erhellung beitragen können. Als einmal der englische Kollege *Mackenzie* zu Besuch an der Hochschule war, sprachen wir gerade in meinem Seminar über die Schulprobleme in der Sowjetzone. Ich erinnere mich, wie sehr dieser Kollege beeindruckt war von der Darstellung der Verhältnisse und von der Reformträchtigkeit, die in der Entwicklung dort liegt; denn die Idee der Zentralschule etwa ist ja nicht nur eine Ausgeburt der kommunistischen Ideologie, sondern versucht echte Sachprobleme des Volksschulwesens auf dem Lande zu lösen. Das war für den englischen Kollegen eine Bestätigung von Überlegungen, die man auch in England über eine sinnvollere Gestaltung des Landschulwesens angestellt hat. Hier liegen also durchaus Möglichkeiten zu Einsichten echt verwaltungswissenschaftlicher Art, die ganz unabhängig von der Ideologie sind.

Wir haben auch versucht — das möchte ich gerade Herrn Kammergerichtsrat *Gripp* sagen —, maßgebliche Berliner Politiker hier zu unseren Referendaren sprechen zu lassen. Wir erinnern uns alle, wie der inzwischen verstorbene Wirtschaftssenator Dr. *Hertz* noch im alten Hochschulgebäude in höchst eindrucksvoller Weise über die Wirtschaftslage Berlins gesprochen hat. Wir haben einen Vortrag des Berliner Innensenators *Lipschitz* gehört, der einen Beifallssturm in der Aula entfesselt hat, wie ihn noch nie ein Redner in dieser Hochschule gehabt hat, obwohl er zunächst mit einem gewissen Widerstand seiner Hörer kämpfen mußte. Und wir haben vor kurzem, im letzten Wintersemester, den Bundesminister *Lemmer* als Gast hier gehabt, der auch über die Probleme Berlins zwischen Ost und West gesprochen hat. Wir bemühen uns also vielleicht mehr, als das sonst der Fall ist, gerade um diese Dinge. Wir machen deshalb auch fast jedes Semester eine Lehrfahrt nach Berlin, bei der wir leider nicht immer die volle Unterstützung der amtlichen Stellen gefunden haben, die, wie das eben mit Recht gesagt wurde, nur mit einem 08/15-Programm für Oberschüler den Bedürfnissen unserer Hörer entsprechen zu können meinen. Ich habe darüber einen sehr verständnisvollen Briefwechsel mit Herrn Minister *Lemmer* geführt; ich habe mit aller Deutlichkeit gesagt, daß die Programme, die vom Bundesministerium für gesamtdeutsche Fragen im Berliner Bundeshaus Besuchern geboten werden, die sich ein ganzes Semester auf diese Probleme vorbereitet haben, nicht immer angemessen zu sein scheinen. Mit Propaganda, meine Damen und Herren, ist uns nicht gedient. Wir wollen Tatsachen erfahren, wir wollen wissen, was wirklich drüben vor sich geht. Dabei kann man mit ad hoc zusammengestellten Propagandafilmen, die wir z. B. nach dem 13. August 1961 gesehen haben, nichts anfangen. Die Referendare, die selbst in der Bernauer Straße an der Mauer gestanden haben, haben dadurch einen viel stärkeren Eindruck von der Situation in Berlin bekommen, als ihnen der nachträglich gezeigte Film vermitteln kann. Aber ich gebe zu, daß das Problem der Auseinandersetzung mit dem Marxismus-Leninismus im argen liegt; das ist eine von mir durchaus schon seit Jahren empfundene Lücke, die geschlossen werden müßte. Wir werden uns also die Frage stellen müssen, wie weit das im Rahmen unseres Vorlesungsprogramms möglich ist.

Ich darf dann auf die Anregungen eingehen, die hier vor allem von den Herren *Bachof, Terstegen* und *Erdsiek* gemacht worden sind; Herr Präsident *Kohleiss* hat sich ja im wesentlichen zustimmend zu dem geäußert, was ich selbst ausgeführt habe. Die Anregung von Herrn Kollegen *Bachof,* daß man auch die Referendare in der Formulierung von Rechtsvorschriften üben solle, halte ich für sehr wichtig. Es ist ein Gedanke, mit dem ich mich schon lange beschäftige. Die Sache ist aber schwierig; denn wenn wirklich etwas dabei herauskommen soll, was allseits befriedigt, ist zunächst eine theoretische Vorbereitung auf die Probleme der Gesetzgebungskunst erforderlich; erst daran könnte sich eine nicht unter Zeitdruck stehende Erörterung des einzelnen Vorhabens anschließen. Man könnte aber einmal ein Seminar während des ganzen Semesters in einem kleinen Kreise über dieses Thema halten. Wie weit der Zuspruch unserer Referendare unter dem bekannten Damoklesschwert der Prüfung (Gesetzgebungskunst wird in der Prüfung ganz gewiß nicht geprüft) ausreicht, um eine Arbeitsmöglichkeit in dem Seminar zu schaffen, ist nicht völlig zu übersehen. Ich darf nur auf ein oder zwei Erfahrungen hinweisen, die mich bedenklich stimmen. Ich habe vor Jahr und Tag, als alle Zeitungen über Parkinsons Gesetz schrieben, hier ein Seminar über Probleme der Ausweitung des öffentlichen Dienstes zu halten versucht. Das war noch vor unserer Dürkheimer Tagung über diese Frage. Ich glaube, sechs von zweihundert Referendaren haben sich als Teilnehmer dafür gemeldet; es war also kaum möglich, die Fragen, die zu behandeln waren, sachgemäß zu erörtern. Und ich habe einmal ein Seminar über die Sprache in der Verwaltung gehalten, weil ich zu diesen Dingen eine besondere Beziehung habe. Auch die Teilnahme an diesem Seminar war, was die Zahl anbetraf, nicht übermäßig hoch; jedoch waren einige Referendare dabei, die sogar sehr beachtliche eigene Überlegungen zu diesen Dingen angestellt haben. Aber wir greifen die Anregung auf, Herr *Bachof,* und werden uns bemühen, eine Form zu finden, in der man diese Fragen behandeln kann.

Was Herr Ministerialdirektor *Erdsiek* zur Gesetzgebungstechnik ausgeführt hat, kann ich nur nachdrücklich unterstreichen, und zwar aus einer ganz anderen Stellung und aus anderen Erfahrungen heraus als denen, die mir hier zur Verfügung stehen, nämlich als Vorstandsmitglied der Gesellschaft für deutsche Sprache, die ja auch die sprachliche Überprüfung von Gesetzentwürfen in der Hand hat. Ich selbst habe mit der Überprüfung nichts zu tun, aber als Mitglied des geschäftsführenden Vorstandes weiß ich um die Probleme, die dahinter stecken. Mir ist neulich ein sehr interessanter Fall vorgetragen worden: In einem Land der Bundesrepublik wurde ein neues Landesbeamtengesetz vorbereitet, und der Entwurf wurde der Gesellschaft für deutsche Sprache vorgelegt. Dort machte man wahrscheinlich ausgezeichnete Vorschläge zu seiner sprachlichen Verbesserung; aber der Gesetzgeber mußte alle ablehnen, weil er durch das Beamtenrechtsrahmengesetz gebunden war. Man kann nicht eine völlig andere Terminologie in den Bestimmungen des Landesgesetzes verwenden, die in ihrem Inhalt durch das Beamtenrechtsrahmengesetz festgelegt sind. Man kann es auch in anderen Gesetzen nicht tun, wenn dadurch der systematische Zusammenhang eines solchen Gesetzes mit früheren Gesetzen verlorengehen würde. Das sind Schwierigkeiten bei den Bemühungen um bessere sprachliche Gestaltung unserer Gesetze, die nur langsam abgebaut werden können. Wir sind in gewisser Weise heute noch an die Sprache von 1877 (Erlaß der Reichsjustizgesetze) gebunden. Deshalb läßt sich etwa der Begriff der ordentlichen Gerichtsbarkeit nicht durch den der Zivilgerichtsbarkeit ersetzen, was ja sogar von Zivilprozeßrechtlern versucht worden ist, obwohl jener Begriff gar keinen wirklichen Hintergrund mehr hat; er läßt sich aber aus gewissen gesetzestechnischen Gründen nicht über Bord werfen.

Der zweite Punkt, den Herr *Bachof* angesprochen hatte, war die Frage der Anwendung neuer Gesetze. Ich erwähnte schon in meinem Vortrag, daß ich eine Frage aus dem Bundesbaugesetz in einer Klausur habe behandeln lassen. Wir erwarten nicht von den Referendaren, daß sie das Bundesbaugesetz kennen, sondern wir verlangen nur, daß sie Vorstellungen über den Aufbau eines Gesetzes haben und beispielsweise in dem erwähnten Fall, in dem es um eine Übergangsfrage ging, wissen, daß diese Frage wahrscheinlich in den letzten Bestimmungen des Gesetzes behandelt wird. Man muß die in Betracht kommende Vorschrift nur finden und dann auf den Sachverhalt anzuwenden versuchen. Ich möchte bei dieser Erörterung der Anwendung neuer Gesetze noch einmal unterstreichen, was Herr Kollege *Mayer* gestern gesagt hat: Mit der scientia legis ist es eben nicht getan. Wir wollen nicht eine Kenntnis von vielen Gesetzen hier vermitteln, sondern wir können die

Referendare in der sehr kurzen Zeit, in der wir sie hier haben — drei Monate im Sommer, vier Monate im Winter — nur in die Methodik einführen, daß sie es verstehen lernen, die Dinge anzufassen, und wenn sie das gelernt haben, werden sie auch mit jedem neuen Gesetz fertig, dem sie in der Praxis jeden Tag begegnen können.

Hinsichtlich der Frage der Klausurenkurse kann ich nur das berichten, was wir an Erfahrungen gemacht haben. Die Gründe, die an der Universität zu einer anderen Einstellung gegenüber den Klausuren geführt haben als bei uns, mögen andere sein. Vielleicht können wir einmal eine Erhebung darüber anstellen, welche Gründe die Referendare von den Klausurenkursen abhalten.

Für sehr beachtlich halte ich die Anregung von Herrn Ministerialrat Dr. *Terstegen*, bei Planspielen eine Bandaufnahme zu machen, obwohl dadurch natürlich die Unbefangenheit, die sonst vorhanden ist, beeinträchtigt werden kann. Die Überprüfung dessen, was man selbst geleistet hat, an dem Band ist aber sicherlich höchst nützlich. Man sollte auch erwägen, ob man seinem Vorschlag folgt, Klausuren nach der Besprechung noch einmal als Hausarbeit auszugeben, jedenfalls an die Referendare, die das wollen. Auch für uns wäre das eine gute Kontrolle, weil man auf die Weise erfährt, wieweit man mit der eigenen Entwicklung des Falles wirklich von den Hörern verstanden worden ist. Sehr viel nützlicher wäre es natürlich, wenn man alle diese Hausarbeit schreiben ließe, weil das Material, das dann für beide Teile, sowohl für die Referendare als auch für uns, zur Verfügung stehen würde, sehr viel breiter wäre.

Das letzte, was ich hier ansprechen möchte, ist das Problem der Beurteilung. Herr Präsident *Kohleiss* hat auf die Frage eines Vergleichs zwischen der Beurteilung in Speyer und der Beurteilung, die schließlich in der zweiten Staatsprüfung erfolgt, hingewiesen. Ich bin vorhin in der Pause von einem Teilnehmer allgemein darauf angesprochen worden, etwas über die Beurteilung der Referendare, die zu uns kommen, zu sagen. Da kann ich nur mit Theodor *Fontane* sagen, das ist ein weites Feld. Es gibt fast keine ausgesprochenen Versager, was allerdings kein Wunder ist, da die Referendare von den Innenministerien ausgewählt werden und diese ein Interesse daran haben, nicht völlig uninteressierte oder unfähige Leute hierherzuschicken. Auf die Frage des Vergleichs zwischen der Benotung hier und der Benotung in der zweiten Staatsprüfung will ich nicht näher eingehen. Man muß berücksichtigen, daß die Referendare in der zweiten Staatsprüfung im wesentlichen im Zivil- und im Strafrecht geprüft werden und daß das öffentliche Recht nur einen verhältnismäßig geringen Teil der gesamten Prüfung ausmacht. Ich interessiere mich als Prüfer in der zweiten Staatsprüfung hier im Lande Rheinland-Pfalz immer dafür, wie die Leute in Speyer beurteilt worden sind, um das mit den Ergebnissen zu vergleichen, die sie beim Examen im öffentlichen Recht in der Klausur und in der mündlichen Prüfung erzielen; dabei habe ich keine wesentlichen Abweichungen in der Beurteilung feststellen können. In meiner früheren niedersächsischen Prüfungstätigkeit hatte ich den Eindruck gehabt, daß Speyer verhältnismäßig hoch lag: zum Teil eine volle Note über dem, was nachher im Examen herauskam. Das veranlaßte mich dazu, als ich 1955 hierher kam, auf Kosten meines Rufes die Schraube etwas anzuziehen; das hat in Niedersachsen und Schleswig-Holstein, wie ich von Referendaren weiß — und die Herren aus Niedersachsen, wie ich sehe, lächeln freundlich dazu —, auch in der Verwaltung zunächst einen ziemlichen Schock gegeben. In einem Semester hat es dazu geführt, daß der Zustrom aus Niedersachsen überhaupt nicht mehr floß, weil sich die Referendare offenbar sagten, weshalb sollen wir uns unsere — etwa beim Rechtsanwalt — guten oder — bei der Staatsanwaltschaft — vollbefriedigenden Ergebnisse dadurch verderben, daß wir nach Speyer gehen. Aber man wird ja mit zunehmendem Alter milder, und wir haben uns inzwischen etwas ausgependelt, so daß diese Klagen aus Niedersachsen verstummt sind. Zusammenfassend möchte ich zur Beurteilungsfrage sagen, daß wir hier doch eine günstigere Ausgangsposition haben, als sie auf der Universität gegeben sein kann, denn zu uns kommen ja nur diejenigen, die ein besonderes Interesse für die Verwaltung oder für das Verwaltungsrecht von vornherein haben. Das bedeutet, daß wir ausgesprochene Versager nur in den allerseltensten Fällen haben. Das kommt allerdings auch vor. Es gibt Semester, in denen ein oder zwei Referendare kein Schlußzeugnis der Hochschule bekommen, also gewissermaßen durchgefallen sind. Was die Spitzenkräfte anbelangt, so ist es sehr schwer, ein allgemeingültiges Urteil zu fällen. Wir sprechen oft im Senat darüber, wie das abgelaufene Semester war. Meist ist das Sommersemester, nicht nur, was die Zahl der Hörer, sondern auch was die Lebhaftigkeit ihres Interesses anbelangt, besser als das Wintersemester. Aber diese Regel wird auch durch Ausnahmen durchbrochen. Wir haben Wintersemester gehabt, in denen ausgezeichnete Leute hier waren, die das ganze Niveau anhoben. Meist waren das Referendare, die auch — das wird Herrn Kammergerichtsrat *Gripp* besonders interessieren — politisch interessiert waren. Ich erinnere mich an ein Semester, in dem wir eine ganze Crew junger Politiker hier hatten, die bei der CDU oder der SPD oder der FDP bereits eine Rolle spielten. Diese Herren brachten immer Bewegung in die Seminare, und das ist begreiflich, weil sie eine politische Fragestellung in sich trugen und nicht geneigt waren, die Dinge so hinzunehmen, wie sie nun einmal sind. Wirklich überzeugende Referendare, die man gern noch länger hier haben möchte, sind aber nicht die Regel. Es gibt zwar keine wirklich schlechten Referendare, aber es gibt auch nur einen sehr kleinen Teil — ich würde ihn auf etwa 10% schätzen —, mit denen wir über das eine

Semester hinaus weiter arbeiten möchten. Wir haben immer die Vorstellung gehabt, ein zweites Semester an unserer Hochschule für diese Referendare mit der Möglichkeit einer Promotion einzuführen, die in einem einsemestrigen Lehrgang natürlich nicht zu verwirklichen ist. Aber das ist im Rahmen unseres heutigen Ausbildungssystems, vor allem, wenn der Vorbereitungsdienst auf drei Jahre gekürzt werden sollte, kaum durchzusetzen, und wir müssen uns daher mit dem bescheiden, was mit den gegenwärtigen Mitteln erreicht werden kann.

Gedanken zur Reform der Ausbildung und Prüfung aus der Sicht der Verwaltung

Von Wilhelm Loschelder

Herr Professor *Mayer* hat bereits gesagt, daß ich die Ehre habe, Vorsitzender jener Gutachterkommission zu sein, die die Konferenz der Innenminister und -senatoren und der Bundesinnenminister eingesetzt haben, um die Fragen der Juristenausbildung unter Berücksichtigung der Belange der Verwaltung zu erörtern und Vorschläge hierzu zu entwickeln. Die Arbeiten dieser Kommission sind in vollem Gange, aber in wesentlichen Teilen noch nicht abgeschlossen. Das, was ich hier sagen werde, stellt also schon aus diesem Grunde nicht das Ergebnis der Arbeiten dieser Kommission dar, sondern eine persönliche Auffassung, die allerdings in vielem von den Beratungen, den zahlreichen Beratungen der Kommission und ihrer Arbeitskreise beeinflußt und beeindruckt ist. Deshalb wird man es mir gewiß auch nicht verübeln, wenn ich hier und da einmal auf die Arbeitsergebnisse der Kommission Bezug nehme, und man wird mir das gewiß auch nicht als Indiskretion auslegen.

Dazu noch eine weitere Bemerkung:

Der Beschluß der Innenministerkonferenz über die Einsetzung der Gutachterkommission ist letzten Endes veranlaßt worden durch die Denkschrift über die Ausbildung der Deutschen Juristen, die im Herbst 1954 von einem Arbeitskreis in Angriff genommen und im Jahre 1960 zum Abschluß und zur Veröffentlichung gekommen ist. Wer an den Umfang dieser in vielen Teilen außerordentlich gründlichen und weitausholenden Denkschrift denkt, wird mit dem Wortlaut des mir gestellten Themas lediglich erwarten können, daß in dieser Stunde hier in der Tat nur eine Reihe von Gedanken entwickelt werden kann, und daß von vornherein auf Vollständigkeit und letzte Ausschöpfung des vielfältigen Themas verzichtet werden muß.

Noch eine dritte Vorbemerkung:

Es wird sich nach den Erörterungen des gestrigen Tages und des heutigen Vormittages nicht ganz vermeiden lassen, daß im Zuge meines Themas diese und jene Frage noch einmal aufgegriffen wird, die hier bereits zur Sprache kam. Ich kann sie nicht ausschalten, ohne den Zusammenhang meiner Ausführungen zu beeinträchtigen.

Die Denkschrift über die Ausbildung der Deutschen Juristen baut auch in ihrem reformatorischen Teil den Ausbildungsweg vom Grundsätzlichen her so auf, wie er uns heute allgemein geläufig ist. Jeder, der

Jurist im weiten Sinne des Wortes werden will, hat sich zunächst einem für alle grundsätzlich gleichgestalteten Hochschulstudium und einem gleichfalls grundsätzlich gleichartigen Vorbereitungsdienst zu unterziehen. Auch die Organisation des Prüfungswesens, also die neu vorgesehene Vorprüfung während des Studiums, die Universitätsabschlußprüfung und die Staatsprüfung nach Beendigung des Vorbereitungsdienstes, ist allgemein verbindlich. Das Grundbild sieht danach für alle den gleichen Studiengang, den gleichen Vorbereitungsdienst und die gleichen Prüfungen vor.

Schon hier knüpfen sich zunächst ganz allgemein die ersten Fragen an, die aus der Sicht der Verwaltung zu stellen sind. In der geschichtlichen Entwicklung sowohl als auch am ausländischen Beispiel zeigt sich nämlich, wie das gestern Herr Professor *Mayer* bereits dargelegt hat, daß diese Einheitlichkeit des Ausbildungsganges keineswegs eine Selbstverständlichkeit ist, daß sie bei einem Vergleich mit dem Ausland vielleicht sogar so etwas wie eine deutsche Eigentümlichkeit darzustellen scheint.

Werfen wir einen ganz kurzen Blick in die Vergangenheit der heutigen Bundesländer und ihrer Vorgänger, so hat es, wie ich im Jahre 1955 auf der 19. Staatswissenschaftlichen Fortbildungstagung dieser Hochschule bereits darlegen durfte, eine Sonderausbildung für den höheren Verwaltungsdienst, wenn schon mit einzelnen Unterbrechungen, bis in eine relativ junge Zeit nicht nur im ehemaligen Preußen, sondern auch in Sachsen und in Württemberg gegeben, wo in den heute noch interessierenden Zeiträumen mindestens der Vorbereitungsdienst für die sogenannten Regierungsreferendare, um diesen Ausdruck einmal einheitlich zu gebrauchen, besondere Wege ging. Im Ausland ergibt sich demgegenüber allermeist auch heute noch eine scharfe Trennung der Ausbildung der Anwärter für die Justiz und für die Verwaltung, die hier nur am Beispiel einzelner zum Vergleich besonders sich anbietender Länder und nur ganz kurz angedeutet werden kann.

In Frankreich beginnt mit der Reform des Jahres 1954 die Aufteilung bereits während des Studiums, innerhalb dessen sich an die zweijährige Grundausbildung eine Oberstufe anschließt, die in einen privatrechtlichen, einen öffentlich-rechtlichen und einen wirtschaftswissenschaftlichen Teil gegliedert ist. Aber auch in der von *Quaritsch* im Verwaltungsarchiv kürzlich so ausgezeichnet beschriebenen Ecole Nationale d'Administration setzt sich die Sonderausbildung für die Elite der französischen Beamtenschaft fort.

Als Beispiel aus dem angelsächsischen Raum mag England herangezogen werden. Hier spielt das bei uns bekannte juristische Fachstudium bei weitem nicht die gleiche Rolle, wie etwa der Studiengang an den klassischen Universitäten Oxford und Cambridge zeigt. Wo aber an den neuen Hochschulen ein Fachstudium absolviert wird, liegt es mit seinem Schwergewicht eindeutig bei den politischen und wirtschaftlichen Wissenschaften. Der nach dem Universitätsstudium folgende Vorbereitungsdienst ist dann völlig eigenständig und hat mit der eigentlichen juristischen Ausbildung nichts zu tun.

Nehmen wir noch ganz kurz Österreich hinzu, so ist hier das Studium zwar einheitlich, aber doch in sich in bemerkenswerter Weise spezialisiert. Einem einführenden rechtshistorischen Abschnitt folgt ein justizieller und ein staatswissenschaftlich-politischer Teil von je drei Semestern. Wer sich nach der Abschlußprüfung für den Weg in die Verwaltung entschließt, hat eine Einführungszeit abzuleisten, deren Ablauf und einem weiteren Examen, dem sog. Definitivum, dann die lebenslängliche Anstellung folgt.

Wo immer wir also hinschauen, und die Beispiele ließen sich beliebig vermehren, sehen wir andere Bilder des Werdegangs der höheren Verwaltungsbeamten. So ist es durchaus verständlich, daß auch bei uns die Frage einer Sonderausbildung in dieser oder jener Form noch keineswegs zur Ruhe gekommen ist.

Dabei sind allerdings die Stimmen verhältnismäßig selten, die für eine Gabelung bereits beim Studium eintreten. Soweit ich sehe, ist es vor allem Gottfried *Neße*, der nach einem Grundstudium ein Rechtsfachstudium vorschlägt, das sich in einen zivilrechtlichen, einen öffentlichrechtlichen und einen wirtschafts- und sozialwissenschaftlichen Teil gliedern soll. Das allein entspräche nach seiner Auffassung der Dreiheit der juristischen Praxis und des dazu gehörenden Menschentyps.

Mehr Freunde hat demgegenüber offenbar auch heute noch die Wiederbelebung einer Sonderausbildung während des Vorbereitungsdienstes. Es gibt auch in diesen Tagen noch manche erfahrene und hochangesehene Verwaltungsbeamte, überwiegend im norddeutschen Raum, die an sich eine Sonderausbildung in der Verwaltung und Verwaltungsgerichtsbarkeit als den besten Weg zur Heranbildung guter Verwaltungsbeamten betrachten. Aber sie verkennen dabei die Schwierigkeiten und Hemmnisse nicht, die einer solchen Regelung bei der gegebenen Lage nun einmal entgegenstehen. Ein gutes Bild über den Stand dieses Teils der Diskussion gibt das Heft 3 der beamtenpolitischen Schriftenreihe „Deutsches Berufsbeamtentum", das über ein Gespräch zu diesem Thema vom 24. November 1960 in Bad Godesberg berichtet.

Stellen wir uns zunächst diese mehr allgemeinen Fragen mit dem Wortlaut des Themas aus der Sicht der Verwaltung, so möchte ich dazu kurz folgende Feststellungen treffen:

Es ist aus dem Blickpunkt der Verwaltung nicht anders als aus dem der Justiz zu bejahen, daß das juristische Studium an unseren Universitäten irgendwie reformbedürftig ist. Nach welcher Richtung diese Reform zu gehen hat, mag später noch einmal kurz aufgegriffen werden. Was aber hier bereits ausgeschieden werden kann, das ist nach meiner Auffassung jene Trennung, die das französische System kennzeichnet. Wenn es uns nur in einzelnen Stimmen zur Nachahmung empfohlen wird, dann wird dabei vielleicht doch auch hier übersehen, daß wir trotz allem von der Universität noch etwas anderes erwarten, als daß hier wie in einer Art Polytechnikum Verwaltungsbeamte, Richter oder andere Spezialisten produziert werden, wird wohl auch übersehen, daß diese Art der Studiengestaltung irgendwie mit dem System von Wettbewerbsprüfungen zusammenhängt, das bei uns in dieser Form unbekannt ist. Man kann sich aber auch nicht vorstellen, daß die bei unseren heutigen Fakultäten zusammengewachsenen Zweige der Rechtswissenschaft sich leicht und beliebig auseinanderreißen ließen. Aber man sollte doch auch das andere bedenken, daß hier der junge Student nun extrem in einem Zeitpunkt vor eine Wahl gestellt würde, in dem er vielleicht nicht mehr als die Anfangsgründe des juristischen Denkens erfaßt und kaum Erkenntnisse über Neigung und Eignung gewonnen hat. Man tut gut daran, gerade diese Konsequenz am Beispiel bestimmter junger Studenten zu überdenken, die einem als Vater oder sonst nahestehen, um das Gewicht gerade dieses Arguments zu ermessen.

Was aber das österreichische Beispiel angeht, so hat es aus der Sicht der Verwaltung zweifellos den Vorteil einer Garantie ausreichender Berücksichtigung jener Fächer, die später für den Verwaltungsbeamten von besonderem Wert sind. Aber die Rechtswissenschaft ist auf der anderen Seite doch ein Gebiet, in dem sich alles vielfältig durchdringt und damit einer zeitlichen Aufteilung, wie sie etwa das österreichische Beispiel vor Augen führt, entgegensteht. Wenn man sich also der Bedeutung auch der öffentlich-rechtlichen Fächer für das Rechtsstudium wirklich bewußt ist, dann müßte es möglich sein, auch ohne eine derartige zeitliche Zäsur und die damit wohl zwangsläufigen wiederholten Teilprüfungen zu einem brauchbaren Ergebnis zu kommen. Die Wünsche der Verwaltung zur Reform des Studiums gehen also in eine andere Richtung und sind nicht darauf angewiesen, so grundlegende Änderungen in unserem bisherigen Ausbildungssystem zu befürworten.

Ich sagte bereits, daß die Sonderausbildung, beschränkt auf den Vorbereitungsdienst, aus dem geschichtlichen Werden heraus in erster Linie im norddeutschen Raum auch heute noch vielfältig, mindestens in dem Sinne bejaht wird, daß die Verwaltung mit dieser Lösung gut gefahren sei. Wer dieser Meinung ist, kann mit Recht auch darauf hinweisen, daß die derzeitige Form der Ausbildung in der Verwaltung dieser Verwaltung nicht das gäbe, was ihr zustehe. Selbstverständlich wird bei dieser Ausbildung auch die Verwaltung in bestimmten, von Land zu Land dem Zeitmaß nach verschiedenen Ausbildungsabschnitten berücksichtigt; auch in der Prüfung kommen die Bereiche des öffentlichen Rechts und der Verwaltung irgendwie zum Zuge. Aber was bei dieser Ausbildung allgemein gesehen und in den meisten Ländern herauswächst, das ist im Grunde und vorzüglich der Anwärter für die Richterlaufbahn, für den Beruf des Rechtsanwalts, für die Stellung des juristischen Syndikus. Wer dann nach dieser Ausbildung den Entschluß faßt, in die Verwaltung zu gehen, der hat von ihr oft nicht viel gesehen, ist aber vor allem auch nicht mit jenem Denken vertraut, das die Verwaltung in großen und wesentlichen Teilen als eine planende, vorausschauende und voraussorgende Funktion erfaßt. Wer die Dinge aus langjähriger Praxis kennt, der weiß um die vielfältigen Schwierigkeiten und um das nun einmal nötige weitere Ausbildungsbemühen, das, jedenfalls in den norddeutschen Ländern, noch einmal um zwei Jahre in Anspruch nimmt und dabei in seinem Ergebnis oft auch noch problematisch bleibt.

Es ist sicher richtig, daß sich mancher offensichtliche Mangel dieser Art durch eine Sonderausbildung beheben oder mildern ließe. Aber es wäre töricht, die Schwierigkeiten zu übersehen, die der Verwirklichung eines derartigen Vorhabens heute praktisch entgegenstehen. Dazu nur wenige Hinweise:

Die Denkschrift über die Ausbildung der Deutschen Juristen, aber auch die bereits laufenden Bemühungen der Gutachterkommission der Innenministerkonferenz und auch des Unterausschusses der Justizministerkonferenz bewegen sich in der begrüßenswerten Linie einheitlicher Lösungen für alle Bundesländer in möglichst weitem Umfang. Sie orientieren sich aber auch in der Richtung eines Gleichklangs der Ausbildung in Justiz und Verwaltung und suchen hierfür in einem begonnenen und wahrscheinlich noch länger dauernden Ringen das rechte Kompromiß. In einer solchen Situation ist es fast utopisch, eine Form der Ausbildung, wie sie nur in einem Teil der Bundesländer Tradition war, und dabei auch hier, jedenfalls in den parlamentarischen Räumen heute kaum noch irgendwelche Befürworter findet, auf den Schild zu heben und damit vorankommen zu wollen. Das gilt nicht nur im ganzen, sondern, soweit ich die Dinge übersehe, auch konkret für die Verhältnisse von Land zu Land.

Das klassische Land der früheren Sonderausbildung war das ehemalige Preußen. Preußen war ein großes Land, das in seiner Verwaltung für die jungen Bewerber mannigfaltige Möglichkeiten, vor allem die begehrten Posten des Landrates anbieten konnte. Es war deshalb in der Lage, über ein Jahrhundert hindurch jährlich relativ zahlreiche qualifizierte Regierungsreferendare einzustellen und ihnen auch eine echte Chance für den weiteren Weg zu geben. Das ist heute ersichtlich alles wesentlich anders, so wesentlich anders, daß Chance des Beamten und Bedürfnis der Verwaltung in die gleiche Schwierigkeit geraten. In einer solchen Lage ist nicht sicher, ob sich wirklich qualifizierte junge Anwärter leichten Herzens und überall schon als Referendare auf eine derartige Sonderlaufbahn festlegen lassen. Aber die Ausbildung in jedem Lande würde bei der beschränkten Zahl der Anwärter auch sonst manche

Sorge machen, von der Frage der Kosten ganz zu schweigen. Aber es mag aus all den bekannten Argumenten pro und contra eine solche Sonderlaufbahn, denen weitere heute nicht mehr hinzuzufügen sind, doch noch das eine angedeutet werden, wie stark bei einer relativ ausweglosen Bindung dieser Beamten an das jeweilige, oft kleine Land die Bedenken einmal sein könnten, die unter den Gesichtspunkten rechtsstaatlicher Verwaltung in der gegebenen Situation erhoben werden müßten.

Aus dieser Sicht und aus den inzwischen gewonnenen praktischen Erfahrungen möchte ich hier, obwohl ich selbst mit an der Wiege dieser Einrichtung gestanden habe, auch einer anderen Form der Ausbildung widerraten, wie sie in Nordrhein-Westfalen im Jahre 1956 unter dem Motto der längeren Verwaltungsausbildung entstanden ist. In erster Linie aus den Notlagen erwachsen, die sich aus der großen Zahl der zur Ausbildung anstehenden Referendare ergab, wurde unter Verkürzung der Verwaltungsausbildung allgemein für solche Referendare, die sich dazu entschlossen, eine 12monatige Ausbildung in der Verwaltung und dazu eine 6monatige Ausbildung in der Verwaltungsgerichtsbarkeit vorgesehen. Diese Gabelung setzt sich auch in der Prüfung fort. Für die Referendare mit längerer Verwaltungsausbildung ist praktisch eine besondere zweite Prüfungskommission geschaffen worden, die unter einem höheren Verwaltungsbeamten als Vorsitzendem zusammentritt und die auch im Prüfungsstoff das öffentliche Recht besonders betont. Die Berechtigung, die durch diese Prüfung erworben wird, ist die gleiche wie die der übrigen Referendare, umfaßt also, wie allgemein, die Befähigung zum Richteramt und zum höheren Verwaltungsdienst.

Es läßt sich heute mit Sicherheit sagen, daß diese Gestaltung nach freier Wahl weder bei den Referendaren Anklang gefunden, noch für die Verwaltung restlos befriedigende Resultate gezeitigt hat. Die Zahl der Bewerber ist, wie das gestern Herr Professor *Mayer* bereits sagte und zahlenmäßig auch belegte, nach einem gewissen ausreichenden Stand von Jahr zu Jahr gesunken, wofür offenbar vielfältige Gründe maßgebend gewesen sind, vor allem der, daß die Verwaltung keinerlei Gewähr für eine spätere Indienststellung der Referendare übernahm und auch nicht übernehmen konnte, da sie ja bei der Auswahl zunächst in keiner Weise beteiligt war. Aber auch sonst rückten die sonderausgebildeten Referendare, die nicht in die Verwaltung übernommen wurden, leicht so etwas in die zweite Linie.

Nach der ganzen Lage ergibt sich also, daß dieser löbliche Versuch in seiner dezidierten Form keine Aussicht hat, Bedeutung für eine allgemeine Reform zu gewinnen. Daß damit geringfügigere Wahlmöglichkeiten innerhalb der Ausbildung nicht ausgeschlossen zu sein brauchen, das mag hier aber gleich schon mit erwähnt werden.

Alles in allem läßt sich damit die für manchen vielleicht schmerzliche Feststellung treffen, daß der Wiederbelebung einer Sonderausbildung zuviel an Gewicht entgegensteht, als daß es jetzt und auch in einer übersehbaren Zukunft aus der Welt geräumt werden könnte. Ich habe deshalb keinen Zweifel, daß, wenn man bereit ist, im Rahmen einer Gesamtausbildung auch der Verwaltung ihren Raum zu geben, ich möchte diesen Satz besonders betonen, die Entwicklung in einer Richtung verlaufen wird, wie sie im Grundsatz auch die Denkschrift über die Ausbildung der Deutschen Juristen in folgende Worte kleidet:

„Der Arbeitskreis bekennt sich zur Einheitlichkeit der Juristenausbildung und lehnt deshalb getrennte Ausbildungsgänge für Justizjuristen einerseits und Verwaltungsjuristen andererseits ab. Für den künftigen Justizjuristen, der nicht selten auch mit Fragen des öffentlichen Rechts in Berührung kommt, ist es nur von Vorteil, wenn er in das Wesen der Verwaltung Einblick gewonnen hat. Nicht minder nützlich — unbeschadet seiner andersartigen Aufgabe — ist es für den späteren Verwaltungsmann, wenn er eine gründliche juristische Ausbildung erfahren hat."

„Unbeschadet seiner andersartigen Aufgabe!" In diesen Worten liegt wohl der Ausgangspunkt für eine Betrachtung der Probleme aus der Sicht der Verwaltung, und es ist gewiß eine der wesentlichen Schwächen der Denkschrift über die Ausbildung der Deutschen Juristen, daß sie aus dieser Feststellung keine weiteren brauchbaren Folgen hergeleitet hat. Das hat Herr Professor *Ule* in seiner Besprechung der Denkschrift im Deutschen Verwaltungsblatt bereits mit großer Deutlichkeit betont.

Wir werden gewiß darin einig sein, daß der Weg und der Inhalt der Ausbildung, aber auch die Gestaltung der Prüfungen maßgeblich durch das Ausbildungsziel bestimmt werden müssen. Man kann sich dieses Ziel zunächst so vorstellen, daß allein auf den Erwerb eines Fundus rechtlicher Kenntnisse abgestellt wird, der sozusagen berufsneutral die Grundausbildung für juristische Tätigkeiten jedweder Art darstellt. Das hätte zur notwendigen, zur logischen Folge, daß wir nicht mehr die Befähigung zum Richteramt oder zum höheren Verwaltungsdienst ansteuern dürften, sondern eine viel farblosere Befähigung für den Juristenberuf.

Das ist die eine Möglichkeit, die gewiß von unseren bisherigen Vorstellungen über die Ausbildung weitab führen würde.

Der andere Weg geht dahin, daß die Ausbildung schon von der ersten Stufe an auch irgendwie berufsbezogen gestaltet wird, so wie es heute bei uns ist und wie es auch die Juristendenkschrift beibehalten wissen will. Ganz deutlich wird hier die Zielsetzung aus der Übersicht ganz am Schluß der Denkschrift, die die Vorschläge des Arbeitskreises noch einmal kurz zusammenfaßt. An zwei Stellen wird hier erklärt, daß die Vorbereitung und Prüfung auf die Befähigung zum Richteramt abgestellt seien. Dabei wird dann wohl ohne weiteres unterstellt, daß diese Zielsetzung auch die Befähigung zum höheren Verwaltungsdienst überdecke.

Das ist nun eine Betrachtung, der aus der Sicht der Verwaltung doch einiges entgegengesetzt werden muß. Die Verwaltung muß zunächst darauf hinweisen, daß ihr eine wesentlich andere Aufgabe zugemessen ist als der Justiz, und das erkennt ja an anderer, an der zitierten Stelle die Denkschrift auch tatsächlich an. Auf eine kurze, nicht unbekannte Formel gebracht ist die Justiz in erster Linie zur richterlichen Streitentscheidung berufen; dem entspricht ersichtlich eine Ausbildung, die sich die Befähigung zum Richteramt zum Ziel setzt. Demgegenüber ist die Verwaltung in der großen Linie und im Kern ihrer Aufgaben vor die Frage gestellt, in der vielfältigsten Weise im Rahmen der Gesetze und auf dem Boden des Rechts schöpferische Sozialgestaltung zu betreiben, womit im Ziel und in den Methoden ersichtlich ein wesentlich anderer Sachverhalt gegeben ist. Damit kann es also doch nicht so sein, daß bei einer allein oder ganz überwiegend auf das Richteramt bezogenen Ausbildung die Befähigung, auch die Aufgaben dieser Verwaltung befriedigend zu erfüllen, einfach mit abfiele.

Man mag dieses Anderssein von Justiz und Verwaltung vor 100 Jahren etwa, als *von Mohl* in seiner Polizeiwissenschaft die Aufgabengebiete der Verwaltung schilderte, vielleicht nicht allzu hoch veranschlagt haben. Wer aber an das Wachsen der klassischen Verwaltung in der Zwischenzeit denkt, wer vor allem die Ausweitung dieser Verwaltung in die weitesten Bereiche der sogenannten Daseinsvorsorge vor Augen hat, der kann nicht daran zweifeln, daß die Aufgabe der Verwaltung heute in ihrem überwiegenden Bestand in breiter Eigenständigkeit verläuft und daß sie deshalb ein besonderes, ein anderes Gewicht darstellt.

Dem entspricht es denn auch, daß die Eigenschaften und Fähigkeiten, die einen guten Verwaltungsbeamten ausmachen, ihren durchaus eigentümlichen Akzent haben. Gewiß sind der Verwaltung gerade in dem letzten Jahrzehnt manche Aufgaben zugefallen, die der Streitentscheidung recht nahe liegen. Ich brauche nur an den Lastenausgleich, an die Wiedergutmachung und anderes mehr zu erinnern. Aber das sind bei aller Wichtigkeit dieser Gebiete doch mehr Erscheinungen nicht der Mitte, sondern Erscheinungen des Randes. Im Mittelpunkt der eigentlichen Verwaltung bleibt die Vorausschau und die Planung, bleibt die Durchsetzung und die Verwirklichung sachlicher Zwecke, die das Leben täglich in vielfältigen Formen stellt. Auch zur Bewältigung dieser Aufgaben gehört gewiß die sichere Beherrschung des juristischen Handwerks, aber vor allem und vorzüglich die rechte Vorstellung und das richtige Urteilsvermögen über wirtschaftliche Sachverhalte, über gesellschaftliche Tatbestände und über soziale Lagen und die Beherrschung der hierzu nun einmal nötigen spezifischen Verhaltensnormen. Lassen Sie mich dazu noch eine Formulierung sagen, die mir vor einigen Tagen der Präsident der Deutschen Bundesbahn, Herr Professor Dr. *Öftering*, in einem Brief mitteilte, in dem er sich zur Rolle der Juristen bei der Deutschen Bundesbahn äußerte.

Da heißt es: „Der Jurist hat bei der Deutschen Bundesbahn einen Aufgabenbereich, der von ihm neben der selbstverständlichen Beherrschung seines Fachgebiets vor allem die Fähigkeit verlangt, wirtschaftlich und kaufmännisch verantwortungsbewußt zu denken, zu planen und zu handeln. Der Neigung zu gründlichen wissenschaftlichen Überlegungen ist ebenso Raum gegeben wie der Freude an verantwortungsbewußter selbständiger Entscheidung, geschicktem Verhandeln und sicherer Menschenführung."

Ich glaube, das ist eine recht gute Umschreibung der typischen Funktionen und Eigenschaften, die in der Verwaltung allgemein vorkommen und denen sich nachher der Jurist in der Verwaltung gegenübergestellt sieht.

Nun brauchte man unter diesem Aspekt die hier gegebenen Hinweise allerdings dann nicht allzu tragisch zu nehmen, wenn es sich bei der juristischen Verwaltungsbeamtenschaft zahlenmäßig um eine relativ unbedeutende Gruppe handeln würde. Aber dem ist nicht so. Zwar stehen mir heute, ebenso wie gestern Herrn Professor *Mayer*, noch keine genauen Zahlen über das Verhältnis der Zahl der Richter zur der der Verwaltungsbeamten zur Verfügung. Die Ihnen bekannten Untersuchungen von *Sirp* und *Rietdorf* geben hier nur erste Anhaltspunkte. Es ist aber von dem Gutachterausschuß der Innenministerkonferenz veranlaßt, daß zusammen mit der Personalstandsstatistik vom 2. Oktober 1962 eine entsprechende Erhebung durchgeführt wird, die Klarheit bringen soll. Aber so viel läßt sich auch nach unserer Fühlungnahme mit dem Statistischen Bundesamt doch heute schon sagen, daß, ganz im Gegensatz zu den allgemeinen Anschauungen, das Verhältnis zwischen 1 : 1 und 1 : 2 liegt, also die Zahl der Verwaltungsbeamten in jedem Fall recht beträchtlich ist. Damit läßt sich aber schon vorab feststellen, daß auch nach der Bedarfszahl das Anliegen der Verwaltung nicht unterbewertet werden kann, daß sie deshalb mit Recht darauf dringt, eine bessere Berücksichtigung im Rahmen der Gesamtausbildung zu finden.

Diese Gesamtausbildung, das stellten wir bereits fest, wird auch künftig nach der völlig übereinstimmenden Meinung derer, die bisher zu Wort gekommen sind — und auch hier hat sich irgendeine andere Stimme gestern und heute nicht erhoben — aus dem juristischen Studium und einem Vorbereitungsdienst bestehen. Dabei wird sich zeigen, daß es der Verwaltung sicherlich zunächst um eine ausreichende Honorierung innerhalb des Vorbereitungsdienstes geht. Aber es ist doch nicht weniger wichtig, daß sie auch schon während des Studiums in angemessener

Weise zum Zuge kommt. Deshalb lassen Sie mich auf diese Fragen, die bisher ausgespart waren, noch etwas näher eingehen.

Sie wissen alle, daß die Reform der Universität, wie man kürzlich einmal gesagt hat, so alt ist wie die Universität selbst. Auch die Reform des juristischen Studiums steht seit Jahrzehnten auf der Tagesordnung. Es war deshalb durchaus zwangsläufig, daß auch die Denkschrift über die Ausbildung der Deutschen Juristen dieses Thema breit anfaßte.

Lassen Sie mich im Interesse des Zusammenhangs kurz die Grundgedanken der hierauf bezogenen Vorschläge darstellen:

Der junge Jurist beginnt mit einem sogenannten Grundstudium, das vier Semester umfaßt. Das Grundstudium ist betont auf den Anfänger abgestellt. Deshalb kommen in diesen Semestern nur die echten Grundfächer zur Sprache, also vom Bürgerlichen Recht der Allgemeine Teil, das Schuld- und Sachenrecht, das Strafrecht, das Staatsrecht und die allgemeinen Lehren des Verwaltungsrechts, ferner die Grundbegriffe des Verfahrensrechts einschließlich der Gerichtsverfassung. Dazu treten Rechtsgeschichte sowie Anfängerübungen. Diese wohl gewollte Beschränkung soll zugleich der allgemeinen Bildung bessere Möglichkeiten als bisher eröffnen, und zwar sowohl im Fach selbst als auch auf anderen Gebieten wie Philosophie, Geschichte, Soziologie, Politik und anderes mehr. Dieses Grundstudium ist auch insoweit ein geschlossener Teil des Gesamtstudiums, als er durch eine akademische Prüfung, die sogenannte Vorprüfung, abgeschlossen wird. Darin soll durch einen schriftlichen und einen mündlichen Teil festgestellt werden, ob der Student die nötigen Grundkenntnisse erworben und die Reife gewonnen hat, die seine Teilnahme an einem praktischen Studiensemester sinnvoll erscheinen lassen.

Nach dieser Prüfung soll sich dann, eine recht erhebliche Neuerung, das sogenannte praktische Studiensemester anschließen, das fünf Monate dauert. Es stellt die erste Einführung in die Praxis dar. Dabei sollen einem pädagogisch begabten Ausbildungsleiter, der aus der Justiz entnommen wird, Gruppen von 20—25 Studenten anvertraut werden, die dann nicht nur die praktische Arbeit in der Justiz, sondern nach Möglichkeit auch die in der Verwaltung und Wirtschaft kennenlernen sollen. Auch diese Etappe wird zwar nicht mit einer Prüfung, so aber doch mit einer auch folgenreichen Beurteilung abgeschlossen.

Anschließend setzt der zweite Teil des Studiums in der Form eines Vertiefungsstudiums ein, das sowohl neue Fächer umfaßt als auch der wissenschaftlichen Vertiefung in Vorlesungen, Übungen und Seminaren dient.

Den Abschluß des Studiums bildet sodann eine Universitätsprüfung, bei der die Rechtsfakultäten auch im staatlichen Auftrag handeln. Die Prüfung soll erweisen, ob der Kandidat wissenschaftlich gründlich geschult ist und den nötigen juristischen Fundus erworben hat. In einem Wahlfach sollen dabei vertiefte Kenntnisse verlangt werden.

Das ist also der Vorschlag für die Universitätsausbildung. Wenn man die kritischen Stimmen hierzu wägt, die bisher bekannt geworden sind, dann hat er eigentlich nicht allzuviel Beifall gefunden. Das braucht aber in der ganzen Breite hier nicht dargelegt zu werden. Es geht ja hier nur darum, wie man sich aus der Sicht der Verwaltung zu diesem Vorschlag stellen soll.

Wir können, dazu braucht hier eine nähere Begründung nicht gegeben zu werden, mit der Denkschrift davon ausgehen, daß unsere Universitäten sich irgendwie in einer krisenhaften Situation befinden und daß diese Situation auch die Ausbildung für die Verwaltung mit überschattet. Es besteht auch Einigkeit darüber, daß der heutige Rechtsunterricht in Deutschland, abgesehen von den Mängeln, die sich aus der allgemeinen geistigen Krise der Zeit ergeben, noch eine Reihe spezieller Schwächen aufweist. Vom Standpunkt der Verwaltung bleibt dabei im Mittelpunkt, daß, wie ursprünglich, so auch heute noch, das Privatrecht den Kern der juristischen Ausbildung ausmacht und in diesem Teil des Studiums das Wesen der logisch formalen Grundlage für den Juristen gesehen wird, also, wie Herr Professor *Mayer* es gestern einmal ausdrückte, die Übergewichtigkeit des Justizrechts bestehen bleibt. Dabei soll gar nicht verschwiegen werden, daß das öffentliche Recht seit den Tagen, in denen wir selbst Studenten waren, aufgeholt hat; aber auch da, wo sogar eine formale Gleichbewertung erreicht zu sein scheint, bleibt bei näherem Zusehen doch das Schwergewicht vor allem bei den Prüfungen im Bereich der zivilrechtlichen Fächer. Nun handelt es sich aus der Sicht der Verwaltung hier gewiß nicht um eine äußerliche und optische Paritätsfrage. Es geht um etwas, was in der Sache liegt. Die Überbewertung der einen Seite, deren Bedeutung für die geistige und formale Schulung der Juristen auch in der Verwaltung gar nicht verkannt werden soll, zieht einen gewissen Formalismus in der geistigen Erziehung nach sich und drängt dafür leicht die sachlichen Inhalte von Staat, Gesellschaft und Wirtschaft zugunsten einer, wie Herr *Less* das einmal ausgedrückt hat, virtuosen formalen Beherrschung des jeweiligen Gegenstandes zurück. Wohin das dann nachher führen kann, das haben wir heute aus den Ausführungen von Herrn Professor *Ule* an seinem Beispiel der 15 Fragen gesehen. Was hier also seitens der Verwaltung zunächst gefordert werden muß, ist, daß die Lehrpläne das öffentliche Recht und die damit zusammenhängenden Gebiete in ein anderes Verhältnis, in ein besseres Verhältnis zum Zivilrecht bringen, das etwa in einer Relation von 1 : 2 liegen könnte, und daß diese Aufteilung unter allen Umständen und vor allem auch in den Prüfungen und hier auch wieder bei der Vergabe der schriftlichen Arbeiten ihren Ausdruck findet; denn, es wurde bereits wiederholt gesagt, man mag es bedenklich finden oder nicht: Was nicht geprüft wird, wird weitgehend auch nicht studiert! Auch hier hat der gestrige Tag ja doch eine Reihe von bedeutungsvollen Erkenntnissen gebracht.

Aber es geht nicht nur um die Reservierung ausreichender Stundenzahlen und die allgemeine Anerkennung der Wertigkeit auch der öffentlich-rechtlichen Disziplinen; es geht auch darum, daß schon während des Studiums das geistige Rüstzeug und jenes Maß von Allgemeinbildung erworben werden, die für den späteren Verwaltungsbeamten in besonderem Maße, sage ich, unabdingbar sind. Sieht man die Dinge so, dann muß der Student sich insoweit nicht nur mit der Fallentscheidung vertraut machen, muß er sich nicht nur ein gewisses Maß an Kenntnissen der einzelnen Gesetze erwerben; er muß auch die für den Verwaltungsbeamten nun einmal erforderliche besondere Denkschulung und Fähigkeit gewinnen, das Wesentliche zu erkennen und einen Überblick über die vielfältigen Probleme und Erscheinungen der modernen Gesellschaft zu erhalten. Nur ein Beispiel: Es ist gut, schon auf der Universität nicht nur mit den ethischen Grundlagen des Rechts, sondern etwa auch mit dem Recht und dem Ethos des Beamten vertraut zu werden, Objektivität und bewußte Anwendung der Wertmaßstäbe, die wissenschaftlich fundiert sind, als echte Voraussetzungen für das Handeln des späteren Verwaltungspraktikers kennenzulernen, den durch Selbstkritik geschärften Blick für die realen Gegebenheiten des Gesellschaftslebens sich anzueignen und vieles andere mehr. Gerade aus dieser Betrachtung heraus dürfen im Studienplan Ergänzungs- und Bildungsfächer nicht zu kurz kommen. Bei den ersteren geht es in innerem Zusammenhang mit dem Rechtsstudium etwa um die Wirtschafts- und Sozialwissenschaften, die Wissenschaft von der Politik und die Soziologie, wobei nur erwünscht wäre, daß überall gerade diese Vorlesungen nach Tiefe und Breite einen Zuschnitt eben für die Juristen fänden. In den Bildungsfächern wird es dagegen nur darauf ankommen, Raum zu lassen im Stundenplan für die Ausnutzung der vielen Möglichkeiten, die hier jede Universität bietet.

Lassen Sie mich nach diesen mehr allgemeinen Vorbemerkungen nun noch kurz Stellung nehmen zu den Vorschlägen der Denkschrift selbst:

Beginnen wir mit einer wichtigen Frage, die uns auch im Zusammenhang mit dem Vorbereitungsdienst interessiert, mit der Dauer des Studiums, so ist es heute im Deutschen Richtergesetz im Mindestmaß auf sieben Semester festgelegt, während die Denkschrift ein achtsemestriges Mindeststudium für unabdingbar erklärt. Für diese Forderung wird namentlich auch von den Fakultäten nicht nur die sachliche Notwendigkeit, sondern auch die Tatsache ins Feld geführt, daß nach den statistischen Unterlagen heute schon die überwiegende Mehrzahl der

Kandidaten die Prüfung eben erst nach diesen acht Semestern und mehr ablege.

Man kann selbstverständlich diese Frage nicht ganz isoliert sehen, muß sie vielmehr auch in einen Zusammenhang mit der Gesamtdauer der Ausbildung bringen. Insoweit versucht denn auch die Denkschrift auszugleichen, indem sie eine Verkürzung des Vorbereitungsdienstes von jetzt 3 1/2 Jahren auf 2 1/2 Jahre vorschlägt.

Ich will hier keine Zahlenskala für die verschiedenen zeitlichen Möglichkeiten der Gesamtausbildung entwickeln. Aber wir wissen doch alle schon aus unserer praktischen Erfahrung, daß sich heute, bei Berücksichtigung auch des Wehrdienstes, der Abschluß der Ausbildung und der zweiten Prüfung im Schnitt an das 30. Lebensjahr der jungen Juristen heranschiebt, und das ist fürwahr, auch bei einem Vergleich mit unserem eigenen Werden, ein Tatbestand, der uns beunruhigen sollte. Wir müssen uns doch die Frage stellen, wann denn der Mensch eigentlich nach seiner Ausbildung heute selbständig werden soll, und ob nicht nachher der Augenblick vielleicht verpaßt ist, überhaupt einmal selbständig zu werden. Wenn dem aber so ist, dann halte ich es für die vornehmste Aufgabe jeder Überlegung, bei den einzelnen Ausbildungsabschnitten sorgfältig zu prüfen, ob sie bei der selbstverständlichen Bejahung von Gründlichkeit und Gediegenheit nicht Abstriche vertragen können. Dabei sollte man auch berücksichtigen, daß die heutigen Studenten überwiegend länger studieren, als es im Mindestmaß gesetzt ist. Aber es ist doch auch eine wohl unbestreitbare Tatsache, daß diese lange und verlängerte Studienzeit heute von einer großen Zahl von Studenten nicht genügend ausgenutzt wird, und daß vielfach auch die akademischen Ferien zu allem möglichen anderen, nur nicht für die Zwecke des Studiums verwertet werden. Man wird bei der gegebenen Lage sogar die Befürchtung haben müssen, daß jede Heraufsetzung der Mindeststudiendauer zwangsläufig zu einer weiteren Aufstockung gegenüber dem derzeitigen Zustand führt; dafür liegen heute schon zahlenmäßige Anhaltspunkte aus einzelnen Ländern vor. So begeben wir uns bei der Verwirklichung der Vorschläge der Denkschrift in die Gefahr, nachher bei einer durchschnittlichen Studiendauer von 9 oder 10 Semestern zu liegen, ohne daß wir beim Vorbereitungsdienst, wie wir sehen werden, hinreichend ausgleichen können. Ich kann hier deshalb schon mit einiger Sicherheit sagen, daß sich die Gutachterkommission der Innenministerkonferenz mit einer Mindeststudiendauer, die höher als wie bisher bei 7 Semestern liegt, nicht abfinden wird, zumal sie glaubt, einen auf diesen Zeitraum abgestellten brauchbaren Studienvorschlag vorlegen zu können.

Zur Dauer des Studiums aber noch eine andere Erwägung:

Es wurde bereits gesagt, daß unsere Studenten die außerordentlich langen Semesterferien nicht immer richtig verwenden. Es ist also die

Frage aufzuwerfen, ob es nicht auch Aufgabe der Universität sein sollte, hier den Studenten durch Einsatz ihrer Kräfte, in erster Linie der nicht forschenden Lehrkräfte, die ja einer weiteren Verstärkung entgegengehen, eine sinnvolle Anleitung zu geben. Das und vielleicht auch noch die Verlängerung des allzu kurzen Sommersemesters könnten denen, die heute das achtsemestrige Mindeststudium vertreten, vielleicht doch Anlaß geben, ihren Standpunkt noch einmal zu überprüfen.

Die zweite Frage, die im Zusammenhang mit den Vorschlägen der Denkschrift zu überlegen ist, ist die des praktischen Studiensemesters. Dieser Gedanke hat in der bisherigen Kritik wohl den geringsten Anklang gefunden. Fakultätentag nicht anders als Fachverband Rechtswissenschaft sehen in der Einführung dieses praktischen Studiensemesters kurz gesagt einen Bruch in der geistigen Verbindung des Studiums. Ich glaube, daß dieser Vorschlag bei der Einhelligkeit seiner Ablehnung schon heute zu den Akten gelegt werden kann. Aber der hier aufscheinende Gedanke sollte doch in anderer Form verwirklicht werden. Wir stellen uns ähnlich wie der Fakultätentag vor, daß eine Ferienpraxis von mindestens 8 Wochen in zwei Ferien und in Gruppen von etwa 20 bis 30 Studenten dann fruchtbar werden könnte, wenn sie zweckmäßig gestaltet und unter eine überlegene Leitung gestellt wird. Diese Ferienpraxis soll den Studenten frühestens nach dem vierten Semester einen Einblick in Justiz und Verwaltung geben und muß deshalb aus der Sicht der Verwaltung gleichmäßig verteilt sein. Diese Forderung braucht wohl nicht näher begründet zu werden, da der Blickpunkt der Verwaltung auch in diesem Zeitraum, wie bereits gesagt wurde, den Lebenstatbeständen und den Sachverhalten des öffentlichen Lebens gegenüber oft wesentlich anders ist als der der Justiz. Im einzelnen mag man sich den Ablauf dieser Veranstaltungen so vorstellen, daß sie an einem Tag vorbereitet, an einem zweiten durchgeführt und am folgenden vom Leiter mit den Teilnehmern besprochen werden. Dabei kommt in der Sache alles auf eine gute Anschaulichkeit an. Für den Bereich der Verwaltung ist deshalb für mich sicher, daß diese Ferienkurse stärkstens in die kommunale Ebene gelegt werden müssen, wo sich ersichtlich das reichste Anschauungsmaterial findet. Daß es dabei auf der anderen Seite nicht ohne eine ausreichende personelle Investition gehen wird, mag hier schon betont, später aber in anderem Zusammenhang noch einmal deutlich aufgegriffen werden.

Mit der Ausschaltung des praktischen Zwischensemesters wird schon ein starkes Stück der Zäsur, die die Denkschrift vorsieht, eliminiert. Es bleiben aber noch die Aufteilung in Grundstudium und Vertiefungsstudium sowie die Frage einer Zwischenprüfung. Was die Aufteilung in ihrer Strenge selbst angeht, so wird sie teilweise skeptisch beurteilt, teilweise abgelehnt. So ist zum Beispiel der Fakultätentag der Auffassung, daß der Student schon im ersten Semester mit dem eigentlichen Fachstudium ohne weitere Häufung juristischer Einführungsvorlesungen über das bisher übliche Maß hinaus beginnen solle. Was aber vom Standpunkt der Verwaltung zu den Semestern des vorgenannten Grundstudiums mehr zu betonen wäre, ist das Folgende: Der Verwaltungsbeamte vor allem kann nicht nur Jurist sein; er muß auch zum wirklich gebildeten Menschen heranreifen. Wenn er nachher nichts weiter ist als Verwaltungsbeamter, ist er meist ein schlechter Verwaltungsbeamter. Deshalb sollte der Student gehalten sein, jeweils in den ersten Semestern seinem Fachstudium nicht mehr als wöchentlich 16 Stunden zu widmen, dafür aber in ausgiebiger Weise Ergänzungs- und Bildungsvorlesungen zu besuchen und sich dazu auch um die Vervollkommnung seiner Sprachkenntnisse zu bemühen. Sie glauben nicht, wie groß auch in der Praxis die Mängel gerade heute auf diesem Gebiet sind.

Über die Fachvorlesungen im einzelnen kann hier aus Zeitgründen nicht mehr gesagt werden. Ich bemerkte bereits, daß wir einen Plan für eine siebensemestrige Ausbildung auf der Universität vorzulegen beabsichtigen.

Was nun die Frage der Zwischenprüfungen angeht, so gehen hier die Auffassungen auseinander. Der Arbeitskreis unseres Gutachterausschusses neigt, ohne daß hier ein ganz spezifisches Interesse der Verwaltung vorliegt, zu der Auffassung, daß eine derartige Prüfung das Studium von Anfang an doch recht stark unter Prüfungsgesichtspunkte mit all den bekannten Folgen stellt; dabei bleibt auf der anderen Seite durchaus offen, ob eine solche Prüfung eine ausreichende Gewähr für die Ausschaltung Ungeeigneter geben würde. Jedenfalls steht fest, daß frühere Versuche nach dieser Richtung, insbesondere in Bayern etwa um die Jahrhundertwende, aber auch in der Zeit des damaligen preußischen Kultusministers *Becker*, gescheitert sind. Da heute die Fakultäten diese Prüfung bis auf eine Ausnahme, glaube ich, scharf ablehnen, hat sie wohl kaum eine große Aussicht auf Verwirklichung.

Aber es gibt doch vielleicht einen anderen Weg, den Studenten stärker an ein sachgemäßes Studium heranzubringen und dabei gleichzeitig bestimmte Veranstaltungen von der Belastung durch ungenügend vorgebildete Teilnehmer zu befreien. Dieser Weg könnte mit einer obligatorischen Arbeitsgemeinschaft beginnen, in der, sagen wir einmal, Tutoren, die nach unseren Wünschen in angemessenem Umfang auch aus der Verwaltung zu entnehmen wären, den jungen Studenten bei der Überwindung der ersten Schwierigkeiten des Rechtsstudiums zur Hand gehen. Dabei sollte, abgesehen von der Personalauswahl, Wert darauf gelegt werden, daß der Student schon in diesem frühen Stadium seines Hochschullebens auch mit der anderen Situation in der Verwaltung bekannt gemacht wird. Die regelmäßige Teilnahme an einer derartigen Arbeitsgemeinschaft, vielleicht auch, das ist noch streitig, die erfolgreiche Beteiligung, würde dann Voraussetzung für die Zulassung zu den Anfängerübungen, deren Überwindung weitere Voraussetzung für die Zulassung zu den Übungen für Fortgeschrittene sein. Wenn man ein derartiges System wirklich gründlich handhabt, könnte es auf diesem Wege vielleicht doch irgendwie gelingen, dem absoluten geistigen Analphabeten klar zu machen, daß er im Studium der Rechtswissenschaften falsch am Platze ist.

Nun noch einige Worte zum Referendarexamen, über dessen Bedeutung für das Studium und für die Anliegen der Verwaltung ja gestern schon vieles gesagt worden ist.

Es wird sehr schwierig sein, hier zu einem für alle Bundesländer annehmbaren einheitlichen Vorschlag zu kommen. Zwar ist abzusehen, daß sich die Gutachterkommission für die Durchführung der Prüfung in staatlicher Regie entscheiden wird. Das braucht aber nicht zu heißen, daß sich in ihr und in der Sache Universitätsabschluß- und Staatseingangsprüfung nicht irgendwie treffen könnten. Auch heute ist das ja doch teilweise schon so. Diese Lage könnte dadurch eine Verstärkung erfahren, daß man die Schwergewichte dieser Prüfung noch besser verteilt und daß man das Hochschullehrerelement stärker berücksichtigt. Aber in der Prüfungsgestaltung, vor allem hinsichtlich des schriftlichen Teils, klafft zwischen der norddeutschen und der süddeutschen Auffassung eine Kluft, deren Überbrückung bisher nicht möglich erscheint.

Was aber für die Verwaltung wichtiger ist, ist ein Doppeltes:

In jeder Prüfungskommission müssen abweichend von der Denkschrift jeweils die drei Grundfächer nach unserer Meinung möglichst paritätisch vertreten sein, paritätisch in dem Sinne, den ich vorhin andeutete. Soweit hierfür die hauptamtlichen Universitätslehrer nicht ausreichen, können die Prüfer auch aus dem Kreis pädagogisch begabter Praktiker entnommen werden, insbesondere derjenigen, die von der Universität Lehraufträge erhalten haben. Das Bedenken der Denkschrift, daß nicht genügend Lehrer des öffentlichen Rechts zur Verfügung stehen, um in jedem Termin das öffentliche Recht in dieser Form zu berücksichtigen, wird sich im Zuge des mit der Reform ohnehin nötigen Ausbaues der öffentlich-rechtlichen Lehrstühle, aber auch mit der Vermehrung der Zahl der Lehrbeauftragten, nachher von selbst mildern.

Auch hinsichtlich der Prüfungsgegenstände muß die schon für das Studium postulierte Gleichwertigkeit zum Zuge kommen. Wir haben dazu gestern von Herrn Professor *Bachof* gehört, daß hier noch vieles im Argen liegt. Dabei sind für die Grundfächer Bürgerliches Recht, Strafrecht, Staats- und Verwaltungsrecht, aus denen auch die Klausuren zu entnehmen sind, gleichermaßen vertiefte Kenntnisse zu fordern.

Nun zum Vorbereitungsdienst.

Lassen Sie mich auch hier kurz von den Vorschlägen der Denkschrift ausgehen. Sie sehen vor, daß der Vorbereitungsdienst erheblich, also auf 2 1/2 Jahre verkürzt wird. Die Begründung dafür geht dahin, daß der Referendar aus einem längeren und besser geordneten Studium nicht nur eine komplettere theoretische Kenntnis des geltenden Rechts, sondern durch das Zwischensemester auch bereits bestimmte Vorstellungen von der Rechtspraxis mitbringe. Im übrigen sei auch abgesehen davon im Vorbereitungsdienst ohne Schädigung des Erfolgs eine Straffung möglich. Was dann die Verwaltung angeht, so wird ihr grundsätzlich eine Ausbildungszeit von fünf Monaten zugestanden; ferner soll die letzte Station, ebenfalls von fünf Monaten Dauer, je nach den Neigungen und den beruflichen Zielen der Referendare wahlweise beim Oberlandesgericht oder bei einer höheren Verwaltungsbehörde verbracht werden. Den Abschluß bildet nach den Vorschlägen eine Staatsprüfung, die die praktische Staatseingangsprüfung darstellt und mit ihrem Bestehen die Befähigung zum Richteramt und zum höheren Verwaltungsdienst verleiht.

Es herrscht zwischen dem Arbeitskreis der Innenministerkonferenz und dem Unterausschuß der Justizministerkonferenz, das darf ich wohl sagen, volle Einmütigkeit darüber, daß bei allem Bemühen um eine noch vertretbare Kürzung der Gesamtausbildungszeit ein Vorbereitungsdienst von 2 1/2 Jahren, also gegenüber dem bisherigen Zustand ein Abstrich von einem Jahr, nicht annehmbar ist. Der Unterausschuß der Justizministerkonferenz ist sich offenbar weiter auch dahin schlüssig, daß für die justiziellen Stationen zwei Jahre das mindeste sind, was zu verlangen ist. Aber auch die Verwaltung kann mit einem Zeitraum von fünf Monaten nicht auskommen und würde damit in allen Teilbereichen, die sie berücksichtigen muß, also denen der Verwaltung selbst, denen der Verwaltungsgerichtsbarkeit und auch hinsichtlich unserer Hochschule für Verwaltungswissenschaften in Speyer, einfach zu kurz kommen.

Gestatten Sie mir, daß ich nun zu diesen drei Fragenkreisen etwas näheres sage:

Am Anfang wird hier eine kurze Behandlung der Frage stehen müssen, wo denn Ziel und Aufgabe der Verwaltungsausbildung innerhalb des Vorbereitungsdienstes im Grunde liegen. Ich sehe dieses Ziel und diese Aufgabe darin, dem jungen Referendar diejenigen Probleme nahezubringen, auch diejenigen Fertigkeiten aufzuzeigen, auf Grund deren und mittels derer sich die Gestaltung der Lebensverhältnisse durch die Verwaltung im Rahmen des Rechts vollzieht. Insbesondere im freien Raum des Verwaltungsschaffens, der heute bei weitem noch nicht ausgestorben ist, soll er das Werden und Entstehen von der Idee zum Plan und von der Planung zur Verwirklichung erleben. Aber auch bei der Ausführung jener Aufgaben, die der Verwaltung durch Gesetz aufgegeben, und die mehr oder weniger reglementiert sind, soll ihm nahekommen, wie sich die Gesichtspunkte verwaltungsmäßig zweckmäßigen Handelns in diese Durchführung einschieben.

Aber auch das Milieu der Verwaltung, das Besprechen und Verhandeln, der Verkehr mit den Verordneten und mit dem Publikum werden ihm zeigen, wie es in der Verwaltung zugeht und was von ihr gewünscht und erwartet wird. Es braucht nicht näher gesagt zu werden, daß das alles eine wesentlich andere Einstellung erfordert als die Anwendung von Rechtssätzen auf Sachverhalte, die in der Vergangenheit liegen. Aber es ist vom Standpunkt der Verwaltung auch das andere wichtig, daß der junge Referendar sich durch dieses Kennenlernen der Verwaltung, und zwar durch ein hinreichendes Kennenlernen, auf seine berufliche Neigung prüfen kann und nicht später irgendwelche Zufallsentscheidungen trifft. Dabei mag es ferner noch zu Buche schlagen, daß in dieser Ausbildungsstation, wenn sie richtig angelegt wird, manches landläufige Fehlurteil über das Wesen und das Verfahren der Verwaltung bei den jungen Juristen beseitigt wird, die sich später für die Justiz, die Rechtsanwaltschaft oder für die freie Wirtschaft entscheiden. Für diese letzteren wird diese Kenntnis der Verwaltung aber auch unter dem Aspekt wichtig sein und bleiben, daß sie ja später immer wieder und vielfältig mit ihr in Berührung kommen, was *Forsthoff* einmal mit der Querverbindung der Bürokratien bezeichnet hat.

Nun gibt es manche Stimmen, die an der heutigen Ausbildung in der Verwaltung vieles auszusetzen haben. Wir haben das ja gestern immer wieder mit einiger Deutlichkeit gehört. Nehmen wir statt allem nur einige Sätze der Denkschrift, die uns folgendes sagen:

„Die Kritik richtet sich sowohl gegen die Art und Weise, wie die Ausbildung in der Verwaltungsstation praktisch gehandhabt wird, als auch gegen ihren inneren Aufbau. Der Vorwurf der Zeitvergeudung und des Leerlaufs als Folgen einer unrationellen Gestaltung und mechanischer Handhabung der Ausbildung ist gegenüber dieser Station mit besonderem Nachdruck erhoben worden. Gerügt wird mit Recht eine Gliederung der Verwaltungsstation in eine Mehrzahl von kurz bemessenen Unterabschnitten, wie dies bei der Beschäftigung der Referendare an großen Landratsämtern und in Stadtverwaltungen häufig geschieht, womit dann eben jene Zersplitterung der Ausbildung eintritt, die mit einer rationellen Gestaltung des Vorbereitungsdienstes in Widerspruch steht."

Nun hat sich aber auch der Arbeitskreis der Gutachterkommission der Innenministerkonferenz, abgesehen von der doch erheblichen Sachkenntnis seiner Mitglieder, durch eine Umfrage bei 147 jungen Assessoren, die teils in der Verwaltung, teils in der Justiz tätig sind, um eine Aufhellung dieser Sachverhalte bemüht. Erwartungsgemäß enthalten die hier gewonnenen Antworten eine mannigfache, oft auch harte Kritik. Aber im ganzen erscheint das Gesamturteil doch um einige Grade günstiger, als es in den düsteren Andeutungen der Denkschrift dargetan wird.

Aber wer um die Dinge weiß, der ist weit davon entfernt, alles, was wir in diesem Ausbildungsabschnitt vor uns sehen, für gut und schön zu halten. Es bedarf hier in vielem gewiß der bessernden Hand. Aber das sagt nichts dagegen, daß eine angemessene Verwaltungsstation innerhalb der Gesamtausbildung nun einmal unbedingt notwendig ist, und daß sie sich bei allseitigem Bemühen letzten Endes auch fruchtbar gestalten läßt.

Ich unterstelle hier zunächst einmal, daß der unbedingt nötige Zeitabschnitt, der nach den bisherigen Überlegungen der Verwaltung im weiten Sinne des Wortes zufallen muß, grundsätzlich bei einem Jahr liegen würde. Dabei mag allerdings hier, und das mit großer Deutlichkeit, angefügt werden, daß der Arbeitskreis der Gutachterkommission vor allem mit Rücksicht auf Bayern, aber auch im übrigen, eine gewisse Ausweitung vorschlagen wird. Diese Ausweitung könnte nach zwei Seiten gehen. Es könnte zunächst ohne Schaden für das Ganze der Landesgesetzgebung überlassen bleiben, die Verwaltungsgerichtsstation an die zwölfmonatige Gesamtverwaltungsstation anzuhängen und dabei zu regeln, bei welchen anderen Abschnitten Abstriche vorzunehmen wären. Es könnte ferner Reservat der Landesgesetzgebung bleiben, zu bestimmen oder auch den Referendaren selbst die Wahl zu belassen, ob sie statt der Oberlandesgerichtsstation die entsprechende Zeit in der Verwaltung, im weiten Sinne, verbringen wollen. Es gibt hier, nach dem was wir erörtert haben, ganz offenbar noch erhebliche Unterschiedlichkeiten in der Betrachtung, in der Tradition und in der Übung der einzelnen Länder; man sollte ihnen auch in einer Gesamtregelung einen Auslauf lassen, ohne daß bei dessen Umfang die Gefahr einer Sonderausbildung irgendwie an der Wand zu erscheinen braucht oder die Gefahren auftreten könnten, die sich bei einer dezidierten geteilten Ausbildung in Nordrhein-Westfalen herausgestellt haben. Damit kommen wir dann auch den Anregungen entgegen, die Sie, Herr Professor *Mayer*, gestern hier gegeben haben.

Würde danach aber der Landesgesetzgeber schweigen, so wäre für die Ausbildung in der Verwaltung bei Honorierung der Verwaltungsgerichtsbarkeit oder wahlweise, wie wir sehen werden, der Hochschule in Speyer ein Zeitabschnitt von acht, höchstens neun Monaten reserviert. Das scheint mir bei einer sinnvoll ausschöpfenden Gestaltung nicht zu viel, aber auch nicht zu wenig zu sein.

Bei einer sinnvollen Gestaltung! Lassen Sie mich dazu die wesentlichen Gesichtspunkte etwas stichwortartig zusammenfassen und beleuchten.

Erste Voraussetzung einer gewinnbringenden Ausbildung ist die Auswahl geeigneter Ausbildungsstationen, bei denen auf der einen Seite der Gesamtablauf der Verwaltung noch übersehbar, auf der anderen aber auch ausreichende Geschäftsanfälle und hinreichende Ausbildungskapazitäten gegeben sind. Dabei stehen Behörden der Sonderverwaltungen wegen des beschränkteren Blicks, den sie nun einmal nach der Lage der Sache zu vermitteln vermögen, mindestens in der zweiten Linie, da es gerade in diesem Zeitraum nicht auf Spezialisierung, sondern eben auf die Gesamtschau ankommt. Gefordert werden muß ferner, daß die Ausbildungsbehörden hinreichend mit Beamten des höheren Dienstes besetzt sind, da ja der Referendar gerade mit den Obliegenheiten dieser Beamten vertraut gemacht werden soll.

Im Ergebnis ist deshalb primär auf Behörden der allgemeinen und inneren Verwaltung in der Mittel- und Kreisstufe und auf kommunale Körperschaften abzustellen, unter denen die Kreisverwaltung besonders gute Möglichkeiten bietet. Das haben gestern sowohl Herr *Kraemer* als auch Herr *Pestenhofer* sehr deutlich bekundet. Ich weiß dabei, daß sich aus der Kommunalisierung der Kreisverwaltung, das war eine der letzten Fragen, die Herr *Zeidler* gestern hier anschnitt, gegenüber dem Zustand, den wir früher kannten, Schwierigkeiten ergeben. Aber ich kann doch aus meiner Erfahrung sagen, daß es bei gutem Zureden und bei der rechten Einflußnahme gelingt, auch in unseren Kreisverwaltungen ein durchaus aktives Interesse zu wecken, und daß letzten Endes auch die kommunalen Spitzenverbände uns hier vielfältig in wohlmeinender Art zur Hand gegangen sind. Wir haben also auch hier zahlreiche Ausbildungsstellen herausfinden können, mit denen wir gut gefahren sind. Aber ich verkenne nicht, daß es ebenso andere gegeben hat, bei denen der Referendar nicht recht zum Zuge gekommen ist.

Aber auch innerhalb der danach zur Wahl stehenden Behörden muß eine vorsichtige Auswahl getroffen werden. Es gibt hier geeignete und ungeeignete Ausbildungsämter. Nicht geeignet sind beispielsweise weitgehend diejenigen Ämter, die mit Kriegsfolgeaufgaben betraut sind, von denen der Referendar für später nicht allzuviel hat, aber auch die Personalbüros und die Justitiariate, die aus der Sicht der Verwaltung für den jungen Referendar kaum irgendeinen Ausbildungswert besitzen. Besonders geeignet sind demgegenüber Ordnungs- und Polizeiverwaltung, Wirtschaftsförderung, Bauwesen einschließlich Planung, in gewissem Umfange auch Jugendpflege und Sozialhilfe. Sehr zu empfehlen ist auch die Kämmerei, da sie nicht nur ausgezeichnete Überblicke über weite Bereiche vermitteln kann, sondern auch die planenden Funktionen der Verwaltung besonders anschaulich zu machen versteht. Nicht ausschließen möchte ich auch die wirtschaftlichen Unternehmen, schon wegen der Bedeutung, die sie heute im Bild der modernen Verwaltung besitzen.

Bei einer solchen optimalen Beschränkung der Ausbildungsstellen wird uns nun gewiß das Mengenproblem, über das gestern hier gesprochen worden ist, und zu dem wir gleichfalls weitere Erhebungen eingeleitet haben, sicherlich erhebliche Schwierigkeiten machen. Jede Verwaltung kann sinnvollerweise nur eine bestimmte Zahl von Referendaren übernehmen, wenn die Ausbildung nützlich werden soll. Dabei ergibt sich vor allem, das hörten wir gestern auch wieder, in den größeren Städten meist ein ganz erheblicher Stau. Wir werden hier, das ist auch meine Meinung, nötigenfalls mit etwas harter Hand für eine bessere Verteilung sorgen müssen, wie wir das ja in einer uns allen bekannten Vergangenheit selbst miterlebt haben. Im übrigen sollte diese Kapazitätsfrage aber auch jenen zu Bedenken Anlaß geben, die unbedingt einer noch weitergehenden Verlängerung der Verwaltungsstation, wo sie nicht etwa Tradition ist, das Wort reden. Gestern ist doch eine Reihe von Zahlen erwähnt worden, die insoweit recht aufschlußreich waren, die Zahlen von Herrn *Geib,* denen zufolge 700 Referendaren 17 Landkreise gegenüberstanden, die Zahlen von Herrn *Pestenhofer,* der von 20 Referenten und 110 Referendaren bei einer Mittelbehörde sprach, wobei offenbleibt, ob denn alle 20 Referenten nach den ihnen zugeteilten Aufgaben für die Ausbildung geeignet sind, und auch die Arbeitsgemeinschaft mit 60 Teilnehmern fällt durchaus in diesen Bereich.

Wenn wir nun von einer Gesamtdauer der Ausbildung von acht bis neun Monaten ausgehen, jedenfalls für den Regelfall, dann ist weiter zu fragen, ob diese Ausbildung bei einer oder bei mehreren Behörden verbracht werden soll. Überwiegende Gründe scheinen mir für die erstere Lösung zu sprechen. Erst bei längerer Dauer der Ausbildung eröffnet sich die Möglichkeit intensiver Beobachtung des Geschäftsanfalles und des Ablaufs der eingeleiteten Maßnahmen, wird auch das zeitraubende stets erneute Zurechtfinden in anderen Behörden vermieden. Nur da, wo nach der Landesgesetzgebung die Ausbildungszeit verlängert würde, kann man einer anderen Lösung das Wort reden. Aber ich betone, daß diese Frage nicht einheitlich beurteilt und daß hier mancherorts auch die Ausbildung in zwei Ebenen befürwortet wird.

Zum dritten: Es hat nach meiner Meinung die absolute Regel zu sein, daß der Referendar während seiner Ausbildung Beamten des höheren Dienstes zuzuordnen ist. Sie haben sich der Ausbildung des Referendars in erster Linie anzunehmen. Der Beamte des gehobenen Dienstes kann hier sicherlich eine nützliche ergänzende Funktion im Bereich der Routineverwaltung übernehmen, und ich stimme Herrn *Stich* vollständig zu, daß gerade hier im Empfang und in der Behandlung des Publikums außerordentlich viel zu lernen ist. Aber die Ausbildung selbst darf nicht aus der Hand gelassen und dem Beamten des gehobenen

Dienstes mehr oder weniger formell oder informell anvertraut werden.

Fragen wir uns nun weiter, wie die Ausbildung im einzelnen gestaltet werden soll, so kommt es allgemein darauf an, den Referendar mit den charakteristischen Geschäften der Ausbildungsstelle vertraut zu machen, nicht etwa nur darauf, ihn irgendwie zu informieren oder ihm gar abgelegte Aktenfälle aus dem Keller herauszuholen und sie ihm zum Studium anzuvertrauen. Das, was ich meine, mag mit der Sichtung der Eingänge beginnen und sich in der Verfolgung des Ablaufs wichtiger und interessanter Vorgänge fortsetzen. Bald wird sich dann die Übernahme der Bearbeitung besonders instruktiver Fragen anschließen, wird der Referendar an die Vorbereitung von Verwaltungsentscheidungen herangeführt werden, damit er vor allem auch den Stil der Verwaltung kennenlernt. Soweit irgend möglich, soll der junge Beamte aber auch in eine eigene Verantwortung gesetzt werden. Nimmt schon seine Gesamtausbildung so lange Zeit in Anspruch, so soll man ihn doch bei jeder möglichen Gelegenheit spüren lassen, daß er ein selbständiger Mensch ist und zu selbständigem Handeln berufen ist. Abrunden muß sich das Bild durch die Teilnahme an Sitzungen nicht nur als passiver Zuhörer, sondern möglichst und wenigstens gelegentlich als Referent oder auch nur als Protokollführer; denn auch das will gelernt sein. Wenn dazu noch die Beteiligung an Dienstbesprechungen, an Dienstreisen und Ortsterminen tritt, wenn ferner der mit der Ausbildung betraute Beamte sich wirklich Zeit nimmt, das, was der Referendar gut oder schlecht arbeitet, kritisch mit ihm durchzugehen, dann kann ich mir nicht denken, daß einem willigen und aufgeschlossenen Referendar nicht das Wesen der Verwaltung in einem solchen Abschnitt ausreichend nahegebracht und die Fähigkeit zum höheren Verwaltungsdienst irgendwie in ihm entwickelt werden könnte.

Es ist nicht ganz unstreitig, ob im Rahmen oder im Zusammenhang mit der Verwaltungsausbildung auch eine Ausbildung bei den Verwaltungsgerichten sinnvoll ist. Die Denkschrift über die Ausbildung der Deutschen Juristen ebenso wie die Stellung des Fakultätentages glauben jedenfalls, auf eine obligatorische Ausbildung bei einem Verwaltungsgericht verzichten zu können. Die Denkschrift geht dabei davon aus, daß der Referendar in der Regel beim Landratsamt oder beim Bürgermeisteramt Gelegenheit habe, das Einspruchs- und Beschwerdeverfahren kennenzulernen. Das weitere Verfahren vor dem Verwaltungsgericht weise gegenüber dem Verfahren bei den ordentlichen Gerichten nicht so wesentliche Unterschiede auf, daß eine Pflichtausbildung beim Verwaltungsgericht zu rechtfertigen wäre.

Der Arbeitskreis der Gutachterkommission der Innenministerkonferenz hat sich in seinen bisherigen Beratungen dieser Auffassung nicht angeschlossen. Seine Meinung deckt sich dabei interessanterweise mit dem später eingeholten überwiegenden Urteil der in der erwähnten Fragebogenaktion einbezogenen Assessoren, die über die Ausbildung bei den Verwaltungsgerichten durchschnittlich Gutes berichten. Worum es hier geht, ist doch wohl ein Mehrfaches: Zunächst treten dem jungen Referendar bei den Verwaltungsgerichten in besonders eindringlicher Weise die Institute des Verwaltungsrechts, etwa die Erscheinungsformen des Verwaltungsaktes, der Allgemeinverfügung, des verwaltungsrechtlichen Vertrages und vieles andere mehr vor Augen. Aber auch das Spannungsverhältnis zwischen Rechtmäßigkeit und Zweckmäßigkeit des Verwaltungshandelns wird hier transparent, alles zwar, entschuldigen Sie, wenn ich den Ausdruck noch einmal gebrauche, am verwaltungskranken Fall, aber doch mit reicher Durchsicht auch auf die gesunde Verwaltung, das gesunde Verwaltungshandeln.

Die Ausbildung bei den Verwaltungsgerichten will aus dieser Sicht doch wohl als eine nützliche Ergänzung der Ausbildung in der Verwaltung erscheinen. Auch wenn man das anerkennt, mag es für manchen Praktiker schmerzlich sein, daß damit dann im Regelfall eine Kürzung der Ausbildungszeit in der Verwaltung eintreten muß. Deshalb, ich sagte es schon, schwebt uns vor, hier dem Landesgesetzgeber die Möglichkeit offen zu halten, die Ausbildung bei den Verwaltungsgerichten nicht in die Gesamtfrist von 12 Monaten einzubeziehen, sondern sie anzuhängen und dafür Kürzungen an anderer Stelle vorzunehmen.

Was die Ausbildung bei den Verwaltungsgerichten der Sache nach angeht, so kommt es sicherlich nicht darauf an, dem Referendar einen Gesamtüberblick über alle Aufgaben dieser Gerichtsbarkeit zu vermitteln. Er soll vielmehr bei einer geeigneten Kammer in dem relativ kurzen Zeitabschnitt seiner Anwesenheit einen Einblick in den Gang des Verfahrens, die Besonderheiten der Gerichtsverfassung in diesem Bereich und die besondere Technik der Vorbereitung und Begründung einer Entscheidung der Verwaltungsgerichte gewinnen.

Nun bleibt noch die Hochschule für Verwaltungswissenschaften in Speyer, deren Gast wir bei dieser Tagung sind.

Die Denkschrift läßt für deren Wirken überhaupt keinen Raum und keine Möglichkeit. Lediglich an einer bloß schildernden Stelle wird sie, soweit ich sehe, erwähnt. Ich meine, es ist ein echtes, nur aus der Zusammensetzung des Arbeitskreises verständliches Versäumnis dieser Denkschrift, daß sie die für die Verwaltung doch bedeutsame Hochschule als eine Quantité négligeable in dieser Art behandelt. Nicht nur wir, die wir dem Leben der Hochschule nun schon durch ein Jahrzehnt nahe sind, sondern auch die von uns befragten jungen Assessoren, haben eine selten einheitliche Meinung dahin bekundet, daß sie den Gewinn, den ihnen die Hochschule vermittelt, hoch veranschlagen, auch wenn sie diesen oder jenen Punkt wie immer mit Worten der Kritik bedenken.

Es ist deshalb die einhellige Meinung des Arbeitskreises des Gutachterausschusses der Innenministerkonferenz, daß die Hochschule in Speyer in den Ausbildungsgang einbezogen werden muß. Das macht nun bei der Beschränkung der Gesamtdauer der Ausbildung auf drei Jahre ersichtlich einige Schwierigkeiten. Aber es bietet sich wohl doch unschwer ein Ausweg derart an, daß der Besuch der Hochschule anstelle der Verwaltungsgerichtsstation zur Wahl gestellt wird. Das ist zunächst deshalb vertretbar, weil das Studium in Speyer nach seinem Ausbildungswert die verwaltungsgerichtliche Ausbildung wohl ersetzen kann; denn Speyer bietet sowohl in prozeßrechtlicher Hinsicht, aber auch nach der materiell-rechtlichen Seite hin so gute und interessante Lehrveranstaltungen, daß mit dem Ausfall der Verwaltungsgerichtsbarkeit keineswegs eine nicht ausfüllbare Lücke in der Ausbildung befürchtet zu werden braucht. Daß dabei der Besuch der Hochschule stets nur einem Teil der Referendare eröffnet wird, ist eine gern in Kauf genommene Nebenfolge. Es ist dabei nicht nur an die Kapazitätsgrenze der Hochschule zu denken, sondern mehr noch daran, daß nach dem Sinn und Wesen dieser Einrichtung nur der nach Speyer kommen sollte, der eine besondere Aufgeschlossenheit, ein besonderes Interesse und eine besondere Befähigung mitbringt.

Nun nutzt aber der schönste und sorgfältigste Plan über die Ausbildung nicht allzu viel, wenn es uns nicht gelingt, zugleich auch die Kräfte zu mobilisieren, die ihn nachher tragen. Wir sind uns doch darüber einig: Je stärker unsere Verwaltung in alle Bereiche des politischen, sozialen und wirtschaftlichen Lebens hineinwächst, je umfangreicher sie damit zwangsläufig wird, um so mehr ist es unsere Verpflichtung, nicht nur die besten und einfachsten Formen für die Bewältigung der ständig sich mehrenden Verwaltungsaufgaben zu finden und zu sichern, sondern mehr noch ein Beamtencorps namentlich im höheren Dienst bereitzustellen, das höchsten Anforderungen genügt. Ich weiß selbstverständlich, daß Voraussetzung dafür nicht allein eine gute Ausbildung ist; aber sie ist und bleibt doch eine ganz wesentliche Teilvoraussetzung. Nun könnte man, wenn man sich die fast unübersehbare Fülle der Ausbildungs- und Prüfungsvorschriften für unsere Beamtenschaft vor Augen hält, meinen, daß hier doch des Guten eigentlich schon fast zuviel geschehen sei. Aber das ist es ja eben, daß heute noch vielfältig der oft perfizierten Reglementierung die nun einmal nötige personelle Investition nicht folgt, daß man vielmehr glaubt, auf Krücken marschieren zu können. Auch dort, wo Namen wie Ausbildungsleiter usw. geläufig sind, bleibt noch Vorsicht am Platze; denn oft versteckt sich hinter ihnen ein mit mannigfachen Geschäften betrauter Mann, der auf die Ausbildung dann nicht mehr allzu viel Zeit und Kraft verwenden kann.

Das also muß hier ganz deutlich gesagt werden: Entschließt man sich nicht, in allen Teilbereichen der Ausbildung, dem der Universität, der Justiz und auch der Verwaltung, zu einer ausreichenden personellen Ausstattung, dann bleibt alles, was überlegt und vielleicht auch einmal in dieser oder jener Form verordnet wird, nur Stückwerk und Unzulänglichkeit.

Wenn ich diesen allgemeinen Gedanken nun auf die Verwaltung beziehe, dann ist es das erste, daß in den zentralen Personalabteilungen der Innenministerien in angemessener Rangstufe ein Ausbildungsreferent, in größeren Ländern auch mit dem nötigen Stab, vorhanden ist, der, abgesehen von der regiminellen Ordnung der Ausbildung die Fragen der allgemeinen Lenkung des praktischen Ausbildungsgeschehens fest in der Hand hat. Daß sinnvollerweise dann auch die Fortbildung in diesen Arbeitsbereich einbezogen wird, wird sich nach der Affinität beider Gebiete unschwer ergeben.

Weiterer unabdingbarer Mittelpunkt des Ausbildungswesens muß sodann in den Ländern mit Mittelinstanz ein Ausbildungsleiter bei der Regierung sein, der die Leitung und Überwachung der Ausbildung im einzelnen in allen Stationen übernimmt. Daß es sich dabei um einen erfahrenen, kontaktreichen, für Ausbildungsfragen besonders aufgeschlossenen Beamten handeln muß, sollte selbstverständlich sein. Des weiteren müssen ihm pädagogisches Geschick und vor allem jenes besondere Einfühlungsvermögen eigen sein, das ihm den Weg zum aktiven Interesse der Behördenleiter aller Stufen ermöglicht. Gerade in der Zeit der Kommunalisierung ist das ein besonders wichtiger Gesichtspunkt. Die Aufgabenstellung dieses Ausbildungsleiters ist leicht abzustecken: Leitung und Beobachtung der gesamten Ausbildung in der Verwaltung, und zwar bei der eigenen Behörde sowohl wie bei den Kreis- und Gemeindeverwaltungen und den Verwaltungsgerichten, Sorge für den sachgerechten Einsatz der Referendare, stetiger Kontakt mit den zur Ausbildung herangezogenen Dienstkräften und einiges andere mehr. Hinsichtlich der Einordnung des Ausbildungsleiters selbst ergibt sich dabei die etwas diffizile Frage, ob er ausschließlich diese Aufgabe erfüllen soll, was dann auf die Dauer leicht zu einer Entfremdung von der Verwaltungspraxis führt, oder ob er daneben ein Dezernat führt. Wenn man den letzteren Weg geht, dann ist jedenfalls in größeren Verhältnissen regelmäßig notwendig, ihn durch Zuteilung eines Assessors mindestens von der Routinearbeit angemessen zu entlasten.

Nicht minder wichtig ist es aber auch, die rechten Ausbilder in den Dezernaten und Ämtern zu finden. Hier ist die Erkenntnis von der Wichtigkeit einer guten Ausbildung und die innere Bereitschaft, sich der auszubildenden Referendare wirklich anzunehmen, fast alles. Ich weiß, daß man mir sagen wird, gerade die besonders geeigneten Beamten seien ohnehin überfordert, so daß sie kaum Zeit und Muße fänden, sich ihren Referendaren auch in einem persönlich menschlichen Verhältnis zu widmen. Aber es gibt doch gottlob genug Beispiele, die auch bei der gegebenen Situation zeigen, was hier letzten Endes möglich ist.

Über die Arbeitsgemeinschaften brauche ich nun nichts mehr zu sagen. Wir haben dieses Thema gestern ausgiebig erörtert. Ich bemerke also nur, daß mich im besonderen Maße die Fragen der persönlichen Betreuung, aber auch die von Herrn *Less* angeschnittenen Fragen der Beurteilung interessiert haben.

Lassen Sie mich fast am Ende noch einige Worte zum Zweiten juristischen Staatsexamen sagen. Auch hier ist zunächst festzustellen, daß aus der Gestaltung dieses Examens eine starke Rückstrahlung auf den Vorbereitungsdienst selbst ausgehen wird. Es ist also auch hier so, daß die Prüfungsgegenstände die Intensität der einzelnen Teile des Vorbereitungsdienstes erheblich mitbestimmen.

Vom Standpunkt der Verwaltung aus und nicht zuletzt auch aus der soeben erwähnten Perspektive sind demnach auch hier zwei Forderungen anzumelden, von denen bereits vorhin die Rede war. Das bedeutet also, daß, grob gesehen, eine angemessene Aufteilung auf den Bereich der Justiz und auf den Bereich der Verwaltung erreicht werden muß. Diese Forderung erscheint nur dann gesichert, wenn sie sich in der Besetzung der Prüfungskommission auch personell niederschlägt, und zwar gleichermaßen im Vorsitz und im Beisitz.

Hinsichtlich der öffentlich-rechtlichen Prüfungsfächer werden Staats- und Verfassungsrecht, Allgemeines Verwaltungsrecht, Polizei- und Ordnungsrecht und Verwaltungsprozeßrecht, nicht zuletzt auch Gemeinderecht, im Vordergrund stehen müssen. Wenn es dabei auf die Dauer gelingen könnte, auch den Fragen der Verwaltungslehre irgendwie ersten Raum zu geben, dann würde auch das mannigfache Wirkungen auf die Gestaltung der Verwaltungsstation haben können.

Damit bin ich am Ende dessen, was ich hier, nicht vollständig gewiß, an Gedanken entwickeln wollte. Aber es ist vielleicht nützlich, daß nach der Fülle der Erscheinungsbilder doch noch eine kurze Zusammenfassung gegeben wird, um daran zu sehen, was denn eigentlich im ganzen aus diesen Vorschlägen und Anregungen für die Verwaltung herauskommen könnte. Lassen Sie mich also mit einem Schuß von Optimismus, wie ihn der Verwaltungsbeamte allgemein haben sollte, kurz formulieren:

1. Die Universitätsausbildung räumt nach den Vorschlägen dem Öffentlichen Recht nunmehr einen Anteil ein, den wir als befriedigend ansehen können. Der selbstverständlich im Vordergrund stehende staats- und verwaltungsrechtliche Gehalt der Lehrveranstaltungen sollte dabei ehestens, also so bald das möglich ist, eine besondere Er-

gänzung auch nach der Seite der Verwaltungslehre finden. Ein angemessener Part auch der praktischen Ferieneinführung wird auf die Verwaltung bezogen. Die Besetzung der Prüfungskommission und der Inhalt der Prüfung würden gewährleisten, daß der Student das Gewicht der öffentlich-rechtlichen Fächer nicht mehr unterschätzen kann.

2. Im Rahmen des dreijährigen Vorbereitungsdienstes wird der Verwaltung ein Spielraum gegeben, der zwar an der unteren Grenze liegt, aber bei sinnvoller Ausgestaltung doch jenen Blick für die Verwaltung eröffnen könnte, den unsere derzeitigen jungen Assessoren oft vermissen lassen. Dabei wird besonderen Wünschen einzelner Länder nach einer gewissen Modifizierung der vorgesehenen Regelung Rechnung getragen. Verwaltungsgerichtsbarkeit und Hochschule für Verwaltungswissenschaften in Speyer kommen in den Vorschlägen wohl zu ihrem Recht. Auch hier sorgt zuletzt die Prüfungsgestaltung nach ihrer personellen und sachlichen Seite dafür, daß die Verwaltungsausbildung im Rahmen der Gesamtausbildung nicht mehr als Nebensächlichkeit betrachtet werden kann.

3. Die Anregungen für die Gestaltung der Ausbildung in der Verwaltung, vor allem auch die Vorschläge für die personelle Ausstattung des Ausbildungsapparates werden, wenn sie in der rechten Form durchgeführt werden, Mängel, die heute in der Tat noch vorhanden sind, mit einiger Sicherheit und weitgehend aus der Welt schaffen können.

Und zuletzt und vor allem:

Der vorgeschlagene Weg würde zu einer für Justiz und Verwaltung gleichmäßig annehmbaren Einheitsausbildung führen und damit einen jahrhundertealten Streit begraben, aber auch zur Ruhe und Stetigkeit beitragen, die gerade in der Ausbildung vonnöten sind.

Aussprache

Ministerialdirektor Professor Dr. Erdsiek

Ich spreche darum, weil ich dem Arbeitskreis angehört habe, dessen Vorschläge hier zum Teil mit Recht kritisiert worden sind. Ich bitte dabei zu bedenken, daß die Arbeit des Arbeitskreises dadurch erheblich beeinträchtigt war, daß der Urheber, Professor *Husserl,* im letzten Jahr schwer erkrankte und ausfiel und daß ferner der Wunsch bestand, eine mögliche Einstimmung zwischen allen Teilnehmern zu erreichen, die nur mit erheblichen Konzessionen und sacrificia conscientiae zu erreichen war, so daß der gefundene Vorschlag eine Kompromißlösung darstellt, der nicht alle mit vollem Herzen zugestimmt haben. Ich will mich also darauf weiter gar nicht einlassen, sondern darauf, aus welchem Gedanken die Denkschrift überhaupt entstanden ist. Die Denkschrift ist sicher im Grunde nicht entstanden zur Reform des *Vorbereitungsdienstes,* sondern der Grundgedanke war die Reform des *Studiums,* und zwar war die Sorge, die dabei die Beteiligten beschäftigte, die zunehmende Entfremdung der Studenten von der Universität durch das ansteigende Repetitorwesen oder -unwesen, wie Sie wollen. Ich will dabei gar nicht verkennen, daß es hervorragende wissenschaftlich und pädagogisch begabte Repetitoren gibt, aber ihre Aufgabe ist eine andere als die der Universität. Und wenn wir zurückdenken in Zeiten meiner Jugend, wenn ich sagen darf, die liegt bei mir mit am weitesten zurück, also die Zeit des ersten Weltkrieges und kurz nachher, da gab es natürlich auch Repetitoren, aber sie wurden erst in den allerletzten Semestern gehört, um die auf der Universität erworbenen Kenntnisse noch einmal überzubürsten, während es sich heute eingebürgert hat, daß eine Großzahl von Studenten schon in frühen Semestern zum Repetitor gehen und sich damit ihr Studium für ihr ganzes Leben verderben; denn die Aufgabe ist eine völlig verschiedene. Der Hochschullehrer hat nicht die Pflicht eines vollständigen Kolleghefts. Die wenigsten werden in der begrenzten Zeit mit dem Thema ihrer Vorlesung fertig, und das ist auch kein Nachteil. Ich weiß von einem hervorragenden Professor des Sachenrechts, der am Ende des Semesters mit dem Besitzrecht gerade fertig ist. Aber ich glaube, das ist kein Schaden. Die Studenten werden bei ihm so viel an juristischem Denken und über die Begriffe des Sachenrechts gelernt haben, daß sie das übrige im privaten Studium nachholen können. Aber was zum Repetitor zieht, ist die Gewißheit, er ist vollständig. Er gibt einem die Gesamtheit des Wissens, aber als reines und ziemlich trockenes Handwerk. Nun ist die Frage: Was kann man daran ändern? Da liegt die Aufgabe der Universität, dem Studenten klar zu machen, daß es sich eben um eine Wissenschaft und nicht um ein Handwerk handelt, und ihn unter den Einfluß einer geistigen Persönlichkeit zu bringen, so daß er sich schämt, wenn er nur zum Repetitor geht. Das ist natürlich ein Idealzustand, aber jedenfalls ein Ziel, das man anstreben sollte. Nun ist es natürlich so, daß das Gebiet, das auf der Universität vorm Referendarexamen zu hören ist, so gewaltig ist, daß es von einem Studenten kaum in der Tiefe zu bewältigen ist. Darum war der Gedanke der Denkschrift: zu streichen, zu konzentrieren auf die klassischen Grundfächer des privaten wie des öffentlichen Rechts. Dabei kommen natürlich die Vertreter aller derjenigen Fächer zu kurz, die nicht darunter fallen und die nicht geprüft werden. Das ist zuzugeben. Man muß sich überlegen, wie man helfen kann, und da bietet sich vielleicht ein Ausweg, daß man den Studenten vorschreibt, fürs Referendarexamen ein oder zwei Wahlfächer zu nennen, in denen er ein vertieftes Studium betrieben hat. Ich bin der Ansicht, daß, wenn man sich in ein Rechtsgebiet so vertieft hat, daß man bis auf die geistigen Grundlagen gestoßen ist, daß man dann den Zugang zu anderen Gebieten auch findet, weil sich auf dieser geistigen Grundlage alle Fächer irgendwie begegnen. Ich glaube, mehr wird man nicht erreichen können.

Nun zur Frage der Studiendauer. Man kann streiten, ob 7 oder 8 Semester. Die Fakultäten stehen auf dem Standpunkt, sie können einen geordneten Studienplan, aufgebaut mit dem allmählichen Fortschreiten von Arbeitsgemeinschaft, Übung usw., nur aufstellen, wenn sie 8 Semester vor sich haben. Ich halte das für keinen springenden Punkt, da es nach der Statistik kaum noch Studenten gibt, die weniger als 8 Semester studieren. Man könnte nur sagen: wer es sich zutraut, dem soll man den Weg nicht verschließen, sich in einer geringeren Zahl von Semestern zum Examen zu melden.

Nun zum Vorbereitungsdienst. Auch hier droht natürlich die Gefahr der Zersplitterung, und ich bin ein Gegner zu vieler Einzelstationen. Man sollte versuchen, sich auf möglichst wenige Stationen zu beschränken, hier aber für gründliche Ausbildung zu sorgen. Damit komme ich auch auf die Frage der festen Dienststunden von 9—13 Uhr. Dem möchte ich ernstlich widerraten. Das wird bestimmt auf vielen Stationen zu einem Leerlauf führen. Die Referendare sitzen dann den Vormittag da und bekommen im Grunde nichts Ordentliches zu tun. Ich habe eine gewisse Erfahrung dadurch, daß ich eine Tochter und einen Schwiegersohn im Vorbereitungsdienst in nächster Nähe erlebt habe und auch einen großen Kreis von jungen Juristen, die immer von ihren Erfahrungen erzählten. Ich habe den Eindruck, daß man viel damit gewänne, wenn der Referendar auf der Verwaltungsstation vielleicht nur ein- oder zweimal in der Woche zu seinem Dezernenten geht, von da aber mit Arbeit versorgt wird. Wie und wann er die macht, das kann er sich einteilen. Er kommt dann mit dem fertigen Vorentwurf zu seinem Dezernenten, der ihn mit ihm bespricht. Er ist gezwungen, das zu machen, er wird zu einer vernünftigen Arbeit gezwungen und hat ein gewisses Gefühl der Selbstverantwortung, weil er die Sachen entwirft, die nachher eventuell beschlossen werden — wobei ich sehr bedaure, daß unser Richtergesetz in einer überspitzten und lebensfremden Vorstellung von Rechtsstaatlichkeit die Selbstverantwortlichkeit des Referendars so stark beschränkt hat.

Nun der Vorschlag, der für mich sehr bedenkliche Vorschlag, den Länderverwaltungen zu gestatten, den 12 Monaten Verwaltungsausbildung noch einige Monate hinzuzufügen auf Kosten an anderer Stelle, die vorsichtigerweise und taktvollerweise hier nicht genannt worden ist. Wenn wir dieser Frage etwas nähertreten — als alter Justizjurist muß ich Ihnen sagen, daß ein Abstreichen von den zwei Jahren Justizausbildung für uns untragbar wäre. Es ist auch meiner Ansicht nach nicht gerechtfertigt, wenn die Verwaltung sich bei einem Verhältnis 2 : 1 beeinträchtigt fühlt. Denn was wird nicht alles zur Justiz gerechnet. Da wollen wir einmal gerecht sein. Das strafrechtliche Denken unterscheidet sich vom zivilrechtlichen Denken nicht viel weniger als das Verwaltungsdenken vom Zivildenken. Außerdem: denken Sie an den Richter der freiwilligen Gerichtsbarkeit, der auch zur ordentlichen Gerichtsbarkeit gerechnet wird, aber der steht z. B. vor der Frage, wie er das Vermögen seines Mündels anlegen soll, und stellt dann genau dieselben Erwägungen an, wie sie der Verwaltungsbeamte anzustellen hat. Und so gibt es viele andere Beispiele. Hinzu kommt, daß wir, abgesehen von den 11 000 Richtern, etwa 20 000 Anwälte haben. Und nun die Anwälte einfach zur ordentlichen Gerichtsbarkeit zu schlagen, ist auch nicht ganz gerechtfertigt; denn wieviel hat der heutige moderne Anwalt mit öffentlichem Recht zu tun auf den verschiedensten Gebieten? Ich glaube also, wenn man das alles überlegt, auch daß die Arbeitsgerichtsbarkeit unter die 2 Jahre Justizausbildung fällt, wo doch im Arbeitsrecht öffentliches und privates Recht sehr in der Gemengelage liegt, so meine ich, daß eine Zuteilung von einem Jahr für die Verwaltung, da wir nun einmal bei der Reform auf 3 Jahre beschränkt sind, gerecht und angemessen ist, wobei wir vollständig zugeben, daß die bisherige Berücksichtigung der Verwaltung unzureichend war, und wir volles Verständnis dafür haben, wenn die Verwaltung ihre Belange bei der Reform gewahrt wissen will. Es kommt dann noch eins hinzu. Dem Gerichtsassessor blüht am Tage nach seinem Examen, daß er als Einzelrichter eines Amtsgerichts über Freiheit und Unbescholtenheit von Menschen entscheiden muß. Wir wollen das nicht unterschätzen. Die Justizverwaltung versucht, den Assessor zunächst einmal in einem Kollegium unterzubringen. Aber auch im Kollegium ist er ja freier Richter mit freier Stimme und hat einen erheblichen Einfluß. Er hat also vom ersten Tage an eine ungewöhnliche Verantwortung. Ich selber bin nicht in der Verwaltung tätig gewesen, spreche also in diesem Punkte völlig als Laie. Ich kann mir nur vorstellen, daß die Verwaltung ganz andere Möglichkeiten hat, den Assessor bei sich noch etwas anzulernen. Ich glaube, das dürfen wir nicht weglassen.

Zum Schluß noch ein Wort zum Assessorexamen. Es ist zutreffend, daß vorwiegend zivil- oder strafrechtliche Themen gegeben werden. Das liegt daran, daß es an vielen Stellen schwierig zu sein scheint, verwaltungsrechtliche Themen, insbesondere für die Hausarbeit, zu finden. Wir haben es in Niedersachsen oft geschafft, aber es war doch eine Schwierigkeit, und an manchen Stellen scheint sie überhaupt nicht überwindbar. Klausuren, würde ich sagen, die kann man in hinreichender Zahl auch aus dem öffentlichen Recht finden. Es bleibt aber die andere Möglichkeit bei dem *Vortrag* im Assessorexamen. Wenn der Referendar im voraus weiß, daß ihm ein Vortragsthema aus irgendeinem Gebiet des öffentlichen Rechts zugeteilt werden kann, auf das er sich in drei Tagen vorbereiten muß, dann ist das meiner Ansicht nach ein hinreichender Anlaß für ihn, um sich auch im öffentlichen Recht eine Grundlage zu schaffen. Das wäre vielleicht eine gewisse Hilfe, um einen Impuls auch in der Vorbereitungszeit für das Studium des öffentlichen Rechts zu geben. Ich will nicht schließen ohne einen besonderen Dank an Herrn Staatssekretär *Loschelder*. Wenn es in den Arbeitskreisen der Justiz wie der Innenminister bisher gelungen ist, eine so kollegiale und freundschaftliche Atmosphäre aufrechtzuerhalten, so ist das in erster Linie das Verdienst unseres verehrten Vorsitzenden, der mit absoluter Objektivität und Aufgeschlossenheit, zwar mit Eintreten für die Belange der Verwaltung, aber auch mit voller Berücksichtigung der Belange der Justiz, unsere Verhandlungen bisher geleitet hat.

Ministerialrat Van Recum

Ich müßte an sich die glückliche Synthese sein zwischen Verwaltung und Justiz; denn ich habe 20 Jahre meines Lebens als Staatsanwalt zugebracht und bin dann zur Verwaltung übergewechselt; ich habe — um das Bild der Synthese weiter abzurunden, sei es erwähnt — den bayerischen Referendar abgelegt und in Düsseldorf das Assessorexamen bestanden. Ich glaube daher, mir ein Urteil erlauben zu dürfen, ob es richtig ist, wie Herr Professor *Erdsiek* eben gesagt hat, bei der Justiz, insbesondere im Strafrecht, gebe es vieles, was an Verwaltung grenze. Ich sage, man muß schon viel Glück haben, wenn man bei der

Justiz mit der Verwaltung in Berührung kommt. Mir wurde dieses Glück zuteil, und zwar bei der Generalstaatsanwaltschaft. Bei ihr ressortierte die Gefängnisverwaltung. Der Sach- und Rechtsaufsicht über diese Verwaltung habe ich viele Kenntnisse im Haushaltsrecht und überhaupt in der Organisationsgestaltung zu verdanken. Bei einem Versuch, ein ehemaliges Gut in eine Jugendstrafanstalt umzugestalten, sammelte ich wertvolle Kenntnisse für meine spätere Tätigkeit in der Verwaltung. Aber, wie gesagt, es ist schon eine Seltenheit, wenn man als Staatsanwalt zu Verwaltungserkenntnissen gelangt, denn im großen und ganzen hat sich meine Tätigkeit als Staatsanwalt doch nur auf die Fertigung von Anklagen und das Halten von Plädoyers beschränkt.

Voll und ganz möchte ich dagegen unterstützen, was Herr Professor *Bachof* heute morgen gesagt hat, nämlich, daß ein Kandidat Glück habe, wenn Verstandeswissen geprüft würde. Dies kann m. E. selbst dann zutreffen, wenn der Prüfer auf Spezialgebiete übergeht, was heute morgen bestritten wurde. Ein Beispiel möge dies erläutern: Wie schon erwähnt, als bayerischer Referendar habe ich in Düsseldorf unter *Palandt* das Assessorexamen abgelegt. Irgendwelche Kenntnisse von preußischen Spezialgesetzen hatte ich kaum. Ausgerechnet mir wurde in der Prüfung ein Fall aus dem preußischen Nachbarrecht unterbreitet. Ich erklärte frank und frei, ich wüßte nichts vom preußischen Nachbarrecht, ich hätte das bayerische Referendarexamen abgelegt und sei auch in einem bayerischen Landratsamt ausgebildet worden; aber ich könnte den Fall nach bayerischem Recht entwickeln, obwohl — ich muß es zu meiner Schande gestehen — meine Kenntnisse im bayerischen Nachbarrecht sehr schwach waren, was ich allerdings in der Prüfung wissentlich verschwiegen habe. Die Prüfungskommission folgte meinen Darlegungen des Falles nach bayerischem Recht mit Aufmerksamkeit und stellte am Schluß fest, der Fall sei gar nicht schlecht gelöst, wobei es die Prüfer nicht interessierte, ob es nach bayerischem Recht wirklich so war, wahrscheinlich war es anders. Das war echte Verstandesprüfung, nicht Wissensprüfung, obwohl es sich hier um einen Fall aus einem Spezialgebiet handelte.

Es sei mir am Schlusse erlaubt, noch etwas über die Referendarausbildung zu sagen. Ich habe als Staatsanwalt etwa 40 Referendare ausgebildet, bei der Verwaltung hingegen waren es nur 4. Aus meiner eigenen Erfahrung muß ich sagen, daß es weit schwieriger ist, in der Verwaltung Referendare auszubilden. In der Justiz kommt es in der Hauptsache darauf an, dem Referendar in der Stage die Praxis zu vermitteln, um ihm die Bearbeitung eines praktischen Falles im Schlußexamen zu ermöglichen. Bei der Staatsanwaltschaft z. B. muß der Referendar am Schluß der Stage fähig sein, eine Anklage größeren Umfanges ohne wesentliche Änderungen machen zu können. Ganz anders ist die Ausbildung in der Verwaltung. Hier kommt es nicht nur darauf an festzustellen, daß der Referendar einen Bescheid absetzen, einen Sachverhalt tatsächlich und rechtlich abschließend beurteilen kann, der Ausbilder muß vielmehr auch erforschen, ob sich der Referendar einmal als Kollege in der Verwaltung eignen wird. Hierbei ist von Bedeutung festzustellen, wie verhält sich der Referendar gegenüber den Beamten des gehobenen und des mittleren, oft auch des einfachen Dienstes, wie verhält er sich gegenüber Bediensteten im Arbeiter- bzw. Angestelltenverhältnis. Denn wenn der Referendar in der Verwaltungsstage in dieser Hinsicht charakterlich nicht hinreichend ausgeleuchtet wird, kann die Übernahme in die Verwaltung später zur Katastrophe führen, weil er z. B. sich mit niemandem vertragen kann. Dann ist die Verwaltung mit ihm schlecht bedient, mag er ein noch so guter Jurist sein. Diese charakterliche Ausleuchtung, die Feststellung von ausgesprochenen Führereigenschaften ist etwas, was vielleicht bei der Ausbildung in der Verwaltung erschwerend hinzukommt und worauf oftmals vielzuwenig Wert gelegt wird.

Man muß auch Planspiele mit den Referendaren zu veranstalten wissen. Ein gutes Rezept, wenn ich es verraten darf, hatte ein alter bayerischer Landrat, bei dem ich in Ausbildung war. Wenn er mit irgendeinem Gremium schwierige Verhandlungen zu führen hatte, dann besprach er sehr genau mit mir, worauf ich als Referendar ganz besonders stolz war, seinen „Kriegsplan". Er legte mir dar, wohin er eigentlich ziele, bemerkte aber dazu, wenn er gleich auf das Ziel lossteuere, so würde dies aller Voraussicht nach zu Schwierigkeiten führen. Mir gab er den Auftrag, ihn, der zum Schein weit über das Ziel hinausschoß, durch gemäßigtere Vorschläge zu seinem Ziel zu führen, so daß bei den Gremien der Eindruck entstand, als hätte der Referendar letztlich über den Landrat gesiegt. Dies scheint mir für Planspiele mit Referendaren, womit ich mit meinen Ausführungen zum Schluß kommen will, auch ein empfehlenswertes Rezept zu sein.

Ministerialdirigent Brunner

Ich darf mich zunächst ganz kurz mit der brennenden Frage der Dauer des Vorbereitungsdienstes befassen. Auch ich bin voll und ganz der Meinung von Herrn Staatssekretär *Loschelder,* daß wir die Ausbildungsdauer des Vorbereitungsdienstes von 3 1/2 auf 3 Jahre vermindern sollten. Ich möchte aber davor warnen, durch eine allzu enge bundesgesetzliche Regelung im Richtergesetz die Länder, die eine Tradition in der Ausbildung in der Verwaltung entwickelt haben, daran zu hindern, diese Tradition fortzuführen. Um es ganz offen zu sagen, eine starre Regelung 2 : 1 zwischen Justiz und Verwaltung scheint uns nicht annehmbar, ich spreche hier im ausdrücklichen Einverständnis mit der bayerischen Justizverwaltung. Ich möchte sehr befürworten, den Vorschlag aufzunehmen, den Herrn Staatssekretär *Loschelder* heute nachmittag gemacht hat, hier eine etwas elastischere Regelung zu treffen, um die Einheitlichkeit des Reformwerks nicht zu gefährden.

Nun noch zu einer anderen Frage, die Herr Staatssekretär Loschelder auch kurz angeschnitten hat, die mir sehr wesentlich erscheint, das ist die Wechselwirkung zwischen der Ausbildung in der Verwaltung und dem Zugang des Nachwuchses zur Verwaltung. Ich habe in meiner 15jährigen Tätigkeit in der Personalverwaltung genügend Gelegenheit gehabt, diese Wechselwirkung zu studieren. Wir fingen 1945 an, zunächst den Rest der Leute, die die reine Verwaltungsausbildung durchlaufen hatten, mit einer entsprechenden Prüfung durchzuschleusen, wobei sich sofort das Problem ergab, was machen wir mit den Leuten, die die Prüfung so schlecht abgelegt haben, daß wir sie in der Verwaltung nicht brauchen können. Die zweite Phase war die, daß wir die Leute aus der Justiz, aus der reinen Justizausbildung nahmen. Hier war der Zugang unbefriedigend, und zwar aus dem einen Grund, weil die Referendare die Verwaltung vom Vorbereitungsdienst her gar nicht kannten. Erst im Jahre 1951 trat die entscheidende Wende ein mit der Wiederaufnahme der bei uns altbewährten doppelten Ausbildung für den höheren Justiz- und Verwaltungsdienst. Von diesem Zeitpunkt an war die bayerische innere Verwaltung praktisch über den Berg. Wir konnten eine neue Grundlage legen und bekamen sowohl qualitativ wie quantitativ die entsprechende Zahl von Assessoren. Bei den Ausführungen gestern und heute konnte man manchmal den Eindruck gewinnen, als ob es mit der Referendarausbildung in der Verwaltung ganz gut bestellt sei. Ich glaube, daß man hier doch etwas Wasser in den Wein gießen muß. Wir wissen, daß auch bei der Ausbildung in der Justiz manches im Argen liegt. Aber wir müssen aus Gründen der Wahrhaftigkeit hier feststellen, daß im Durschnitt gesehen, nach den heutigen Verhältnissen, die Ausbildung in der Justiz intensiver und wirksamer ist als in der Verwaltung. Ich stehe nicht an zu erklären, daß auch wir Mißerfolge geerntet haben und Rückschläge erlitten haben. Die Ausgangslage für die Verwaltung ist ja schwieriger als für die Justiz. Wir haben nur ungefähr ein Drittel des Personalvolumens. Und wenn Sie 100 qualifizierte Verwaltungsjuristen haben, so können Sie von Glück sagen, wenn Sie 10 Leute herausfinden, die gute Ausbildungsleiter sind. Ein guter Verwaltungsjurist ist noch lange kein guter Ausbildungsleiter. Da kommen verschiedene Faktoren dazu, die ja schon deutlich angesprochen worden sind. Leider ist diese Erkenntnis von der Wichtigkeit der Referendarausbildung und ihre unmittelbare Auswirkung auf den Zugang des Nachwuchses noch nicht bei allen leitenden Stellen —, sei es in der Verwaltung, sei es in der Verwaltungsgerichtbarkeit —, durchgedrungen. Wir müssen also hier noch wesentlich mehr tun, um vor allen Dingen die Schwierigkeiten in den Ballungsräumen zu vermindern versuchen. Ich sage ausdrücklich zu vermindern, beseitigen können wir sie nie ganz, das ist völlig ausgeschlossen. Es ist ebenso unmöglich bei der Regierung von Oberbayern bei dem Verhältnis, das wir genannt haben, eine entsprechende Ausbildung der Referendare durch die Referenten zu gewährleisten, wie es wahrscheinlich unmöglich sein wird, daß sich beim Landgericht München I jeder Landgerichtsdirektor eingehend mit jedem aus der großen Zahl der ihm zugeteilten Referendare beschäftigen kann.

Ich glaube aber abschließend feststellen zu können, daß doch alle Mühe, die wir in die Ausbildung der Referendare in der Verwaltung stecken, sich am Ende lohnen wird, sei es, daß wir versuchen, die Arbeitsgemeinschaften zu verkleinern, daß wir eine noch gewissenhaftere Auslese der Ausbildungsleiter vornehmen, daß wir ihnen noch mehr Unterstützung gewähren als bisher und daß wir vor allen Dingen die junge Schicht der Verwaltungsbeamten in der Unterstufe mit heranziehen zur Ausbildung der Referendare. Es ist mir wiederholt schon unterlaufen, daß mir Assesssoren erklärt haben: Ich war beim Landratsamt X, dort hat sich der Regierungsrat sehr nett um uns angenommen. Mir hat die Arbeit am Landratsamt so gefallen, daß ich mich entschlossen habe, in die Verwaltung zu gehen. Ich glaube also, daß wir hier mit unserem Bemühen fortsetzen müssen, das zu erreichen, was bei der Justiz in besserem Maße bisher schon erreicht worden ist.

Wiss. Assistent Assessor Dr. Brintzinger

Herr Professor *Zeidler* hat gestern nach den anwesenden oder vielmehr nicht anwesenden Referendaren gefragt. Diese Stufe der juristischen Ausbildung habe ich nun zwar schon durchschritten, da ich aber im Laufe meines Ausbildungsganges an den Bemühungen um eine Reform des juristischen Studiums mitgearbeitet habe und noch heute mitarbeite, glaube ich, einige Erfahrungen sowohl aus dem Gesichtswinkel des Studenten wie aus dem des Referendars beitragen zu können, und möchte Sie auf einige Punkte wenigstens hinweisen, die mir während der Diskussion hier aufgefallen sind.

Der erste Punkt wäre die in der Diskussion mehrfach angesprochene Frage der Eigenverantwortlichkeit des Referendars. Ich möchte sie dem Problem gegenüberstellen, das mit dem Satz ausgesprochen worden ist: „Was nicht geprüft wird, wird weitgehend auch nicht studiert". So wichtig es ist, immer wieder darauf hinzuweisen, daß der Referendar gerade zu dieser Eigenverantwortung erzogen werden soll, so, glaube ich, darf dabei nicht vergessen werden, daß der Referendar ein eben der Universität — und damit der Drucksituation des Studiums und des Examens — entwachsener Student ist, für den in manchen Dingen die gleichen psychologischen Gesetze Gültigkeit haben wie einst für den Studenten.

Der zweite Punkt ist eine Erfahrung aus der Ausbildung in der Verwaltung. Man muß nur allzuoft bemerken, daß die Verwaltung eigentlich kein allzugroßes Interesse an dem Referendar zeigt. Es scheint in der Verwaltung der Gedanke vorzuherrschen, den ich hier nur andeuten möchte: „Dieser Mann kommt ja doch nicht zu uns ...". Es ist zu befürchten, daß hinsichtlich der Studenten — wir kennen ja bisher dieses von Staatssekretär *Loschelder* vorgeschlagene Ferienpraktikum in der Verwaltung noch nicht — nichts anderes gelten wird.

Dazu kommt, daß die Auslese, die für die Hochschule Speyer getroffen wird, nach Gesichtspunkten erfolgt, die von den Beurteilungen in den Ausbildungsstationen der Justiz bestimmt sind. So hatte ich als Referendar nicht das Glück, nach Speyer abgeordnet zu werden, weil meine Zeugnisse aus den Ausbildungsstationen der Justiz nicht so gut waren, daß nicht noch besseren Referendaren vor mir die Chance geboten werden sollte. Als ich später in der Verwaltungsausbildung immerhin das Zeugnis „gut" erlangte und den Vermerk „für die Übernahme in die Verwaltung sehr geeignet", war es aber für ein Studium in Speyer zu spät, denn nun stand das Assessorexamen vor der Türe. Ich glaube, dieses Problem der Auslese sollte auch einmal neu überdacht und die Auslesemaßstäbe in dieser Hinsicht vielleicht überprüft werden.

Etwas bestürzt hat mich die Mitteilung, daß die Verwaltungshochschule in Speyer für die Referendare des Landes Rheinland-Pfalz eine Pflichtstation ist, daß aber die Auslese der aus anderen Ländern nach Speyer abzuordnenden Referendare nach Elitegesichtspunkten erfolgt. Ich glaube doch, daß gerade eine solche Institution wie die Verwaltungshochschule Speyer die Möglichkeit bietet, den Referendar näher an die Verwaltung heranzuführen, als es unter den jetzigen Umständen in der Verwaltung selbst geschieht. Diese Chance sollte aber möglichst vielen, oder noch besser jedem Referendar, nicht nur in Rheinland-Pfalz, sondern auch in den anderen Ländern der Bundesrepublik, geboten werden. Vielleicht müßte man sich überlegen, die Verwaltungshochschule Speyer (oder evtl. eine oder zwei, drei Neugründungen ähnlicher Art) für die Referendarausbildung obligatorisch zu machen.

Das Studium an der Verwaltungshochschule sollte meines Erachtens am Anfang der Verwaltungsausbildung liegen, als eine Art Einführung in die verschiedenen Verwaltungsstationen, und dem Referendar die Möglichkeit der notwendigen Auffrischung seiner Kenntnisse im öffentlichen Recht bieten, bevor er in die Praxis entlassen wird. Dies, weil der Referendar nach ein- oder anderthalb Jahren justizieller Ausbildung gar nicht mehr mit den Fragen des öffentlichen Rechts vertraut ist; er hat sie in dieser Zeit völlig vernachlässigt. Vielleicht besteht eine Möglichkeit, die Verwaltungshochschule organisch in die juristische Ausbildung einzubauen, und dann einen Referendar in die Praxis zu entlassen, der nach diesem Semester Verwaltungshochschule weit mehr von der Praxis hat, als wenn er am Ende oder in der Mitte seiner Verwaltungsausbildung zur Verwaltungshochschule kommt.

Ein weiterer Punkt betrifft die Frage, daß die Vorlesungen des öffentlichen Rechts an der Universität noch einen sehr geringen Bruchteil des juristischen Studiums umfassen. Der Student betrachtet Vorlesungen über Allgemeine Staatslehre oder zur Verfassungsgeschichte oft nicht als öffentlich-rechtliche Vorlesungen, sondern ist geneigt, sie mehr oder minder in den Bereich der historisch-philosophischen Vorlesungen, sozusagen dem Studium generale einzuordnen; und das mag sogar teilweise gerechtfertigt sein. Woran es fehlt, ist der besondere Teil des Verwaltungsrechts. Auf diesem Gebict ist noch sehr viel zu tun. Das Verwaltungsrecht hat sich zwar so ausgedehnt, daß man es in seinen vielfältigen Verästelungen kaum mehr überblicken kann. Aber die Universität kann sich ja diesen neuen Fragen nicht verschließen. Längst fehlt uns ein Lehrbuch des Verwaltungsrechts, wie es Walter *Jellinek* einst geschrieben hat. Daß wir bei den in den letzten Jahren begonnenen Lehrbüchern des Verwaltungsrechts noch immer auf den „Besonderen Teil" warten müssen, ist vielleicht ein Zeichen dafür, daß sich der Überblick über das ganze Verwaltungsrecht auch dem Ordinarius weithin entzieht, daß nun auch er sich spezialisieren muß. Es muß aber die Möglichkeit geben, durch Vermehrung von Lehrstühlen an den Universitäten diese Lücken auszufüllen. Die Fakultäten müssen eben zwei oder drei Ordinarien besitzen, die das besondere Verwaltungsrecht oder einzelne Gebiete des besonderen Verwaltungsrechts lesen.

Das Problem, geeignete Leiter für die Referendar-Arbeitsgemeinschaften zu gewinnen, läßt sich sicherlich lösen, wenn die für die Ausbildung in der Verwaltung zuständigen Stellen tatsächlich bemüht sind, auch in die Landratsämter einzudringen und nach geeigneten Ausbildern wirklich mit der Laterne zu suchen. Herr Ministerialdirigent *Brunner* hat schon darauf hingewiesen, daß es Wege gibt, von den jungen Assessoren zu erfahren, welcher Ausbilder einst angekommen ist und den jungen Referendaren die Augen für die Verwaltung geöffnet hat. Es wird vielleicht auch für eine Übergangszeit nicht zu umgehen sein, hauptamtliche Ausbildungsleiter einzusetzen; eine Intensivierung der Verwaltungsausbildung ist jedenfalls dringend notwendig, und gerade die Ausbildung in den Arbeitsgemeinschaften kann wirklich fruchtbringend gestaltet werden. Ich habe zwar aus den gestrigen Vorträgen entnommen, daß es in Niedersachsen und in Bayern wohl sehr gute Arbeitsgemeinschaften gibt, möchte aber annehmen, daß man dies nicht von allen Ländern sagen kann. Aus meiner Kenntnis (nicht zuletzt auch als Assistent eines Universitätsinstituts, dem Referendare für die freie Ausbildungsstation überwiesen oder in dem Referendare als wissenschaftliche Hilfskräfte tätig sind) glaube ich feststellen zu können, daß diese guten Erfahrungen nicht sehr weit verbreitet sind.

Und nun hat mich noch ein besonderes Problem in den Ausführungen von Herrn Staatssekretär *Loschelder* angesprochen: Die Frage des Ferienpraktikums nach vier Semestern juristischen Studiums und seine Ausdehnung auch auf die Verwaltung. Ich finde diesen Vorschlag sehr interessant und diskutierenswert, glaube aber, daß der hierfür vorgesehene Zeitpunkt innerhalb des juristischen Studiums genauso verfrüht ist, wie für das justizielle Ferienpraktikum nach den Vorschlägen des Arbeitskreises für Fragen der Juristenausbildung. Der Verband Deutscher Studentenschaften/Fachverband Rechtswissenschaften hat seinerseits den Vorschlag gemacht, die prozeßrechtlichen Vorlesungen für die Zulassung zum Ferienpraktikum vorauszusetzen. Man müßte vielleicht ein entsprechendes Pendant im öffentlichen Recht finden; mindestens sollte aber das allgemeine Verwaltungsrecht bereits gehört worden sein.

Senatsdirektor Luster

Unter ein und demselben Thema haben wir in den letzten beiden Tagen, wenn ich recht gesehen habe, zwei verschiedene Fragen behandelt, und zwar erstens die Frage: Wie verbessern wir ganz allgemein die Juristenausbildung? zum anderen die Frage: Wie erreichen wir innerhalb der Juristenausbildung eine bessere Vorbereitung für den höheren Verwaltungsdienst? Die Unterschiedlichkeit dieser beiden Fragen muß gesehen werden.

Ich möchte zunächst zu der ersteren ein Wort sagen: Wie verbessert man die Juristenausbildung überhaupt? Bei diesem Punkt nämlich sollten wir meines Erachtens beginnen, wenn wir die Forderung nach einer Ausweitung des öffentlichen Rechts im Juristenstudium stellen. Die Meinung, dann, wenn wir das öffentliche Recht stärker berücksichtigen, werden wir eine bessere Vorbereitung für den höheren Verwaltungsdienst erzielen, ist richtig und zutreffend, sie berücksichtigt aber den zweiten Grund zuerst. Wenn wir uns als Verwaltungsjuristen in das Tauziehen mit den Justizjuristen darum begeben, ob das Verhältnis von privatem und öffentlichem Recht im Studium 3 : 1 oder 2 : 1 oder gar 1 : 1 sein sollte, dann sollten wir für unsere Forderung den Hauptgrund zuerst angeben. Dieser Hauptgrund aber ist nicht ein verwaltungspolitischer oder verwaltungsausbildungspolitischer, er ist vielmehr ein politischer schlechthin. Herr Professor *Ule* hat heute morgen, wenn ich mich recht erinnere, Herrn Professor *Werner* dahin zitiert, daß Verwaltungsrecht konkretisiertes Verfassungsrecht sei. Wenn das richtig ist, dann muß es auch in unserem Falle gelten, dann auch in der Ordnung der Justizausbildung, die ja Verwaltungsrecht ist. Nach unserer Verfassung, nach dem Grundgesetz, leben wir in einem sozialen Rechtsstaat, also nicht in einem — hier will ich niemandes Gefühl verletzen — liberalen Rechtsstaat. Und wenn das so ist, dann müssen wir schon das Recht dieser sozialen Gemeinschaft, dieses Gemeinschaftsrecht, eben das öffentliche Recht, auch im juristischen Studium, auch im Vorbereitungsdienst, seine gehörige Auswirkung finden lassen. Und dann ist es nicht so, daß die Unterscheidung nur dahin getroffen werden kann, daß das eine, das öffentliche Recht, von den Verwaltungsjuristen und das andere, das private Recht, von den Ziviljuristen geübt wird, sondern dann müssen wir sehen, daß es sich bei beiden Rechtsgebieten um die zwei jeweils verschiedenen Wirkungsbereiche der einen Gerechtigkeit handelt. Wir haben es einmal mit der justitia commutativa und das andere Mal mit der justitia distributiva zu tun. Beide Bereiche erfordern von dem Juristen verschiedene Denkkategorien. Wenn zum Beispiel jemand darüber zu entscheiden hat, wem von zweien der eine Mantel jetzt noch zukommt, und er feststellt, der eine hat schon zehn Mäntel, der andere aber hat noch keinen, dann ist dies möglicherweise unter zivilrechtlichen Gesichtspunkten ganz anders zu entscheiden als bei öffentlich-rechtlicher Betrachtungsweise. Hat nämlich der eine dem anderen seinen Mantel weggenommen, so gebührt diesem der weggenommene Mantel unabhängig davon, daß er noch zehn andere Mäntel besitzt, der andere aber nach der Herausgabe dieses Mantels nicht einen einzigen mehr besitzen würde. Unter dem Gesichtspunkt der verteilenden Gerechtigkeit, der justitia distributiva, wäre die gleiche Frage möglicherweise ganz anders zu entscheiden. Die Denkkategorien sind eben andere. Und darum meine ich, daß es sich bei der Frage nach der Aufteilung der Studien- und Vorbereitungsdienstzeit in Zeiten der Beschäftigung mit privatem Recht und solche der Beschäftigung mit öffentlichem Recht um eine vornehmlich politische Frage handelt. Da allerdings scheint mir, können und dürfen sich die Justizjuristen mit den Verwaltungsjuristen nicht streiten. Hier können wir nur einer Meinung sein. Unser Staat, dieser soziale Rechtsstaat, braucht in allen Bereichen, nicht nur in denen der Verwaltung, Juristen, die das private wie das öffentliche Recht gleich gut nicht nur zu handhaben wissen, sondern die in den Kategorien beider Bereiche denken können. Anderenfalls nämlich entglitte die Zuständigkeit des Juristen immer mehr an andere Berufsgruppen. Soviel zu dieser ersten Frage: Wie kommen wir zu besseren Juristen schlechthin?

Die zweite Frage nun, die wir in diesen Tagen behandelt haben: Wie kommen wir zu besseren Verwaltungsjuristen? ist wirklich eine ganz von der ersten zu trennende. Hier unterscheide ich mich in einigem von dem, was Herr Dr. *Loschelder* uns vorgetragen hat. Ich meine die Dauer des Vorbereitungsdienstes. Meine Bedenken gehen dahin, ob es sich über das hinaus, was ich soeben zu der ersten Frage der Verbesserung der Juristenausbildung schlechthin gesagt habe, verlohnt, über eine andersartige Verteilung von privatem und öffentlichem Recht innerhalb des Vorbereitungsdienstes unter dem Gesichtspunkt der besseren Vorbereitung junger Juristen für den Beruf des Verwaltungsjuristen zusätzliche Erwägungen anzustellen. Haben wir eine richtige Verteilung von öffentlichem und privatem Recht unter dem Gesichtspunkt der Verbesserung der Juristenausbildung schlechthin erreicht, so braucht meines Erachtens die Verteilung unter dem Gesichtspunkt besserer Verwaltungsjuristen-Vorbildung nicht in anderer Weise zu erfolgen. Dies müßte nur dann geschehen, wenn man anstrebte, in dem juristischen Vorbereitungsdienst eine abgeschlossene Ausbildung für den Beruf des Richters oder des Verwaltungsbeamten vorzunehmen. Das aber kann nicht der Sinn des Vorbereitungsdienstes sein. Es wird keine Verwaltung ohne eine besondere fachliche Ausbildung des nach dem Assessorenexamen bei ihr eintretenden Juristen auskommen, wenn sie tüchtige Regierungsräte haben will. Das wissen wir alle. Der Regierungsrat muß das Haushaltsrecht beherrschen. Der Rechtsanwalt, der Richter und der Syndikus in der Privatwirtschaft brauchen das nicht. Diese hinwiederum bedürfen anderer besonderer Kenntnisse und jeweils verschiedener, ob sie nun Rechtsanwalt, Richter oder Syndikus sind. Alle diese besonderen Kenntnisse innerhalb des Vorbereitungsdienstes vermitteln zu wollen, erschiene mir unnötig und untunlich. Und wenn ich von diesem Standpunkt ausgehe, daß auch die Verwaltung selbst bei bester Ausgestaltung des Vorbereitungsdienstes dem jungen Verwaltungsjuristen nach seinem Eintritt in den Verwaltungsdienst die besonderen Fachkenntnisse erst noch vermitteln muß, dann stelle ich die Frage, ob man nicht mit weniger als drei Jahren Vorbereitungsdienst auskommen kann und muß.

Herr Professor *Ule* hat uns heute morgen gesagt, daß man in der Sowjetzone insgesamt mit einer viel kürzeren Juristenausbildung auskommt. Ich will gewiß nicht behaupten, daß das für uns beispielgebend sein kann. Es ist dies aber ein interessanter Hinweis. Auch bei uns sind in der Nachkriegszeit viele Juristen mit einer für Kriegsteilnehmer verkürzten Vorbereitungsdienstzeit ausgekommen, und diese Verkürzung hat offenbar nicht zu nachteiligen Ergebnissen geführt. Wenn wir mit der Neuordnung des Vorbereitungsdienstes und des Studiums die Juristenausbildung allgemein straffen und verbessern wollen, dann muß es möglich sein, die Vorbereitungsdienstzeit zu verkürzen. Ähnliches wäre auch vom Standpunkt der Justiz festzustellen. Das hat Herr *Terstegen* bereits angedeutet. Wir alle wissen, daß es durchaus möglich ist, daß ein frisch examinierter Assessor unmittelbar bei seinem Eintritt in den Justizdienst zum Beispiel als Einzelrichter in der Strafjustiz verwendet wird. Herr Professor *Erdsiek* führte dies bereits an. Niemand wird aber bestreiten, daß einem solchen jungen Strafrichter das Wissen einer ganzen Reihe von Dingen nützlich wäre, mit denen er jedenfalls planmäßig in Studium und Vorbereitungsdienst nicht zusammengekommen ist, wie zum Beispiel, um diese beiden herauszugreifen, die Psychologie und die Kriminologie. Sieht man dies klar, so wird man dem Vorbereitungsdienst künftig lediglich die Aufgabe zuweisen können, die im Studium erworbenen Rechtskenntnisse bei praktischer Übung in verschiedenen Tätigkeiten eines Juristen zu bewähren und zu vertiefen und dabei zugleich die für die eigene Berufswahl erforderlichen persönlichen und sachlichen Einsichten zu gewinnen. Man wird dann bei Erörterung der zeitlichen Dauer eines solchen Vorbereitungsdienstes nicht die Tatsache übersehen können, daß in der großen politischen, wirtschaftlichen und gesellschaftlichen Auseinandersetzung unserer Tage auch die Ausbildungsökonomie nicht außer Betracht bleiben kann. So wird man schließlich zu der Forderung kommen müssen, den Vorbereitungsdienst — allerdings in einer erheblich zu straffenden Form — auf zwei Jahre zu beschränken, innerhalb deren man mit einer halbjährigen möglichst bei einer Behörde abzuleistenden Verwaltungstätigkeit und einer dreimonatigen wahlweisen Verwaltungsgerichtsstation oder der Teilnahme an einem Semester an der Hochschule für Verwaltungswissenschaften auskommen wird.

Vielleicht sollte die Hochschule in Speyer im übrigen stärker, ich will nicht sagen an der Ausbildung, aber doch an der Weiterbildung der fertigen, nunmehr in der Verwaltung tätigen Juristen teilnehmen. Ich weiß, daß hier gewisse Schwierigkeiten vom Status einer Hochschule und den Körperschaftsrechten ihrer Mitglieder herrühren können. Dennoch halte ich gewisse noch zu besprechende Wege für gangbar, die die Freiheit von Forschung und Lehre an der Hochschule nicht nur nicht zu beeinträchtigen brauchen, sondern der Forschung sogar sehr nützlich sein können. Wir sollten darüber nachdenken. Denn, wissen Sie, ganz ehrlich gesagt, es schmerzte mich, wenn dieses schöne Haus, die beachtlichen Leistungen, die hier erzielt werden, die viele Kraft, die in diesem Hause aufgewendet wird, wenn all dies ausschließlich den Referendaren zugute käme und nicht auch Assessoren, Regierungsräten und vielleicht noch diesem und jenem sonst.

Professor Dr. Bachof

In Anbetracht der vorgeschrittenen Zeit muß ich die Diskussionspunkte meines Notizenzettels erheblich zusammenstreichen.

Einige Worte zur Dauer des Studiums und der Referendarzeit: Ich habe die nachdrückliche Bitte an diejenigen Herren, die für die Studienreform zuständig sind, sie möchten die derzeitige Mindestdauer des

Studiums *nicht* erhöhen. Ich teile zwar die Auffassung des Fakultätentages, daß 8 Semester in aller Regel erforderlich sind. Trotzdem sollte man es bei der Mindestdauer von 7 Semestern belassen; und zwar nicht nur, weil man die Chance der wenigen Hochbegabten, ihr Studium rascher zu absolvieren, nicht beseitigen sollte, sondern mehr noch aus dem von Herrn Staatssekretär *Loschelder* erwähnten Grund: jede Erhöhung der *Mindest*dauer erhöht automatisch auch die *Durchschnitts*dauer des Studiums. Als ich studierte, betrug die Mindestdauer 6 Semester, in der Praxis hat man durchschnittlich 7—8 Semester studiert; heute beträgt die Mindestdauer 7, man studiert praktisch 8—10 Semester. Erhöhen Sie die Mindestdauer auf 8 Semester, so werden wir in der Praxis ein Studium von 11 Semestern erhalten! Wenn Sie die Referendare fragen, so werden Sie freilich fast einhellig die Ansicht hören, die Studienzeit sollte auf Kosten der Referendarzeit verlängert werden. Das bedeutet doch wohl, daß die Referendare die Effektivität des Studiums, trotz aller daran zu übenden berechtigten Kritik, höher bewerten als den Nutzen der Referendarzeit. Trotzdem möchte ich, ich wiederhole es, nicht für eine Erhöhung der Studienzeit eintreten; wohl aber möchte ich, wie meine Vorredner, zu erwägen geben, ob man die Referendarzeit nicht doch noch weiter als vorgesehen beschränken sollte. Ich bin der Ansicht, daß man mit 20 Monaten justizieller Ausbildung und mit 10 Monaten Verwaltungsausbildung, insgesamt also mit 2 1/2 Jahren, auskommen könnte. Dadurch würde man der derzeitigen Überfüllung des Vorbereitungsdienstes entgegenwirken und damit zugleich einen der Gründe für die unzulängliche Ausbildung der Referendare beseitigen; die kürzere Zeit würde durch die höhere Intensität der Ausbildung m. E. mehr als ausgewogen. Es kommt ein anderes hinzu: Gegenüber meiner Studien- und Ausbildungszeit sind unsere Referendare heute im Durchschnitt 4 Jahre älter, als wir es damals waren. Die Schulzeit ist um ein Jahr verlängert worden, das Studium dauert praktisch 1—2 Jahre länger, die Referendarzeit wurde um ein halbes Jahr verlängert, hinzu kommt noch die Wehrdienstzeit. Das macht im Schnitt rund 4 Jahre aus. Es scheint mir dringend notwendig zu sein, dafür zu sorgen, daß unser Nachwuchs etwas rascher in die Praxis gelangt und etwas früher in die Verantwortung gestellt wird — in einem Lebensalter, in dem die jungen Leute in stärkerem Maße noch aufnahme- und bildungsfähig sind als in dem heute üblichen Assessorenalter von 30 und mehr Jahren, in welchem sie überdies oft schon Familienväter und deshalb nicht mehr so beweglich sind und nicht mehr so leicht versetzt werden können. Kurz und gut, sie müssen wieder in jüngerem Alter in die Verantwortung hinein.

Damit komme ich zu einer anderen Forderung, die Herr *Loschelder* gleichfalls schon erhoben hat und die ich ganz nachdrücklich unterstreichen möchte: Versuchen Sie, bereits den *Referendaren* Verantwortung zu übertragen! Die heutigen Referendare sind sicher nicht dümmer und unreifer als wir es zu unserer Zeit waren; sie sind, wie gesagt, im Schnitt sogar vier Jahre älter. Wenn wir, die um vier Jahre Jüngeren, damals verantwortliche Posten ausfüllen konnten, so können unsere heutigen Referendare das sicherlich auch. Ich will hier keine Plaudereien aus meinem Leben darbieten; wenn ich trotzdem einiges aus meiner Ausbildungszeit berichte, so nicht, weil es sich gerade um mein eigenes Erleben handelt, sondern weil dies für die damalige Ausbildung, jedenfalls der Referendare in der Verwaltung, typisch war. Ich bin mit nicht ganz 22 Jahren als Regierungsreferendar ans Landratsamt gekommen. Es war nicht nur selbstverständlich, daß ich Urlaubsvertreter meines eigenen Landrats war — die preußischen Landratsämter hatten damals durchweg weder Regierungsräte noch Assessoren, der Landrat war der einzige höhere Beamte —, sondern ich habe auch die Urlaubsvertretungen von Nachbarlandratsämtern wahrgenommen und also diese Ämter zeitweilig geführt. Ein halbes Jahr später wurde ich kommissarischer Bürgermeister, um eine Gemeinde von etwa 8000 Einwohnern, deren Verwaltung völlig desorganisiert war, wieder in Ordnung zu bringen. Wieder ein halbes Jahr später, im Alter von 23 Jahren, war ich als Referendar am Finanzamt in Verden tätig und versuchte eben, nach drei Wochen dortiger Tätigkeit zu begreifen, was auf die rechte und was auf die linke Seite einer Bilanz gehöre und was der Unterschied zwischen einer Steuer- und einer Handelsbilanz sei. Das war mir noch nicht recht gelungen, als mich der Oberfinanzpräsident in Bremen zu sich rufen ließ und mich fragte, ob ich den zu einer sechswöchigen Wehrmachtsübung einberufenen Leiter des Finanzamts vertreten könne. Nach bestem Wissen und Gewissen hätte ich die Frage eigentlich verneinen müssen; als preußischer Regierungsreferendar habe ich sie selbstverständlich bejaht. Und es ist dann auch ganz gut gegangen! Ich möchte nochmals betonen: die Betrauung mit solchen Aufgaben war für die Regierungsreferendare der preußischen Verwaltung etwas durchaus Normales, keineswegs irgendeine Ausnahme.

Nun kann man natürlich sagen, so etwas habe sich bei der kleinen und gesiebten Auslese der Regierungsreferendare machen lassen; sicher kann man das nicht mit allen Referendaren machen, die heute vorübergehend in die Verwaltung gesteckt werden. Trotzdem glaube ich, daß auch unter ihnen eine ganze Reihe guter Kräfte sind, und daß man die Spitzenkräfte nach einer gewissen Einarbeitungszeit mit gutem Gewissen auch einmal auf verantwortliche Posten stellen kann. Das würde einerseits einen Anreiz für die Referendare geben; ich könnte mir denken — denn solche Betrauung wäre ja eine Auszeichnung —, daß die Referendare sich dann auch mehr Mühe geben und die Verwaltungsstation nicht mehr nur als eine quantité négligeable betrachten würden, vielmehr würden sie dort eine echte Chance erblicken, wirklich etwas zu lernen. Und zum andern könnten manche Referendare dann für die Verwaltung auch eine echte Hilfe sein und nicht bloß eine Belastung, als die sie heute durchweg empfunden werden.

Noch eine letzte Bemerkung zu Herrn *Brintzinger*. Er hat gemeint, man solle die Zeit in Speyer an den *Anfang* der Verwaltungsausbildung stellen. Nun leuchtet mir zwar ein, daß für die praktische Verwaltungsausbildung eine vorherige Information in Speyer, etwa über Aufgaben und Organisation eines Regierungspräsidiums usw., ganz nützlich sein könnte. Aber der Nachteil einer solchen Regelung wäre doch wohl größer als der Vorteil. Die größte Schwierigkeit für unseren Universitätsunterricht im Verwaltungsrecht besteht, mehr als in irgendeinem anderen Fach, darin, daß den Studenten jegliche Anschauung des Gegenstandes fehlt. Es ist z. B. viel leichter, Allgemeine Staatslehre oder Staatsrecht zu unterrichten, vom Zivilrecht ganz zu schweigen, als Verwaltungsrecht; denn es fehlt dem Studenten jegliche praktische Anschauung dessen, was Verwaltung ist und wie sie funktioniert. Ich habe es gerade als einen besonderen Vorzug der Speyerer Hochschule empfunden und meine Speyerer Kollegen manchmal darum beneidet, daß sie Referendare ausbilden, die zwar sicher noch keine perfekten Verwaltungsbeamten sind, die aber doch schon ein gewisses Mindestmaß an Anschauung von der Verwaltung mitbringen und die schon einige praktische Erfahrungen besitzen, die nun hier in Speyer systematisiert und fruchtbar gemacht werden können. Ich glaube deshalb nicht, daß man der Ausbildung einen Gefallen damit täte, wenn man nun auch den Speyerer Kollegen nur solchen Nachwuchs schickt, der noch keinerlei Vorstellung von praktischer Verwaltung hat. Herr *Ule* schüttelt, wie ich sehe, nachdrücklich den Kopf; wir sind uns also in diesem Punkte offenbar einig.

Professor Dr. Mayer

Ich möchte Herrn Kollegen *Bachof* voll zustimmen, daß ein postuniversitäres Hochschulstudium nur Sinn haben kann, wenn der Referendar bereits eine gewisse praktische Anschauung besitzt. Ich habe selbst im vergangenen Semester in der Arbeitsgemeinschaft einige Referendare aus Bayern gehabt, die unmittelbar nach ihrem Dienstantritt beim Landratsamt am zweiten Tage ihrer Verwaltungsausbildung nach Speyer gefahren sind. Die übrigen Referendare waren mit der Verwaltungsausbildung fast fertig. So war ein zu starkes Gefälle im Stand der Ausbildung gegeben; man konnte über verschiedene Dinge erst sprechen, wenn vorweg eine Art Sonderunterricht für diese Referendare gegeben wurde. Ich kann also Herrn *Bachof* nur zustimmen. Ich bitte dringend darauf zu achten. Es ist wesentlich, daß hierzu Stellung genommen wird, da ja die Herren anwesend sind, die für die Abordnung der Referendare verantwortlich zeichnen.

Regierungsrat Privatdozent Dr. Zacher

Ich fühle mich zunächst gleich aufgerufen, zu der zuletzt angesprochenen Frage Stellung zu nehmen, nämlich der Abordnung der Referendare nach Speyer. Das läßt sich oft kaum anders machen, als daß die Referendare in einem sehr frühen Stadium ihrer Verwaltungsausbildung hierher abgeordnet werden; denn die Semester finden nur zu bestimmten Zeiten statt, nicht gerade dann, wenn der Referendar ein gewisses fortgeschrittenes Stadium erreicht hat. Das Semester muß eingepaßt werden in den *ganzen* Ausbildungsgang. Es wird sich in Zukunft, nachdem in Bayern die Zeit, die der Referendar bei der Regierung verbringt, auf 3 Monate verkürzt ist, gar nicht mehr vermeiden lassen, daß der Referendar fast regelmäßig am Ende seiner Kreisverwaltungsstation nach Speyer kommt.

Das war aber nicht das, wozu ich eigentlich Stellung nehmen wollte, sondern ich wollte noch etwas ergänzend sagen zu dem, was Herr Staatssekretär *Loschelder* die „sinnvolle Gestaltung" der Ausbildung des Referendars in der Verwaltung genannt hat. Und zwar möchte ich eigentlich ein bißchen vor den bayerischen Türen kehren. Ich würde das nicht tun, wenn ich nicht glauben würde, daß die Verhältnisse hier und dort in einem anderen Lande ähnlich sind. Herr Prof. *Mayer* hat in seinem Einführungsvortrag bereits darauf hingewiesen, daß die Justiz nach dem Krieg die Vorhand bei der Referendarausbildung hatte und den Stil der Referendarausbildung auch für die Verwaltung geprägt hat. Mir ist nicht recht erklärlich, warum sich gerade in Bayern die Tradition der eigenständigen Verwaltungsausbildung nicht stärker wieder durchgesetzt hat. Der Stil, der von der Justiz geprägt wird, drückt sich vor allem darin aus, daß der Referendar vorwiegend am Akt, am Vorgang, angesetzt wird. So wie bei der Justiz im Prozeß der Vorgang, der durch einen Antrag, eine Klage oder eine Anklage eingeleitet ist und durch eine Entscheidung abzuschließen ist, den Referendar beschäftigt, so wird auch bei der Verwaltung der Referendar an einem Fall beschäftigt, der irgendwie einmal in Gang gesetzt wurde. Es interessiert ihn nicht mehr, wie er in Gang gekommen ist. Er hat jetzt den Fall vor sich und jetzt soll er irgendeine Entscheidung, womöglich eine schwierige Entscheidung machen. Und zum anderen kennzeichnet sich dieser Justizstil darin, daß, wie bei der Justiz, Amtsgericht und Landgericht so schön verteilt sind, auch bei uns, bei der Verwaltung, Unterinstanz und Mittelinstanz sich die Waage halten. Nun wäre dazu folgendes zu sagen:

Wir haben eine Einheitsausbildung und werden sie voraussichtlich nach den Reformvorschlägen behalten. Für diese Einheitsausbildung — oder Doppelausbildung, wie Sie sie genannt haben, Herr Professor *Mayer* — ist es selbstverständlich, daß sie anfängt mit der Justizausbildung. Das bedeutet, daß die Verwaltung sich in ihrer Referendarausbildung konzentrieren kann und muß auf das, was der Referendar bei der Justiz nicht lernt, was er aber lernen soll und was er bei der Verwaltung lernen kann, also auf den spezifischen Gegenstand der Verwaltung. Was ist nun dieser spezifische Gegenstand, den die Verwaltung dem Referendar lehren soll? Hinsichtlich des Unterrichtsstoffes als Rechtsstoff und als tatsachenwissenschaftlicher Stoff (im Sinne der Verwaltungslehre) besteht kein großer Zweifel. Da hat man sich nie großen Irrungen hingegeben. Man weiß: Staatsrecht, Verwaltungsrecht usw. Aber woran ich mich stoße ist, daß man zu wenig den methodischen, den arbeitsmethodischen Unterschied erkennt und vor allem das Spezifische der Verwaltungsarbeit zu wenig in den Vordergrund der Referendarausbildung bei der Verwaltung stellt. Es ist schwer, das zu formulieren, vor allem in kurzer Zeit zu formulieren, aber ich möchte sagen unspezifisch und uninteressant für die Verwaltungsausbildung ist — wenn wir davon ausgehen, daß uninteressant das ist, was der Referendar auch bei der Justiz lernen kann — die Anwendung des Rechts auf vorgetragene und überprüfte Sachverhalte nach Maßgabe gestellter Anträge. Das ist die richterliche Tätigkeit normalerweise, das was Herr *Less* vor allem als Subsumtionstätigkeit bezeichnet hat. Das ist gewiß heute auch die Masse der Verwaltungsarbeit. Davon soll sich aber die Verwaltung nicht irreführen lassen. Deswegen soll sie nicht noch einmal diese Methode, die der Referendar ja schon bei der Justiz gelernt hat, in den Vordergrund stellen. Als für die Verwaltung spezifisch im Vordergrund stehen muß dagegen das Handeln auf eigene Initiative, die eigenverantwortliche, stets wache Kontrolle des öffentlichen Lebens durch die Verwaltung. Das muß der Referendar bei der Verwaltung in erster Linie lernen. Das muß der Schwerpunkt der Referendarausbildung bei der Verwaltung sein. Welche Folgerungen sind nun hieraus zu ziehen? Ganz gewiß, daß der Akt, der prozeßähnliche Akt, im Hintergrund stehen muß. Der Referendar soll an die kontinuierliche Verwaltungsarbeit herangeführt werden. Er soll sehen, wie die Initiative der Verwaltung keimt. Das ist natürlich ungemein schwierig, das ist ja ein Wachstumsvorgang, den zu beobachten fast so schwer ist, wie das Gras wachsen zu sehen. Aber es ist nicht ganz so schlimm und deshalb vielleicht doch durchführbar. Also: Der Referendar soll sehen, wie in der Verwaltung die eigenverantwortliche Tätigkeit des Beamten zum Tragen kommt.

Im einzelnen bedeutet das: Der Referendar muß an die Front der Verwaltung, in erster Linie dorthin, wo das blutvolle Leben der Verwaltung pulsiert; er muß an die Kreisverwaltungsbehörde. Das bedeutet gerade für uns in Oberbayern ein ganz besonderes Problem. Wir haben die ungeheure Ballung in München. Jeder Referendar will in München ins Theater gehen, er will in Schwabing sein usw.; er will natürlich auch in den Bibliotheken seine Dissertation schreiben. Aber wir müssen — das ist ein spezifisches Problem, das nur uns betrifft — versuchen, die Leute hinauszudrängen auf die Kreisverwaltungsbehörden; wirklich so, daß nur ein oder zwei Referendare bei einer Kreisverwaltungsbehörde sind. Das muß ein Programm werden für uns.

Zweitens etwas, was in der bayerischen JuVAPO im gegenwärtigen Stadium nicht im Vordergrund steht: die Tätigkeit bei der Gemeinde müßte mehr in den Vordergrund treten. Wie das im einzelnen geschehen soll, ist eine Frage, die ich hier nicht beantworten kann.

Dann ein Problem, das Herr Staatssekretär *Loschelder* angeschnitten hat, dem ich einen etwas anderen Akzent geben möchte. Man soll *keine* Scheu haben vor dem Kontakt des Referendars mit dem gehobenen Beamten. Auch das ist eine Art und Weise, wie er an das Verwaltungsleben herangeführt werden kann. Allerdings ist zuzugeben, daß gerade die Inspektorenverwaltung nicht oder selten die tragende Initiativverwaltung ist. Aber wenn der Referendar das Verwaltungsleben, das kontinuierliche Verwaltungsleben erleben soll, dann muß er auch den Kontakt mit dem gehobenen Beamten haben. Natürlich immer unter dem Gesichtspunkt, daß er als höherer Beamter ausgebildet werden soll. Er muß aber gerade deshalb wissen, was der gehobene Beamte tut.

Dann ein besonderes Problem, das wahrscheinlich sehr viel Schwierigkeit in der Praxis in Bayern bieten wird, weil es uns sehr ungewohnt ist: Das ist die Anwesenheit des Referendars bei der Behörde. Das hat nichts mit der Einhaltung der Dienststunden zu tun, sondern es geht darum, daß der Referent dem Referendar sagt: dann und dann erwarte ich, daß Sie da sind; dann haben wir einen Verwaltungsvorgang, in den können Sie eingeschaltet werden.

Und damit bin ich — ich bin eben zur Eile gedrängt worden — bereits beim nächsten Punkt, nämlich, daß der Referendar möglichst intensiv in das Verwaltungsgeschehen — möglichst verantwortlich, wie Herr Professor *Bachof* sagte — eingeschaltet wird. Das hat drei Nutzeffekte: 1. weckt es das Interesse des Referendars; 2. macht es das Planspiel überflüssig, von dem hier so viel die Rede war und das m. E. nicht in die Arbeitsgemeinschaft gehört und nicht in der Arbeitsgemeinschaft aufgenommen werden braucht, wenn die Verwaltungsausbildung dem Referendar die praktische Anschauung bietet, die er in der Verwaltungsausbildung bekommen soll. Das Planspiel ist in der Verwaltung in der

Arbeitsgemeinschaft ein Fremdkörper, ein Surrogat der Verwaltungsausbildung; und wenn die Verwaltungsausbildung richtig ist, ist das Planspiel in der Arbeitsgemeinschaft überflüssig; 3. könnte man sich denken, daß bei hinreichend langer Zuweisung eines Referendars zu einem bestimmten Beamten ein Ausbildungsstand erreicht wird und ein gesteigertes Interesse des Referendars geweckt wird, so daß aus dem Belästigungseffekt, den der Referendar meist hervorruft, ein gewisser Nutzeffekt wird. Der Ausbilder kann dann unter gewissen Umständen sogar eine Entlastung erfahren.

Damit möchte ich aber nicht sagen, daß es mit dieser Ausbildung getan ist; denn die Masse des Stoffs kann in dieser Station „Kreisverwaltung" nicht bewältigt werden. Die Masse des Stoffs und die Fülle der Verwaltung setzt voraus, daß der Referendar mindestens einen Blick auch wirft in die Mittelinstanz und mindestens einen Blick auch wirft in die Verwaltungsgerichtsbarkeit.

Ministerialrat a. D. Geffers

Angesichts der fortgeschrittenen Zeit sehe ich davon ab, all die Dinge jetzt erneut anzusprechen, in denen ich mit Herrn Staatssekretär *Loschelder* übereinstimme. Ich beschränke mich auf die Punkte, denen gegenüber ich Bedenken anmelden muß, und sie sind erfreulicherweise von Herrn Staatssekreätr *Loschelder* schon in den Ansätzen angedeutet und mehrfach aufgegriffen. Das ist einmal die außerordentliche Zeitdauer der Ausbildung, die ich doch mit einigen Zeitangaben belegen muß, und das andere die Ausbildungsmöglichkeiten, die unsere Verwaltung hat — gemessen an der riesig großen Zahl der auszubildenden Referendare. Ich habe gestern und heute mich des Eindrucks nicht erwehren können, daß wir hier stark von Idealbildern, dem, was wir wünschen, ausgehen und die Wirklichkeiten mit freundlichen Gesten gelegentlich etwas übergehen.

Zur Ausbildungsdauer: Ich habe mir in Niedersachsen die Zahlen für das Alter der Abiturienten geben lassen. In einem Jahr 19,9, am 1. März genau 20 Jahre, im anderen Jahr über 20 Jahre als Durchschnittsalter der Ausbildung. Wenn wir davon ausgehen, daß Abiturienten, die ihre Wehrpflicht erledigen, auch wohl bis zum Reserveoffizier ausgebildet werden müßten, kommen zwei Jahre dazu. Das sind 22 Jahre. Sieben Semester Studium in Norddeutschland, ein weiteres für das Referendarexamen ergeben 4 Jahre und damit ein Lebensalter von 26 Jahren. Bei 3 $^1/_2$ Jahren Ausbildung und $^1/_2$ Jahr für das zweite Examen ist der Assessor 30 Jahre alt, wenn er nirgendwo hängengeblieben ist. Und es gibt ja auch noch manche, die promovieren; andere machen Auslandsreisen, und schließlich qualifiziert es ja nicht jeden Referendar und späteren Juristen ab, wenn er sich in irgendeiner Stelle mehr Zeit gönnt. An das Assessorexamen schließt die Finanzverwaltung eine eigene Ausbildung von 1 1/2 Jahren mit 3 Lehrgängen an — sie nennt das im Unterschied zur allgemeinen Verwaltung ehrlich Ausbildung —, so daß die Herren, ehe sie erstmalig selbständig tätig sind (und dann auch unter Aufsicht in der Einarbeitungszeit), rund 32 Jahre alt sind. Herr Staatssekretär *Loschelder* hat schon angedeutet, welches Unbehagen und welche Bedenken er hat, daß in diesem Augenblick der Referendar oder junge Verwaltungsbeamte so ausgeprägt sein wird, daß er nicht mehr stark beeinflußt werden kann. Ich bewerte den Einfluß auf die Persönlichkeitsbildung, den verantwortliche Tätigkeit in sehr jungen Jahren ausübt, außerordentlich hoch. Wenn wir unsere Referendare in der Verwaltung jetzt in so hohem Maße subaltern halten müssen, weil wir sie nicht mehr in gleicher Weise in Verantwortungen hereinbringen können, wie das bei den wenigen für die Verwaltung wirklich benötigten preußischen Regierungsreferendaren möglich war, dann liegt darin einer der wundesten Punkte unserer ganzen Ausbildung.

Der andere wunde Punkt sind die Ausbildungsmöglichkeiten. Wir haben nach den Haushaltsplänen der Bundesrepublik für 1962 außer Bremen (die Zahlen konnte ich aus dem Haushalt nicht herauslesen) über 12 000 Referendare in der Ausbildung. Das bedeutet, daß 3000 bis 4000 Referendare gleichzeitig in der Verwaltungsstation sind; ihnen stehen 425 Landratsämter gegenüber, die hier primär immer angesprochen waren; davon fallen aber mangels Eignung noch viele weg. Ich habe mir von sehr angesehenen süddeutschen Landräten erzählen lassen, daß sie gelegentlich 12 Referendare gleichzeitig haben. Was dabei herauskommt, braucht nicht illustriert zu werden. Wenn die Verwaltungsausbildung in der Kreisverwaltung, die noch die volle Breite der Verwaltung repräsentiert, nützlich sein soll, müßten die Referendare neben dem Durchlaufen der inspektorengeleiteten Stationen eigentlich die ständigen Begleiter der Landräte (Oberkreisdirektoren) in allen wesentlichen Geschäften sein. Wenn weiter 110 Referendare 20 Ausbildungsreferenten bei der Regierung zugewiesen werden, übernehmen wir völlig unsere Möglichkeiten. Bei einer Arbeitsgemeinschaft von 50 bis 60 Referendaren bleibt nichts anderes übrig als eine schulmäßige Ausbildung. Ich bin weit davon entfernt, irgendwelche Vorwürfe damit zu verbinden. Es geht gar nicht anders.

Welche Folgerungen sind daraus zu ziehen? Die Ausbildung des Referendars darf nur die Dinge umfassen, die wirklich alle Juristen benötigen. Den Verwaltungsjuristen, den wir brauchen, müssen wir nachher ausbilden; nur so werden wir unseren Möglichkeiten gerecht. Ich bin immer überrascht, wie sehr die Justiz die Ausbildungsabschnitte, die am meisten bieten, nämlich die Zivilkammern und, norddeutsch gesehen, die Zivilsenate der Oberlandesgerichte, in denen Votieren, Berichten und Entscheiden gelernt wird, vernachlässigt gegenüber Stationen, die jeder nach abgeschlossener Ausbildung in relativ kurzer Zeit unter Aufsicht erreichen kann. Ich bin deswegen der Meinung, wir sollten in der Verwaltung, weil wir einfach nicht alle ausbilden können und weil wir nicht bei allen Referendaren das notwendige Interesse finden, die Ausbildung für alle ein gehöriges Stück verkürzen, ein halbes Jahr, um später diejenigen, die wir wirklich übernehmen, in jüngerem Alter an den besten Ämtern, die uns zur Verfügung stehen, in einer Weise einzuführen, die früher die großen Ergebnisse in der Ausbildung und Prägung starker selbständiger Verwaltungsbeamter geschaffen hat.

Wiss. Assistent Assessor Dr. Quaritsch

Ich möchte an die Feststellung von Herrn Professor *Bachof* anknüpfen, die hier mittlerweile zum geflügelten Wort geworden ist, nämlich an den Satz: Die Studenten lernen im allgemeinen nur das, was geprüft wird. Wird das öffentliche Recht im Examen nicht ausreichend berücksichtigt, hat diese Einstellung zur Folge, daß der Referendar, wie das aus den beiden gestrigen Referaten über die Arbeitsgemeinschaften zu hören war, in der Verwaltungsstation erst das kleine öffentlich-rechtliche Einmaleins lernen muß, d. h. es muß ihm erst einmal wieder erzählt werden, was ein Verwaltungsakt und ein verwaltungsrechtlicher Vertrag ist. Das wäre genauso, als wenn der Referendar beim Amtsrichter oder Landgericht erstmals über Kaufvertrag und Diebstahl informiert würde. Wird also das öffentliche Recht im Referendarexamen nicht genügend geprüft, leidet allein schon dadurch die Effektivität der Ausbildung in der Verwaltung. Die Justizausbildungsordnung ist daran unschuldig. Die öffentlich-rechtlichen Fächer sind ausreichend berücksichtigt, und öffentlich-rechtliche Prüfer sollen auch stets zu den Prüfungen herangezogen werden. Die gegenwärtige Praxis sieht aber ganz anders aus. Oftmals fehlt in den Referendarexamen gänzlich ein öffentlich-rechtlicher Prüfer. Das hat zur Folge, daß etwa ein strafrechtlicher Extraordinarius ständig Erstvoten für die öffentlichrechtlichen Klausuren erstatten muß. Die Studenten haben Glück, denn er trommelt die Assistenten des öffentlich-rechtlichen Seminars zusammen und berät mit ihnen einige Stunden Fall und Fehler jeder einzelnen Arbeit. Es kann aber auch sein, daß ein Richter oder Anwalt, der beruflich nur mit Zivil- oder Strafrecht zu tun hat, als öffentlich-rechtlicher Prüfer eingesetzt wird. Was dann zuweilen bei der Beurteilung der Klausuren oder sogar in der mündlichen Prüfung herauskommt, nun, darüber laufen Geschichten herum, mit denen man ein juristisches Kabarett veranstalten könnte.

Das zweite ist dieses: Öffentlich-rechtliche Hausarbeiten werden in Hamburg nach meiner Schätzung etwa zwölf im Jahre geschrieben. Die Zahl liegt nach dem, was ich hier gehört habe, erheblich über dem Durchschnitt; sie wäre sehr viel höher, wenn der Kandidat die Gewißheit hätte, daß seine öffentlich-rechtliche Hausarbeit auch von einem öffentlich-rechtlichen Prüfer zensiert würde. Sicherlich kann auch ein Zivilrechtler einer Arbeit aus dem öffentlichen Recht ansehen, ob sie schlecht oder gut ist. Erfahrungsgemäß neigt dann aber der Zivilrechtler dazu, eine mittlere Note zu geben, weil er sich seiner Sache natürlich nicht sicher ist. Genausowenig könnten wir von einem Oberregierungsrat (oder einem Professor des öffentlichen Rechts) verlangen, eine zivilrechtliche Hausarbeit sicher zu beurteilen. Es wäre also zunächst schon sehr viel gewonnen, wenn eine wirklich paritätische Besetzung eingeführt oder doch zumindest die sichere Gewißheit gegeben wäre, daß das öffentliche Recht von einem Kundigen publici iuris geprüft wird. — Es ist mir nicht bekannt, weshalb höhere Beamte der aktiven Verwaltung und Verwaltungsrichter so selten, öffentlich-rechtliche Privatdozenten überhaupt nicht in den Prüfungskommissionen vertreten sind. Ihre stärkere Heranziehung würde die häufig genug beklagte Überlastung der prüfenden Zivil- und Strafrichter vermindern und sie von der Bürde eines Prüfungsfachs befreien, auf das sie sich selbst erst einmal vorbereiten müssen.

Es genügt freilich nicht, den Praktiker der Verwaltung an den Kommissionen zu beteiligen. Die Studenten berechnen nämlich sehr genau den Termin ihrer mündlichen Prüfung, und zwar aus folgendem Grunde: Findet ihre mündliche Prüfung während des Semesters statt, können sie hoffen (oder fürchten), daß ein Ordinarius der Fakultät teilnimmt. Die Teilnahme eines Ordinarius ist vor allem bei den Kandidaten unbeliebt, die bereits im zweiten Semester zum Repetitor laufen und über ein exzellentes Paragraphenwissen verfügen. Diese rein rezeptiv arbeitenden Studenten, die ein gutes Gedächtnis besitzen und jeden Paragraphen hervorsprudeln können („Der BGH hat gesagt..."), sind es, die sich auf die sog. Praktikerkommission einstellen. Dann ist nämlich die Wahrscheinlichkeit größer, nach Paragraphen und Theorien gefragt und „nach dem Zettel" geprüft zu werden. Es steht außer Frage, daß es in den Praktikerkommissionen ganz hervorragende Prüfer gibt; es sind dies vor allem jene Prüfer, die schon lange dieses Amt ausüben. Es ist aber nicht zu übersehen, daß der Zettelprüfer fast ausnahmslos von den Praktikern gestellt wird. Da aber der Zettelprüfer häufig immer wieder dasselbe prüft, prämiert das Examen nur noch das Gedächtnis und die Güte der „Prüfungskontrolle". Wenn also eine stärkere Beteiligung der Praktiker der Verwaltung nur zur Folge hätte, daß die Zettelprüfer von Justiz und Anwaltschaft um die Zettelprüfer der Verwaltung vermehrt werden, dann brauchten wir nicht erst zu reformieren. Es müßte daran gedacht werden, daß nicht jeder gute Verwaltungsbeamte auch ein guter Prüfer sein muß. Prüfen kann nur, wer auch lehren kann. Pädagogische Fähigkeiten gehören aber nicht zum selbstverständlichen Rüstzeug eines tüchtigen Verwaltungsbeamten. Der personellen Besetzung der Prüfungskommission sollte daher größte Aufmerksamkeit zugewendet werden. Das würde sich sehr bald auswirken und im Ergebnis auch die Effektivität der Verwaltungsausbildung der Referendare steigern.

Professor Dr. Partsch

Was uns Herr *Quaritsch* aus Hamburg berichtet hat, wird noch durch die Verhältnisse in Schleswig-Holstein übertroffen. In den drei Jahren, während deren ich in Kiel war, konnte ich feststellen, daß in der Hälfte aller Referendarprüfungen weder im Schriftlichen noch im Mündlichen irgendeine Frage aus dem öffentlichen Recht an die Prüflinge herangetragen wurde. Sie können sich vorstellen, wie groß das Interesse derjenigen Studenten, die nur an die Prüfung denken, dann für dieses Rechtsgebiet ist. Aber das soll ja wohl jetzt besser werden.

Ich wollte an sich etwas ganz anderes sagen. Wir haben viel von den landschaftlichen Unterschieden gehört, von der bayerischen Gründlichkeit und der rheinischen Eleganz, aber wir haben gar nicht daran gedacht, daß außer dieser föderalen Buntscheckigkeit die Frage der Verwaltungsausbildung ja auch eine Außenseite hat. Die Herren, die Sie ausbilden, sollen auch Nachwuchs für die 5000 Europabeamten und vielleicht später auch Nachwuchs für den sehr viel größeren Dienst der anderen internationalen Organisationen stellen. Da stehen sie in Konkurrenz zu den hervorragend ausgebildeten französischen Beamten und zu den ebenfalls gut ausgebildeten Beamten aus Italien. Mein Urteil über die Scuola di perfezionamento in Bologna ist etwas weniger zurückhaltend als das von Herrn *Mayer*.

Wenn man sich dies vergegenwärtigt, müßte man an sich auch in unserem Land für eine Trennung der Verwaltungsausbildung von der Ausbildung des Nachwuchses der Justiz eintreten. Aber ich sehe ein, daß wir hier nicht mit absoluten Postulaten arbeiten können, sondern vielen Gegebenheiten Rechnung zu tragen haben. Immerhin sollte uns der Gedanke an unsere europäischen Konkurrenten doch dazu veranlassen, die wirklich sträfliche Vernachlässigung der wirtschaftswissenschaftlichen Studien bei der Rechtsausbildung in allen Stufen zu revidieren. Es steht zwar in den Justizausbildungsordnungen, der Student solle Volkswirtschaft, Betriebswirtschaft und vor allem Finanzwissenschaft gehört haben. Ich habe es in den fünf Jahren, während deren ich jetzt prüfe, jedoch nie erlebt, daß ein Nationalökonom oder

Finanzwissenschaftler an der ersten Staatsprüfung als Prüfer teilgenommen hätte.

Wir sollten uns die Diplomprüfungen für Volkswirte zum Vorbild nehmen, bei denen recht erhebliche Rechtskenntnisse verlangt werden. So haben z. B. in Mainz die Volkswirte zwei juristische Klausuren — davon eine im öffentlichen Recht — zu schreiben und werden auch mündlich im öffentlichen und im privaten Recht geprüft, und ich kann sagen, daß das Niveau der öffentlich-rechtlichen Kenntnisse bei den Volkswirten häufig höher ist als bei den Juristen.

Die wirtschaftswissenschaftliche Ausbildung der Juristen müßte aber auch im zweiten Ausbildungsabschnitt fortgesetzt werden. Das könnte z. B. während der Zeit in Speyer geschehen. Ich vermisse hier aber — Sie werden mir erlauben, daß ich das ganz offen in diesem Saale ausspreche — einen Lehrstuhl für Finanzwissenschaften, ohne den ich mir eine Hochschule für Verwaltungswissenschaften schlecht vorstellen kann. Eher scheint mir einer der öffentlich-rechtlichen Lehrstühle entbehrlich zu sein. Ich darf daran erinnern, daß seinerzeit von den preußischen Regierungsreferendaren recht erhebliche wirtschaftswissenschaftliche Kenntnisse verlangt worden sind, obwohl damals die Wirtschaft noch nicht dieselbe Bedeutung für die Verwaltung besaß wie heute und obwohl es damals noch keine europäische Wirtschaftsverwaltung gab. Wenn wir den Nachwuchs deutscher Verwaltungsbeamter ohne solide wirtschaftswissenschaftliche Ausbildung nach Brüssel, Luxemburg oder Paris entsenden, dann wird er kaum in der Lage sein, den Wettkampf mit seinen ohnehin behenderen Wettbewerbern aus den romanischen Ländern zu bestehen.

Staatssekretär Dr. Loschelder

Ich darf zunächst ein Wort persönlichen Dankes an Herrn Ministerialdirektor Professor Dr. *Erdsiek* richten. Ich darf ihm zurückgeben, daß mein Wirken in dem Gutachterausschuß, wenn es bisher erfolgreich gewesen sein sollte, es nur deshalb sein konnte, weil ich so angenehme und aufgeschlossene Partner bei dieser Arbeit gefunden habe.

Ich darf vor allen Dingen aber der Hochschule danken, und ich darf Ihnen allen danken. Ich glaube, es war ein glücklicher Gedanke, daß hier ein Thema, unser Thema, in einem Zeitpunkt zur Erörterung gestellt wurde, wo wir noch um die Lösungen ringen. Das Gutachten über die Ausbildung der Deutschen Juristen haben wir in die Hand bekommen, als es gedruckt war; wir haben vorher kaum von seinem Werden etwas gewußt. So bin ich gewiß, daß die Diskussionen von gestern und heute unsere Arbeit befruchten werden. Das, was hier an Kritik und an Anregung gesagt worden ist, gibt allen, die berufen sind, in diesem oder jenem Arbeitskreis mitzuwirken, zu denken, und vor allem: Es kommt zur rechten Zeit! An der Spitze scheint mir dabei in der heutigen Diskussion tatsächlich die Frage gestanden zu haben, ob die Zeiten, die wir für die Ausbildung in Aussicht genommen haben, die richtigen sind oder ob nicht aus den Gründen, die ich selbst in meinen Ausführungen dargelegt habe, doch noch Kürzungen, dann allerdings auf beiden Seiten, möglich sind. Einleuchtend ist ohne weiteres, daß diese Frage in einem engen Zusammenhang zur Frage der Kapazität steht, die Herr Ministerialrat *Geffers* angeschnitten hat. Ich hatte das selbst auch schon kurz angedeutet. Ich möchte ihn nur in einem Punkte korrigieren. Ich bin nicht der Meinung, daß jeder Referendar nun unbedingt bei einem Landratsamt ausgebildet werden muß. Ich halte es für sehr sinnvoll, daß wir für die Ausbildung in relativ großem Umfang auch Gemeindeverwaltungen mit heranziehen, nicht nur größere Städte, sondern auch Mittelstädte, in denen auch schon eine ausreichende Ausbildungskapazität gegeben ist. Es ist mir lieber, wenn wir diese Ausbildungsstationen mit heranziehen, als daß wir Referendare bei den Landkreisen massieren, und keiner weiß mehr recht, was man mit ihnen anfangen soll.

Auch das andere ist richtig, daß wir den Verwaltungen ganz klar sagen, was wir von ihnen erwarten. Das Wort, daß „wir von den Referendaren doch nichts haben, sie werden ja nie zu uns kommen", geht tatsächlich im Lande herum; aber darauf kommt es ja gar nicht an. Hier ist es die Aufgabe gerade der Ausbildungsleiter, von der ich sprach, im Wege der freundschaftlichen Einwirkung ein Klima zu schaffen, das der echten Aufgabe der Ausbildung aufgeschlossener ist, als das bisher der Fall war. Richtig ist und bleibt dabei, daß die Ausbildung in der Verwaltung in ihrer methodischen Anlage sehr viel schwieriger ist als die Ausbildung in der Justiz. Aber hier will ich doch ein Wort in die Erinnerung rufen, das gestern Herr Regierungspräsident *Fellner* gesprochen hat. Wir sammeln eine Fülle von Erfahrungen auf diesem Gebiet. Wir haben gestern z. B. von Herrn *Less* gehört, daß er in vierjähriger Arbeit eine Reihe von Arbeitsmaterialien erstellt hat. Aber verwerten wir diese Erfahrungen, diese Arbeiten in der richtigen Form? Oder die andere Frage: Daß Ausbildungsleiter im Landesrahmen, was ja das mindeste wäre, zum Erfahrungsaustausch zusammenkommen sollten, das scheint weitgehend unbekannt zu sein; ich hörte jedenfalls aus Bayern, daß es das einfach nicht gibt. Ist es nicht eigentlich das Natürlichste der Welt, daß wir versuchen, die Erfahrungen vieler zusammenzulegen und daraus eine Methodologie zu entwickeln, die nun wirklich eine tragfähige Grundlage für die Ausbildung in der Verwaltung darstellt? Das scheint mir ein dringendes Anliegen zu sein. Herr *Zacher* hat diese Fragen mit vollem Recht und mit berechtigtem Ernst dargestellt.

Nun ein Wort zu den Wünschen, die in unserem Arbeitskreis bezüglich der zulässigen Abweichungen von der Einheitsregelung in Aussicht genommen sind. Das, was wir uns vorgestellt haben, wird wahrscheinlich in erster Linie nur ein bayerisches Problem sein. Aber ob man diese Möglichkeit für die anderen Länder völlig abschneiden soll, das ist eine Frage, die wir weiter erörtern sollten.

Was Herr *Quaritsch* uns über die Prüfungen, Herr Professor *Partsch* hat das dankenswerterweise ergänzt, gesagt hat, das hat sich also völlig mit dem gedeckt, was wir gestern schon gehört haben. Da liegt, darf ich das einmal so ganz vulgär sagen, in der Tat der Hund begraben. Wenn wir hier die bessernde Hand nicht anlegen können, dann wird all unser Bemühen problematisch sein.

Nun zu dem letzten Anliegen, das Herr *Partsch* zum Schluß herausstellte. Er hat uns den Blick in die weite Welt wieder einmal eröffnet. Ich glaube, wir sollten uns dieser Verantwortung sehr wohl bewußt sein. Es drängt uns jetzt noch nicht so sehr, noch nicht so offensichtlich. Aber es wird uns in absehbarer Zeit manches noch sehr viel deutlicher werden. Und dann noch das Letzte: Ich stimme hier mit Herrn *Partsch* völlig überein. Die Kenntnisse der Beamten, die wir in die Verwaltung übernehmen, im Bereich der Wirtschaft sind so dürftig, daß sie sich kaum noch unterbieten lassen. Ich habe mich wiederholt darum bemüht, für unsere höheren Beamten das, was hier fehlt, in Sonderkursen nachzuholen. Wir haben dazu Kurse in Bad Oeynhausen eingerichtet, die sich auch mit diesen Fragen befassen. Aber auch in den Prüfungen selbst müssen diese Fächer, die ich als die Ergänzungsfächer des juristischen Studiums bezeichnet habe und die aus der Sicht der Verwaltung eine unbedingt notwendige Ergänzung dieses Studiums sind, besser berücksichtigt werden.

Lassen Sie mich nochmals herzlich danken. Ich kann nur sagen, wir haben hier vielfältige Anregungen erfahren, und ich glaube, daß diese Tagung für die Arbeiten, die vor uns liegen, fruchtbar werden wird.

Nachruf

Der Rektor der Hochschule für Verwaltungswissenschaften Speyer sprach zu Beginn des zweiten Verhandlungstages folgenden Nachruf zum Tode von Professor Dr. *Karl Zeidler:*

Gestern nachmittag hat der Tod Herrn Professor Zeidler jäh aus unserer Mitte gerissen. Herr Professor Zeidler war der Hochschule seit vielen Jahren verbunden. Er war nicht nur ein regelmäßiger Gast unserer Tagungen, sondern viele Jahre hindurch wissenschaftlicher Assistent der Hochschule und später auch Lehrbeauftragter. Er stand im 39. Lebensjahre. Vor kurzem erst war er als Privatdozent nach Freiburg auf ein Ordinariat für öffentliches Recht berufen worden und gerade im Begriffe, in der neugewonnenen Lebensfestigkeit seine reichen wissenschaftlichen Gaben nach vielen Richtungen weiter zu entfalten. Die Wissenschaft des Staats- und besonders des Verwaltungsrechts verliert in ihm einen hoffnungsvollen Gelehrten, die Hochschule einen treuen Freund und wir selbst einen hochgeschätzten Kollegen.

Professor Dr. *Hartwig Bülck*

FSC
www.fsc.org
MIX
Papier | Fördert gute Waldnutzung
FSC® C083411

Kolibri 360 GmbH
Ferdinand-Jühlke-Straße 7
99095 Erfurt, Deutschland
produktsicherheit@kolibri360.de

Druck:
CPI Druckdienstleistungen GmbH
im Auftrag der
Kolibri 360 GmbH
Ferdinand-Jühlke-Str. 7
99095 Erfurt